CHARLES M. SHELDON

EN SUS PASOS
¿QUÉ HARÍA JESÚS?

T0300827

Editorial CLIE
www.clie.es

EDITORIAL CLIE
C/ Ferrocarril, 8
08232 VILADECAVALLS
(Barcelona) ESPAÑA
E-mail: libros@clie.es
http://www.clie.es

En sus pasos ¿qué haría Jesús?
ISBN: 978-84-8267-856-6
Depósito Legal: B-8782-2014
Vida Cristiana
Crecimiento espiritual
Referencia: 224859

BIOGRAFÍA
CHARLES M. SHELDON

Charles Monroe Sheldon (26 de febrero 1857 Wellsville, Nueva York - 24 de febrero 1946) fue, en Estados Unidos, Ministro en las iglesias congregacionales y líder del movimiento del Evangelio Social. Su novela, *In His Steps*, introdujo el principio de "¿Qué haría Jesús?" articulando un acercamiento a la teología cristiana que se hizo popular a finales del S. XX y tuvo un resurgimiento casi cien años después. Sheldon se graduó en la Academia Phillips, Andover. Se convirtió en un defensor de la escuela del pensamiento conocida como socialismo cristiano. Su perspectiva teológica se centró en los aspectos prácticos de la vida moral, con mucho menos énfasis en las tradiciones doctrinales de redención personal del pecado en Cristo.

ÍNDICE

I

«Porque para esto fuisteis llamados, pues que, también, Cristo padeció por nosotros, dejándonos un modelo para que vosotros sigáis sus pasos»

(1 Pedro 2:21)

Era un viernes por la mañana y el Reverendo Enrique Ford estaba tratando de terminar la preparación de su sermón para el domingo siguiente. Varias veces le habían interrumpido y comenzaba a sentirse nervioso viendo transcurrir la mañana sin que su trabajo adelantara mucho.

—María —dijo, llamando a su esposa mientras subía las escaleras después de la última interrupción—, si viene alguien quiero que le digas que estoy muy ocupado y que no podré atenderle a menos que se trate de algo muy urgente.

—De acuerdo, Enrique, pero yo ahora salgo hacia el Jardín de Infantes y vas a tener que quedarte solo.

El pastor subió a su estudio, cerrando la puerta tras de sí; al cabo de un rato oyó a su esposa que salía. Se sentó y, lanzando un suspiro de satisfacción, comenzó a escribir. El texto de su sermón era un versículo de la Primera Epístola de Pedro: «Porque para esto fuisteis llamados, pues que, también, Cristo padeció por nosotros, dejándonos un modelo, para que vosotros sigáis sus pasos».

En la primera parte de su sermón había dado énfasis a la expiación realizada por Cristo, como un sacrificio personal, llamando la atención al hecho de que Jesús había sufrido de diversas maneras, tanto en su vida como en su muerte. Había proseguido sobre el mismo asunto desde el punto de vista del ejemplo, presentando varias ilustraciones tomadas de la vida y enseñanzas del Señor, tratando de demostrar cómo la fe en Cristo contribuye a salvar a los hombres gracias al modelo o carácter que les presenta como imitación. Estaba ya en el tercer y último punto de su sermón, donde iba a hablar de la necesidad de seguir a Jesús en su sacrificio y en su ejemplo; acababa de anotar las palabras: «Sus pasos, ¿en qué consisten?», y se disponía a enumerarlos en orden lógico, cuando el timbre sonó violentamente. Era uno de esos timbres con maquinaria de relojería que largan toda la cuerda a la vez, como si de un reloj que quisiera dar las doce de un solo golpe se tratara.

El señor Ford frunció el entrecejo y continuó sentado. Pero el timbre sonó de nuevo. Entonces se acercó a la ventana desde la cual podía ver la puerta de la calle. Allí vio a un hombre joven vestido muy pobremente.

—Parece un vagabundo —dijo para sí el pastor. Y añadió entre dientes—. Tendré que bajar y…

Sin terminar la frase, bajó y abrió la puerta de la calle. Hubo un instante de silencio cuando los dos hombres se encontraron frente a frente. El joven de la ropa raída fue el primero en hablar:

—Estoy sin trabajo, señor, y he pensado que quizá usted podría indicarme a quién dirigirme…

—No sé de nadie que pudiera contratarle… El trabajo escasea últimamente. —contestó el pastor, comenzando a cerrar la puerta lentamente.

—Pensé que tal vez usted podría facilitarme alguna tarjeta de un negocio o empresa en la ciudad… o alguna casa donde requieran mis servicios… —insistió el joven, haciendo girar nerviosamente entre sus dedos su descolorido sombrero.

—No se me ocurre ninguna… Tendrá usted que disculparme. Estoy muy ocupado esta mañana. Espero que pueda encontrar algún empleo. Lamento no poder darle algo que hacer aquí, pero solo tengo un caballo y una vaca y yo mismo los cuido.

El Rev. Ford cerró la puerta y oyó tras de sí los pasos del vagabundo, que bajaba los escalones. Al volver a asomarse a la ventana de su estudio, le vio marchar a paso lento por la calle, siempre con el sombrero en la mano. En su aspecto se traslucía abatimiento, soledad y abandono. Por un instante, Enrique Ford vaciló si llamar a aquel hombre y hacerlo regresar; pero finalmente decidió volver a su escritorio y, lanzando un suspiro, continuó escribiendo.

No hubo más interrupciones durante la mañana. Cuando su esposa regresó dos horas más tarde, el sermón estaba terminado, folios colocados en orden sobre su Biblia, todo listo para el servicio del domingo.

—Algo extraño ha sucedido hoy en el Jardín de Infantes —dijo su esposa mientras comían—. Ya sabes que fui con la señora de Jones a visitar la escuela... Pues bien, después del recreo, mientras los niños estaban en la mesa, se abrió la puerta y entró un joven con un sombrero bastante sucio en la mano. Se sentó cerca de la puerta sin decir ni una palabra. No hacía más que mirar a los niños. Evidentemente era un vagabundo: La Srta. Marty y su ayudante, la Srta. Sinclair, se asustaron un poco al principio; pero el hombre permaneció sentado tranquilamente durante unos minutos y después se fue.

—Quizá estaba cansado y solo quería descansar un momento. Ese mismo hombre estuvo aquí. ¿Dices que parecía un vagabundo?

—Sí, vestía muy harapiento y sucio... No tendría más de treinta a treinta y dos años.

—Sí, es el mismo... —dijo el Rev. Ford muy pensativo.

—¿Terminaste tu sermón, Enrique? —preguntó la señora, después de unos instantes de silencio.

—Sí, lo terminé. He tenido una semana muy estresante, los dos sermones me han dado mucho trabajo.

—Serán recompensados, seguro, con una gran concurrencia. —dijo su esposa muy animada— ¿Sobre qué predicarás?

—Sobre seguir a Cristo. Partiendo del tema de la Expiación realizada por Cristo, he subdividido el asunto en sacrificio y ejemplo;

después entro a mostrar los pasos necesarios para seguir su sacrificio y su ejemplo.

—Seguro que será un hermoso sermón. ¡Ojalá no llueva el domingo! Hemos tenido tantos domingos lluviosos…

—Sí, y la audiencia se ha visto muy reducida últimamente. La gente no viene a la iglesia cuando hay tormenta… —al decir esto, Enrique Ford suspiraba imaginando que sus diligentes esfuerzos en la preparación de sus sermones eran recompensados con una gran concurrencia de feligreses el domingo por la mañana, cosa que nunca ocurría.

Llegó el domingo, acompañado de una hermosa mañana, como las que suelen verse después de largos períodos de lluvia. La atmósfera era nítida, el aire fresco; en el cielo no había el menor signo que amenazara tormenta. Todos los miembros de la Primera Iglesia de Raymond, de la que el Rev. Ford era pastor, acudieron esa mañana para escucharle.

La capilla estaba llena de gente de buena posición. La iglesia gozaba del mejor acompañamiento musical que pueda desearse; el cuarteto que lo formaba era siempre bien recibido por la congregación. La antífona de aquella mañana era inspiradora. Toda la música estaba en armonía con el tema de la predicación. El himno que se cantó para dar comienzo al sermón decía así:

> *Jesús: mi cruz he tomado.*
> *Todo dejo por seguirte.*

Después, la soprano, Raquel Larsen, se dispuso a cantar un solo, el conocido himno:

> *Me guía Jesús, le seguiré,*
> *Sí, le seguiré, siempre le seguiré.*

Hubo una generalizada expectativa en el auditorio cuando Raquel se levantó a cantar. La Srta. Larsen estaba hermosísima aquella mañana. De pie en el coro, detrás del enrejado de roble tallado con los significativos emblemas de la cruz y la corona, su voz resultaba aún más hermosa que su rostro, lo que es mucho decir. El Rev. Ford se colocó con aire satisfecho detrás del púlpito. El canto de Raquel Larsen siempre le ayudaba a crear una sensación de bienestar en el auditorio y contribuía a preparar el ánimo de sus feligreses antes de introducirles en su sermón.

La congregación escuchaba extasiada a la soprano. Al terminar el canto, el Rev. Ford pensaba que si no fuese porque se hallaban dentro de un templo, seguro que los feligreses hubiesen aplaudido frenéticamente. Lo cierto es que creyó percibir algo como un sordo rumor de aplausos discretos al fondo de la capilla, cosa que le alarmó. Se levantó al tiempo que Raquel Larsen se sentaba. Colocó su Biblia y los apuntes de su sermón sobre el púlpito, diciéndose a sí mismo que debía de haberse engañado, pues tal irreverencia era imposible, y unos instantes después se hallaba absorto por completo en la predicación.

Enrique Ford no tenía fama de ser un predicador fastidioso; al contrario, más bien se le criticaba por su sensacionalismo y afectación. Pero a su congregación le gustaba eso porque otorgaba a la Primera Iglesia y a su predicador cierta distinción. Por su parte, no es menos cierto que a Enrique Ford le gustaba predicar. Rara vez cambiaba de púlpito con sus colegas; ansiaba ver llegar el domingo para estar en su puesto. Si bien secretamente anhelaba ser escuchado por un auditorio aún más numeroso, pues le incomodaba predicar ante un grupo reducido de oyentes.

Aquella mañana todo parecía estar a su favor y su espíritu estaba rebosante de satisfacción. Mientras predicaba, pensaba en su ventajosa posición como pastor de la principal iglesia de Raymond, a la que acudían las clases más cultas, ricas y representativas de la ciudad. No podía evitar sentirse complacido de sí mismo.

Si el pastor se sentía satisfecho, esa mañana, la congregación, por su parte, se felicitaba de tener en el púlpito a un hombre tan erudito, distinguido y de aspecto bastante agraciado, que les predicaba con tal vehemencia y completamente exento de toda vulgaridad.

De pronto, en medio de esa perfecta armonía, ocurrió un inesperado incidente, que cambiaría el curso de la vida de muchos de los que allí se encontraban. El Rev. Ford ya había cerrado su Biblia y apilado los folios que contenían las notas de su sermón, cuando una voz irrumpió desde el fondo de la capilla. Un instante después, la figura de un hombre se destacó de entre las sombras y avanzó hacia el frente. Antes de que la congregación se diera cuenta de lo que estaba pasando, el hombre había llegado a situarse entre el estrado del púlpito y los primeros asientos, y se hallaba mirando hacia el auditorio, dispuesto a hablarles.

—Desde que entré en el templo, he estado pensando si sería conveniente que dijese unas palabras al terminar el servicio. No estoy ebrio ni estoy loco. Soy un hombre completamente inofensivo. Pero si muero, como es probable que acontezca dentro de pocos días, quiero tener la satisfacción de haber dicho lo que quería en un sitio como este, y, justamente, en presencia de personas como las que componen este auditorio.

El pastor, que no había alcanzado a sentarse cuando el hombre comenzó a hablar, se quedó reclinado en el púlpito mirando al intruso. Era el mismo hombre que había llegado a su puerta el viernes por la mañana, el mismo joven de ropa raída y sucia. Aún tenía su descolorido sombrero en la mano, el cual hacía girar entre los dedos, parecía este ser su gesto favorito. No se había afeitado y el peine no había tocado sus desaliñados cabellos. Jamás un hombre de tal condición se había colocado frente a frente de la congregación de la Primera Iglesia dentro del templo. Aquellas personas tropezaban a menudo con tipos como aquel en las calles, en las estaciones o en los bulevares, pero jamás habrían soñado con verle en el templo y dirigiéndoles la palabra.

Nada de ofensivo había en los modales de aquel hombre ni en su tono. No estaba excitado y al hablar lo hacía con voz suave, pero muy clara. El Rev. Ford, aunque paralizado por el asombro, tenía conciencia de que, de alguna manera, la acción del joven le recordaba a una persona a quien él, en sueños, había visto caminando y hablando. Nadie hizo el más mínimo movimiento para detener al intruso o interrumpirle. Su repentina aparición los había dejado a todos perplejos e inhabilitados para la acción. Así que continuó su discurso como si no pensara en la posibilidad de ser interrumpido ni se diese cuenta de su falta de decoro hacia el servicio de la Primera Iglesia:

—No soy un vagabundo cualquiera, aunque no conozco ninguna enseñanza de Jesús que diga que ciertas clases de vagabundos sean menos dignas de salvarse que otras. ¿Conocéis vosotros tal enseñanza?

Preguntó aquello con tanta naturalidad como si estuviera hablando para un grupo de amigos. Hizo una pausa, en la que tosió penosamente, y luego continuó:

—Hace diez meses que me quedé sin trabajo. Soy tipógrafo. Los linotipos son una invención maravillosa, pero yo sé de seis hombres que se han suicidado en el transcurso del año por causa de esas máquinas. Naturalmente, no censuro a los diarios por que las adquieran. Pero, mientras tanto, ¿qué puede hacer uno? No conozco otro oficio más que el mío. He vagado por todas partes en busca de algo que hacer. Hay muchos otros en mi misma situación. No me estoy quejando, ¿verdad? Solo digo lo que pasa. Pero, sentado ahí, en la galería, estaba pensando si lo que vosotros llamáis «seguir a Jesús» es lo mismo que Él enseñó al respecto. ¿Qué quiso decir cuando dijo: «Seguidme»? El ministro predicó —dijo mientras se giraba y señalaba al pastor— que es necesario que los discípulos de Jesús sigan sus pasos, añadiendo que esos pasos son la obediencia, la fe, el amor y la imitación. Pero no le oí decir exactamente lo que, según él, significan esas cosas, especialmente el último de esos pasos. ¿Qué entienden, los que se dicen cristianos, por seguir los pasos de Jesús? Durante varios días he vagado por esta ciudad en busca de trabajo y en todo ese tiempo no he oído una palabra de simpatía o de consuelo, excepto de los labios de vuestro ministro, que me dijo que lamentaba lo que me pasaba y deseaba que pudiera encontrar algo. Supongo que los mendigos profesionales os engañan tanto que habéis perdido el interés por los verdaderos necesitados. No estoy censurando a nadie, ¿verdad? Simplemente diciendo lo que sucede. Por supuesto, comprendo que todos vosotros no podéis abandonar vuestras ocupaciones para ir a buscar trabajo para gente como yo. No os pido tal cosa, pero, sí, me siento perplejo acerca de qué es lo que significa seguir a Jesús. ¿Queréis decir que vosotros estáis sufriendo y abnegándoos y esforzándoos por salvar a la humanidad doliente y perdida, como entiendo que Jesús lo hizo? ¿Qué queréis decir con ello? A mí me llama mucho la atención el lado malo de las cosas. Entiendo que hay más de dos mil hombres en esta ciudad en el mismo estado que yo. La mayor parte de ellos tiene familia. Mi esposa murió hace cuatro meses. Me alegro de que esté donde no hay aflicciones. Mi hijita está en casa de un tipógrafo amigo hasta que yo encuentre trabajo… Digo que me siento perplejo cuando veo tantos cristianos viviendo en medio del lujo y cantando «¡Jesús, mi cruz he tomado, abandonando todo por seguirte!» y, al mismo tiempo, recuerdo la manera en que murió mi esposa en un conventillo, clamando por un poco de aire puro y rogando a Dios que se llevase a su hijita junto con ella. Claro que no pretendo que vosotros podáis socorrer a todos los que se mueren de hambre por falta de alimentos apropiados o asfixiados por la atmósfera malsana de los conventillos. Pero, ¿qué significa seguir a Jesús? Entiendo que muchos que se llaman cristianos son dueños de conventillos. Cierto miembro de una iglesia era el dueño de aquel en el cual murió mi esposa, y yo he estado meditando si en el caso de él sería cierto eso de «dejar todo por seguir a Jesús». Otras noches, en una iglesia donde se celebraba una reunión de oración, oí cantar:

A mi Salvador amado
Le rindo todo mi ser
Que él rescató del pecado.
Mis pensamientos, mis obras
Todos mis días y horas,
Todo daré para Él...

»Y yo, sentado afuera, en las gradas, meditaba acerca de lo que aquello podría significar. A mí me parece que hay una gran cantidad de amargura en el mundo que no existiría si las vidas de todos los que cantan tales cosas estuviesen en armonía con lo que cantan. Supongo que no entiendo bien las cosas, pero ¿qué haría Jesús? ¿Es el hecho de cantar esas palabras hermosas lo que entendéis por «andar en sus pasos»?

»A veces me parece que la gente que frecuenta las grandes iglesias tiene buena ropa, cómodas casas en las que vivir y dinero para gastar en cosas superfluas, en tanto que millares de otras personas mueren en los conventillos o vagan por las calles en busca de un trabajo que no encuentran, sin tener en su casa un piano o un cuadro y pasando la vida en medio de la miseria, la embriaguez y el pecado...

Al decir esto, el joven hizo un extraño movimiento en dirección a la mesa donde se administraba la comunión, sobre la que colocó airadamente una mano. Su sombrero cayó a sus pies sobre la alfombra. El joven pasó la otra mano por encima de sus ojos y luego, sin pronunciar ni una palabra, cayó pesadamente sobre su rostro al lado del estrado. Un estremecimiento recorrió a todos los presentes.

El Rev. Ford y el Dr. West se arrodillaron al unísono al lado del hombre extendido en el estrado. La congregación se levantó y en un instante el estrado se llenó de gente. El Dr. West dijo que el hombre aún vivía, pero que estaba desmayado. «Alguna afección cardíaca», murmuró, mientras ayudaba a conducirle al estudio del pastor.

El hombre, colocado sobre un sofá, respiraba con dificultad. Cuando se presentó el asunto de lo que se haría con él, el pastor insistió en llevarle a su casa. Vivía cerca y tenía una habitación donde hospedarlo. Todos estaban consternados por el extraordinario acontecimiento, el caso más raro que podían recordar que hubiera acontecido en aquella iglesia. Nadie imaginaba aún el notable cambio que se iba a operar en las vidas de muchos de los que estaban allí presentes aquel día.

Durante una semana no se habló de otra cosa en todo Raymond. La impresión general era que el hombre había penetrado en el templo trastornado por sus aflicciones y que durante todo el tiempo que había hablado se hallaba bajo la influencia de un delirio producido por la fiebre. Tal era la opinión más caritativa con que se juzgaba su conducta. También era general la opinión de que en todo lo que el hombre había dicho se notaba una ausencia completa de queja o de censura.

Pasaron tres días desde que el joven fuera hospedado en la casa del Rev. Ford, y aún no había habido un cambio notable en su estado de inconsciencia. El médico no dio esperanza alguna de mejoría. Entonces, la madrugada del domingo, un poco antes de la una, se reanimó y preguntó si su hijita había venido. Tan pronto había averiguado su paradero por medio de unas cartas que el enfermo tenía en su bolsillo, que el Rev. Ford había enviado un mensaje pidiendo la presencia de la niña, pero ésta aún no había llegado.

—Su hijita va a venir, ya he mandado a buscarla. —respondió de inmediato el Rev. Ford.

—¡Ya no la veré más en este mundo! —murmuró el enfermo. Luego, con gran dificultad, añadió— Usted ha sido bueno conmigo. En cierto modo, me parece que es lo que Jesús habría hecho.

Dicho esto, giró la cabeza ligeramente, y antes de que el pastor pudiera darse cuenta de ello, el médico pronunció: «¡Se fue!».

La mañana de aquel domingo en la ciudad de Raymond amaneció exactamente como la del domingo anterior. El Rev. Ford subió al púlpito, desde donde contempló una de las congregaciones más numerosas que jamás había visto en aquella iglesia. Pero aquello, que en otro momento le hubiera entusiasmado, no alteró su mal semblante, parecía como si acabase de levantarse de una larga enfermedad. Su esposa se había quedado en casa con la hija del difunto que había llegado una hora después de su fallecimiento. El muerto había sido arreglado en la misma habitación en la que falleció. Mientras abría la Biblia y arreglaba sus notas de anuncios desde el púlpito, el pastor no podía borrar de su mente el rostro de aquel hombre.

No puede decirse que su sermón fuese muy notable o impresionante. Hablaba con bastante vacilación. Era evidente que alguna idea bullía en su pensamiento. Solamente al final del sermón comenzó a adquirir cierto brío. Cerró la Biblia —había predicado sin notas aquella mañana, algo inaudito en sus costumbres—, y, adelantándose, se colocó en el lateral del púlpito mirando a su congregación. Entonces comenzó a hablarles de la extraña escena de la semana anterior.

—Nuestro hermano falleció esta mañana. Aún no he tenido tiempo de conocer bien su historia. Tenía una hermana, a quien he escrito avisándola de la tragedia, pero aún no he recibido respuesta. Su hijita está en mi casa y permanecerá con nosotros por el momento.

Al decir estas palabras, se detuvo y paseó la mirada por toda la congregación, recibiendo la impresión de que nunca había visto rostros más interesados durante todo su pastorado. Algo de lo que él estaba experimentando en esos días pareció trasmitirse a la congregación y creyó oportuno descubrirles lo que tenía en su corazón:

—La aparición de aquel hombre en la iglesia el domingo pasado, así como sus palabras, tuvieron una poderosa impresión sobre mí. No me siento capaz de ocultaros, ni de ocultármelo a mí mismo, el hecho de que lo que dijo, y todo lo acaecido después, me ha impulsado a preguntarme con énfasis «¿Qué significa seguir a

Jesús?». Mucho de lo que aquel intruso dijo era una verdad tan vital que estamos obligados a contemplar sus palabras de frente si queremos tratar de contestarnos a nosotros mismos con honestidad. Tenemos el deber y la oportunidad de encontrar una respuesta al interrogante que nos planteó.

Nuevamente se detuvo el pastor y volvió a pasear la mirada por la congregación. Había en aquella iglesia personas de carácter, tanto hombres como mujeres. Ahí estaba Eduardo Norman, dueño del periódico *El Noticiero del Da*, miembro de la iglesia desde hacía diez años. No había hombre más digno de respeto en toda la ciudad. Estaba también Alejandro Poer, superintendente de los talleres del ferrocarril; a su lado se hallaba Donaldo Marsh, presidente del Instituto Lincoln, situado en los suburbios de Raymond; un poco más lejos estaba Milton Rait, uno de los principales comerciantes de Raymond, que empleaba a unos cien hombres en los diversos departamentos de su negocio. Allí estaba también el Dr. West, hombre joven aún, pero que era considerado un notable cirujano. Cerca de él aparecía Gaspar Chase, el escritor que había publicado un libro que alcanzó gran éxito y que se hallaba escribiendo una nueva novela. Estaba también la señorita Virginia Page, que acababa de heredar de su padre un par de millones de dólares y que era una mujer de belleza e inteligencia atrayentes. Destacaba entre todos ellos la señorita Raquel Larsen, sentada en el coro, resplandeciendo con su extraña belleza y manifestando intenso interés en lo que oía.

Al contemplar sus rostros, el pastor reflexionaba y se preguntaba cuántos de ellos responderían a la extraña propuesta que estaba por hacerles.

—Lo que voy a proponer ahora —continuó— es algo que no debiera parecer extraño ni, en manera alguna, de imposible ejecución. Sin embargo, sé que probablemente será así considerado por un gran número de los miembros de la iglesia. Para que se entienda con toda claridad, voy a presentar mi propuesta sin amague alguno: necesito voluntarios de la Primera Iglesia que se comprometan seria y honradamente por un año entero a no hacer cosa alguna sin antes preguntarse a sí mismos «¿Qué haría Jesús en mi lugar?». Y después de hacerse la pregunta, cada uno deberá seguir a Jesús tan estrictamente como sepa hacerlo, sin cuidarse del resultado que su actitud pueda acarrearle. Como es natural, yo me incluiré en este grupo de voluntarios y daré por sentado que mi congregación no se sorprenderá de mi conducta en el futuro, basada sobre esta regla de acción y que no se opondrá a nada de lo que se haga si creen que Cristo obraría en esta forma. ¿Me he explicado con claridad? —y tras una breve pausa, añadió— Después de terminar este servicio, deseo que todos los miembros de la iglesia que quieran formar parte de este grupo se queden un rato para conversar sobre los detalles de mi plan. Nuestro lema será: «¿Qué haría Jesús?». Nuestro objeto será conducirnos, en todo, tal como entendemos que Él lo haría si se hallara en nuestro lugar, sin cuidarnos para nada de los resultados inmediatos. En otras palabras: nos proponemos andar en los pasos de Jesús de una manera tan literal y perfecta como creemos que Él quiso enseñar a sus discípulos que anduviesen.

No es fácil describir la sensación que produjo tan sencilla propuesta. Todos se miraban unos a otros, presa del mayor asombro. Se le había entendido bastante bien, pero era evidente que había gran divergencia de opinión en cuanto a la aplicación de la enseñanza y ejemplo de Jesús.

El pastor terminó el servicio con una breve plegaria. Inmediatamente después de la bendición, el organista comenzó a tocar la pieza de despedida y la gente empezó a salir. Por todas partes había grupos que conversaban y discutían animadamente la propuesta del pastor. Después de unos minutos, el Rev. Ford pidió a todos los que lo desearan que pasaran al salón de actos públicos. Al darse la vuelta vio que el templo estaba vacío. Se dirigió entonces a la puerta del salón de actos públicos, quedando sumamente sorprendido al ver la gente que allí le esperaba. Había unos cincuenta miembros presentes, entre los que se encontraban Raquel Larsen, Virginia Page, el Sr. Norman, el profesor Marsh, Alejandro Poer, el superintendente del ferrocarril, el Sr. Milton Rait, el doctor West y Gaspar Chase.

El pastor cerró la puerta del salón y se colocó frente al pequeño grupo de miembros. Su rostro estaba pálido y sus labios temblaban de emoción. Aquello era para él una verdadera crisis, tanto en su propia vida como en la de su congregación. Nadie puede decir, antes de ser movido por el Espíritu divino, lo que hará o qué curso puede tomar la corriente de una vida ya habituada a cierta norma de conducta, de pensamiento y de lenguaje. El mismo Ford no se percataba exactamente de lo que estaba experimentando; pero se sentía impulsado por una profundidad de emociones que no alcanzaba a medir mientras contemplaba los rostros de las personas allí presentes.

Le pareció que la manera más oportuna de romper el silencio era haciendo una oración; pidió a todos los presentes que orasen con él. Casi con la primera sílaba pronunciada, todos sintieron de una manera que no dejaba lugar a dudas la presencia del Espíritu Santo. A medida que la oración continuaba, se notaba más poderosamente aquella presencia. Todos la sentían. El recinto estaba lleno de ella, y esto de una manera tan notable como si hubiera sido visible. Cuando terminó la oración, hubo un prolongado silencio. Las cabezas estaban inclinadas. Las lágrimas corrían por las mejillas del pastor. Si se hubiese oído una voz del cielo aprobando el compromiso que asumían de seguir en las huellas del Maestro, ninguno de los presentes se hubiera sentido más cierto de la bendición divina de lo que lo estaban. De esta manera comenzó el movimiento más importante en la historia de la Primera Iglesia de Raymond.

—Todos entendemos —dijo Ford, hablando reposadamente— el compromiso que asumimos. Algún día podré hablaros del maravilloso cambio que se ha operado en mi vida en el transcurso de una semana. Ahora no puedo. Pero la experiencia que he tenido desde el domingo pasado me ha dejado tan descontento de mis antiguas definiciones de lo que significa ser discípulo de Cristo que me he sentido impulsado a dar el paso que acabo de dar. No me atreví a comenzar yo solo. Sé que en todo esto me hallo guiado por la mano del amor divino. El mismo divino impulso debe haberos guiado a vosotros también. ¿Entendemos perfectamente lo que nos hemos propuesto hacer?

—Deseo hacer una pregunta —dijo Raquel Larsen.

Todos los ojos se volvieron hacia ella. Su rostro resplandecía con una hermosura que no era la mera resultante de su belleza y bondad.

—Estoy algo indecisa en cuanto a la fuente de nuestro conocimiento respecto a lo que Jesús haría en determinadas circunstancias. ¿Quién decidirá para mí lo que Él haría en mi caso? Nos hallamos en una época muy diferente de aquella en la que Jesús vivió. Hay en nuestra civilización muchos asuntos de difícil solución que no se hallan mencionados en sus enseñanzas. ¿Cómo podré saber lo que Él haría en un caso dado?

—No conozco otro medio —respondió Ford— que el de estudiar a Jesús mediante el Espíritu Santo. Recordaréis lo que Él dijo acerca del Espíritu Santo: «Cuando viniere… el Espíritu de verdad, Él os guiará a toda verdad, porque no hablará de sí mismo, sino que todo lo que oyere hablará y os declarará las cosas que han de venir. Él me glorificará, porque tomará de lo mío y os lo hará saber. Todo lo que tiene el Padre es mío; por eso dije que tomará de lo mío y os lo hará saber». Es después de acudir a esta fuente de conocimiento que cada uno tendrá que decidir lo que Jesús haría en su caso.

—¿Y si después de obrar nosotros de esa manera, alguien pensara que Jesús no haría lo que hacemos? —Esta pregunta fue hecha por el superintendente del ferrocarril.

—No podemos evitar eso —respondió Ford—. Pero debemos ser perfectamente consecuentes y honrados ante nuestra propia conciencia. La norma de conducta cristiana no puede variar en la mayor parte de nuestros actos.

—Y, sin embargo —dijo el profesor Marsh—, un miembro de la iglesia cree que Jesús haría cierta cosa de una manera, mientras que otro miembro se resiste a admitir que esa sería la conducta de Jesús en ese caso. ¿Cómo uniformaremos nuestra conducta cristiana? ¿Será posible, siempre, llegar a las mismas conclusiones?

El Rev. Ford permaneció en silencio durante unos instantes. Luego contestó:

—No. A mí me parece que no podemos esperar eso. Pero tratándose de una decisión genuina, honesta e inteligente, de andar en los pasos de Jesús, no puedo creer que ocurra confusión alguna ni en nuestras mentes ni en el juicio de los demás. Es necesario que, por una parte, estemos exentos del fanatismo y, por la otra, seamos sumamente cautelosos. Si el ejemplo del Señor es el ejemplo para el mundo, debe ser factible el seguirlo. Pero debemos recordar este importantísimo hecho: después de haber pedido al Espíritu que nos enseñe lo que Jesús haría, tenemos que proceder sin cuidarnos nosotros de los resultados. ¿Lo entendemos así?

Todos los rostros se levantaron hacia el ministro en solemne asentimiento. El Rev. Ford se estremeció al notar entre los asistentes tal espíritu de unanimidad y de convicción. Allí estaba también al presidente del Esfuerzo Cristiano, junto con varios miembros de ambos sexos, asintiendo al propósito. Al contemplar a aquellos jóvenes sentados entre los miembros de mayor edad y comprometiéndose juntamente con ellos, a seguir a Jesús, se sintió inmensamente gozoso y emocionado.

Los concurrentes convinieron en informarse del resultado de su acuerdo adquirido de seguir los pasos de Jesús en una reunión semanal. El Rev. Ford oró nuevamente y nuevamente el Espíritu se hizo manifiesto. Todas las cabezas permanecieron inclinadas un largo rato. Había algo en el ambiente que impedía la conversación. El pastor estrechó la mano a cada uno al despedirse. Luego se fue a su estudio, contiguo al templo, y se arrodilló, permaneciendo en oración como media hora.

Al volver a su casa, se dirigió a la habitación donde yacía el cuerpo de aquel joven. Al contemplarlo, volvió a clamar con el corazón en demanda de fortaleza y sabiduría para cumplir con su cometido. Ni aun entonces se daba cuenta de que había comenzado un movimiento que conduciría a la más notable serie de aconteci-mientos que la ciudad de Raymond jamás hubiese conocido.

II

«El que dice que es de Él, debe andar como Él anduvo»

(1 Juan 2:6).

~~~~~~~~

Eduardo Norman, editor de *El Noticiero*, de la ciudad de Raymond, se hallaba sentado en su oficina el lunes por la mañana contemplando un nuevo mundo de acción. De buena fe se había comprometido a no realizar acto alguno antes de preguntarse: «¿Qué haría Jesús en mi lugar?», y creía haber hecho la promesa dándose cuenta de todos los posibles resultados. Pero al comenzar su rutina de actividades en el diario, en medio de la agitación de la semana, empezaba a contemplar el asunto con cierto grado de vacilación y con una sensación muy semejante a la del temor. Había llegado a la oficina muy temprano, y se encontraba solo, sentado delante de su escritorio en actitud meditabunda. Aún tenía que aprender, como todos los de aquel pequeño grupo que se había comprometido a hacer las cosas de acuerdo con la voluntad de Cristo, que el Espíritu de vida se estaba moviendo en potencia como nunca antes sobre su vida. Decidió levantarse y cerrar la puerta de su oficina, para luego arrodillarse y orar suplicando que la presencia y sabiduría divina le guiaran.

Al terminar su oración se levantó, dispuesto a dejarse conducir por los acontecimientos a medida que se presentaran.

Abrió la puerta y comenzó la rutina del trabajo diario. El administrador acababa de entrar y estaba trabajando en el despacho contiguo. Uno de los reporteros también estaba allí escribiendo a máquina.

Eduardo Norman comenzó a escribir un Editorial. *El Noticiero* era un diario de tarde, y Norman, generalmente, terminaba su Editorial antes de las ocho. Llevaba escribiendo unos quince minutos, cuando se le acercó Clark, el gerente del diario, presentándole un montón de carillas:

—Aquí están las noticias de los encuentros de boxeo de ayer. Dará tres columnas y media. ¿Lo pondremos todo?

Eduardo Norman era uno de esos periodistas que cuidan personalmente todos los detalles del diario. El gerente siempre le consultaba, tanto en asuntos grandes como pequeños. A veces, como en este caso, era una pregunta de mera formalidad.

—Sí… No… Déjeme verlo —dijo Norman.

Tomó el material tal como llegaba del telégrafo y lo leyó cuidadosamente. Luego colocó las carillas sobre su escritorio y se quedó por un momento muy pensativo. Al fin, dirigiéndose al gerente, le dijo: «No vamos a poner esto hoy».

Clark, que se hallaba en la puerta, se extrañó al oír las palabras de su jefe y creyó haber oído mal.

—¿Cómo dijo usted?

—Que lo dejemos. No vamos a usarlo.

—Pero...

Miró a Norman como si temiera que hubiese perdido el juicio.

—Creo, Clark, que no debe publicarse…, y se acabó —dijo Norman, mirándolo fijamente.

Clark rara vez tenía una discusión con su jefe. La palabra de Norman siempre había sido ley en la oficina y rarísima vez se le había visto cambiar de idea después de dar una orden. Sin embargo, las circunstancias en esta ocasión parecían tan extraordinarias, que Clark no pudo menos que expresarse diciéndole:

—¿Quiere usted decir que se va a imprimir el diario sin una sola palabra acerca de boxeo?

—Sí, precisamente eso es lo que quiero decir.

—¡Pero eso es inaudito! ¡Todos los demás diarios lo publicarán! ¿Qué dirán los subscriptores? Esto es sencillamente... —Clark se detuvo, sin poder hallar palabras para expresar lo que pensaba.

Eduardo Norman dirigió a Clark una mirada pensativa. El gerente era miembro de una denominación distinta a la de Norman. Los dos hombres, aunque trabajaban juntos en el diario desde hacía muchos años, nunca habían conversado sobre asuntos religiosos.

—Entre un momento, Clark, y cierre la puerta —le dijo Norman.

Clark entró y los dos hombres se miraron fijamente. Durante un minuto ninguno de los dos habló. Finalmente Norman rompió el silencio:

—Dígame, Clark, ¿cree usted honestamente que si Cristo estuviese publicando un diario, publicaría tres columnas y media de noticias sobre boxeo?

Clark se quedó atónito y sin poder pronunciar una palabra. Después de unos instantes contestó:

—No, supongo que no lo haría.

—Bueno, pues esa es la única razón que tengo para no publicar esa crónica en *El Noticiero*. He resuelto que durante un año no haré nada relacionado con el diario que crea en conciencia que Jesús no haría.

Clark no hubiese demostrado mayor sorpresa si su jefe, repentinamente, hubiese enloquecido.

—¿Qué efecto producirá eso en el diario? —pudo, al fin, preguntar con voz apagada.

—¿Qué le parece a usted? —preguntó Norman con una mirada vivaz.

—A mí me parece, sencillamente, que será la ruina del diario —respondió Clark prontamente. Estaba comenzando a reponerse y se atrevió a oponerse a los pensamientos de su jefe—. ¡Vaya! —le dijo—, es imposible publicar un diario en la actualidad sobre semejante base. ¡Es demasiado idealista! El mundo no está preparado para esto. Tan cierto como que usted vive, podemos contar con que, si no se publica esta crónica, perderemos centenares de subscriptores. No es necesario ser profeta para saberlo. La mejor gente que vive en esta ciudad está ansiosa de leer esto. Saben que ha habido peleas y cuando reciban el diario esta tarde esperarán hallar en él al menos media página acerca de los boxeadores. Usted no puede desatender los deseos del público hasta tal punto. Hacer esto será un grave error.

Eduardo Norman se sentó y permaneció silencioso durante un minuto. Luego habló con suavidad, pero con mucha firmeza:

—Dígame, Clark, ¿cuál es, en su opinión, la regla que debe determinar nuestra conducta? ¿Cree usted que los hombres en todas partes deberían seguir el ejemplo de Jesús en todos los actos de su vida tan fielmente como les sea posible?

Clark se puso colorado, se movió nerviosamente en su silla y al fin contestó:

—Bueno…, sí… Supongo que… presentado el asunto sobre la base de lo que debería hacerse, no existe otra regla de conducta. Pero la cuestión es: ¿es realizable? ¿Puede hacerse ventajosamente? Para alcanzar éxito en el negocio de un periódico tenemos que conformarnos con las costumbres y los métodos de la sociedad… No podemos trabajar como si viviéramos en un mundo ideal.

—¿Quiere usted decir que no podemos manejar el diario sobre principios cristianos y, al mismo tiempo, hacer de él un éxito?

—Sí, señor, eso es exactamente lo que quiero decir. ¡No puede hacerse! ¡Iríamos a la bancarrota antes de un mes!

Eduardo Norman no contestó inmediatamente...

—Tendremos ocasión de hablar de esto otra vez, Clark —respondió al fin—. Mientras tanto, creo que debemos entendernos con toda franqueza. Me he comprometido durante un año a conducir todos los asuntos del diario en base a la pregunta: «¿Qué haría Jesús en mi lugar?». Y me propongo hacerlo con la confianza en que no solo tendremos éxito, sino que lo tendremos mayor que antes.

—Bien... —preguntó vacilante Clark— ¿Va usted a escribir algo explicando la falta de la crónica?

—No. Que salga el diario como si no hubiera habido boxeo ayer.

Clark salió del despacho aturdido, sintiendo que todas las cosas del mundo se habían puesto patas arriba. Su gran respeto por el Sr. Norman le hizo contener su disgusto e indignación, pero estaba realmente preocupado y consternado por la situación.

Antes del mediodía no había reportero, tipógrafo u otro empleado de *El Noticiero* que no estuviese informado ya acerca de este hecho maravilloso. Los reporteros estaban atónitos; en los talleres, los tipógrafos y linotipistas tenían algo que decir acerca de la extraña omisión. Cada vez que el Sr. Norman entraba en el taller, los hombres detenían su trabajo para mirarlo con curiosidad. Él sabía que lo estaban observando con extrañeza, pero no dijo nada ni aparentó notarlo.

Había ordenado hacer varios cambios en el diario, pero ninguno de ellos era notable. Estaba esperando y meditando profundamente. Comprendía que necesitaba tiempo y mucha oportunidad para ejercitar bien su criterio en varios asuntos antes de poder responder correctamente a la pregunta que tenía delante de sí.

Cuando *El Noticiero* apareció esa tarde produjo en los subscriptores las más variadas sensaciones. Centenares de personas en los hoteles y en los demás negocios, lo mismo que los subscriptores regulares, abrieron el diario, buscando ansiosamente, por todas partes, el esperado relato de la lucha de boxeo. No hallándolo, llamaban a los vendedores y compraban otros diarios. Éstos no se habían dado cuenta de la omisión. Uno de ellos pregonaba a voz en cuello: «¡*El Noticiero* con grandes relatos del encuentro de boxeo! ¡Señor! ¿Compra *El Noticiero*?».

Un hombre, en la Avenida, cerca de la oficina de *El Noticiero*, compró el diario, lo hojeó y, muy enojado, llamó al muchacho:

—¡Eh! ¿Qué le pasa a tu diario? ¡No dice nada sobre boxeo! ¡Me has dado un diario viejo! ¡Pillo!

—¡Diario viejo! ¡Mañana! —contestó indignado el jovenzue-
lo—. ¡Es el diario de hoy! ¡Avise!

—¡Pero no trae la crónica de boxeo! ¡Mira!

El muchacho tomó el diario y lo hojeó rápidamente. Luego pegó
un silbido, mientras en su rostro se reflejaba un sincero gesto de
asombro. Otro vendedor vino corriendo, y el primero le dijo: «¡Eh,
Purrete, déjame ver tus diarios!». Un rápido examen les convenció
de que en ningún ejemplar de *El Noticiero* aparecía la crónica de-
portiva.

—¡A ver! ¡A ver! —exclamó el cliente—. ¡Dame otro diario,
que tenga la crónica del boxeo!

Recibió otro diario y se fue, mientras los dos muchachos se quedaban haciéndose cruces y comentando el hecho. «Alguien se lo
ha fumado a *El Noticiero*», dijo uno de ellos. Pero no quedando
satisfechos con esa idea, se metieron de una carrera en la administración del diario.

Allí había muchos otros muchachos, todos disgustados y muy
excitados. La cantidad de epítetos que en su jerga dirigían al empleado que, detrás del mostrador despachaba los diarios, resultaba
realmente desagradable, aunque él, acostumbrado ya a tal lenguaje,
no les hacía mucho caso.

En ese mismo instante, el Sr. Norman pasó por allí. Al ver y oír
el tumulto, preguntó:

—¿Qué pasa, Jorge?

—Dicen los muchachos que no pueden vender el diario porque
no contiene la crónica de boxeo.

El Sr. Norman vaciló un instante, y luego se dirigió a los muchachos, diciéndoles:

—¿Cuántos diarios tenéis ahí? ¡A ver, contadlos!

Los muchachos le miraron asombrados y procedieron a contar
los diarios con rapidez.

—Dales su dinero, Jorge —dijo el Sr. Norman dirigiéndose al
dependiente—, y si vienen otros con la misma queja, cómprales

todo lo que les haya sobrado. ¿Os parece bien así? —preguntó a los muchachos, que habían enmudecido ante la inesperada actitud del director.

—¡Muy bien! Sí, pero… ¿seguirá usted haciendo lo mismo para beneficiar a la fraternidad? —preguntaron con mirada picaresca.

El Sr. Norman sonrió de una manera casi imperceptible, pero no creyó necesario contestar a la pregunta. Salió y se marchó camino de su casa. Mientras caminaba se preguntaba si había sopesado todos los inconvenientes y las consecuencias que tendría haber tomado la decisión de responderse a sí mismo: «¿Qué habría hecho Jesús en mi lugar?». Era evidente que aquellos muchachos sufrirían a causa de la actitud tomada por él. Mientras caminaba, iba convenciéndose de que Jesús habría hecho lo que él acababa de hacer por ellos o algo muy parecido a fin de ayudarlos y actuar con justicia. No se hallaba en situación de dogmatizar y comprendía que solo podría responder con su propio criterio y conciencia en cuanto a la interpretación de la actitud probable que Jesús habría asumido en su caso.

Hasta cierto punto, Norman había previsto pérdidas importantes en la venta del diario. Pero aún le faltaba darse cuenta de toda la pérdida que había de sufrir si continuaba con su propósito.

Durante la semana recibió numerosas cartas, criticando la falta de las crónicas de boxeo. He aquí algunas de ellas:

Señor director de *El Noticiero*:

Hace un tiempo que estoy pensando en cambiar de diario. Quiero un diario que esté a la altura de la época, progresista, emprendedor y que satisfaga al público en todos los asuntos. Su reciente capricho de negarse a publicar la crónica de los famosos encuentros de boxeo, me ha hecho tomar la decisión, finalmente, de poner en práctica mi pensamiento. Sírvase borrarme de la lista de subscriptores.

Suyo affmo.

(Esta carta estaba firmada por un negociante que hacía muchos años que era subscriptor).

Otra carta:

Sr. Eduardo Norman, director de *El Noticiero*:

¿Qué significa este golpe sensacional que da usted a nuestro público? Espero que no se propondrá usted tratar de establecer «Movimientos Reformistas» por medio de la prensa. Hay graves peligros en experimentos de esta índole. Siga mi consejo y manténgase fiel a los buenos métodos modernos que con tanto éxito había aplicado a *El Noticiero*. El público quiere boxeo y cosas semejantes. Dele lo que quiere y deje que otros se metan a reformadores.

Suyo...

(Esta estaba firmada por un antiguo amigo de Norman, periodista de una ciudad vecina).

Pero entre ellas, una carta le sirvió de aliento:

Mi querido Sr. Norman: Me apresuro a escribirle una nota de felicitación por el fiel cumplimiento de su promesa. Es un espléndido comienzo y nadie mejor que yo se da cuenta de su valor. Comprendo algo de lo que le costará, pero no todo.

Su atto. amigo y pastor,
Enrique Ford.

El jueves, sin embargo, recibió la preocupante carta de uno de los principales tabacaleros de la ciudad, quien durante años había pagado a gran precio una columna de avisos notables:

Sr. Eduardo Norman, director de *El Noticiero*:

Muy señor mío: Al vencer el tiempo por el cual tengo contratado mi aviso, sírvase descontinuarlo. Le acompaño un cheque por lo que le adeudo por dicho aviso y doy por terminada mi cuenta con su diario.

Suyo atentamente.

Sumamente pensativo, Eduardo Norman colocó la carta sobre el escritorio. Luego tomó un ejemplar del diario y examinó las columnas de avisos. Aquella carta había llamado su atención sobre el asunto de los avisos de su diario. No había considerado este punto antes. Al pasar la mirada por sus columnas no le quedó duda de que había allí cosas que Jesús no permitiría en un diario suyo. ¿Qué haría Jesús con ese largo anuncio de bebidas alcohólicas? Al anunciar tales cosas, Norman no hacía más que imitar lo que todos los demás comerciantes de Raymond hacían. Y esa clase de anuncios era la que mayor ganancia le daba. ¿Qué haría el diario si perdía esto? ¿Podría sostenerse? Este era el asunto. Pero, después de todo, ¿era este, en realidad, el asunto? «¿Qué haría Jesús?». Este era el verdadero asunto que Norman estaba procurando contestar. Se hizo la pregunta con toda honestidad, y después de orar pidiendo la sabiduría del cielo, llamó a Clark a la oficina.

Clark acudió, convencido de que el diario atravesaba por una profunda crisis. Venía preparado a todo, después de la desgraciada experiencia del lunes por la mañana.

—Clark —dijo hablando pausada y cuidadosamente—, he estado revisando las columnas de avisos de nuestro diario y he decidido suprimir algunos de ellos tan pronto como terminen los respectivos contratos. Quiero que lo notifique así al agente de avisos y que no solicite ni renueve contrato alguno en adelante. Aquí quedan señalados.

Seguidamente, tomó el diario en el que había marcado las supresiones y se lo dio a Clark, quien, tomándolo a su vez, pasó la vista por sus columnas, con aire meditabundo.

—Esto significa, señor, una gran pérdida para *El Noticiero*. ¿Cuánto tiempo cree usted que podremos soportar esto?

Clark miraba a su jefe con el mayor asombro y no acababa de comprenderle.

—¿No comprende usted, Clark, que si Jesús fuese director de *El Noticiero* no insertaría avisos de bebidas alcohólicas en él?

Clark miró a su jefe con la misma mirada de asombro con la que le mirara cuando le presentó la cuestión por vez primera.

—Bien... No... Supongo que no lo haría, pero ¿qué tiene que ver eso con nosotros? Nosotros no podemos hacer lo que Él haría. El periodismo no puede establecerse sobre semejantes bases.

—¿Por qué no? —preguntó Norman tranquilamente.

—¿Por qué no? Porque se perdería más dinero de lo que se ganaría. ¡Eso es lo que va a acontecer! —Clark no pudo ocultar esta vez la irritación que le devoraba— Nosotros, repito, llevaremos el periódico a la bancarrota con semejante administración.

—¿Lo cree usted así? —preguntó Norman, no como si esperase contestación, sino como si estuviera hablando consigo mismo. Después de un momento de silencio, continuó— Tome usted nota de las marcas que he hecho. Creo que es lo que Jesús haría y, como le dije a usted, Clark, eso es lo que yo me he propuesto hacer durante un año, sin consideración a lo que puedan ser los resultados para mí. No creo que con ningún argumento pudiéramos llegar a la conclusión de que Jesús aconsejara semejante sección de avisos, precisamente en esta época en la que los licores tratan de ensanchar su propaganda mediante el periodismo. Hay algunas otras cosas de dudoso carácter moral en el diario, que estudiaré detenidamente cuando tenga oportunidad. Mientras tanto, he llegado a la convicción de que debo dar estos pasos.

Clark volvió a su escritorio con la sensación de haber estado hablando con una persona trastornada. ¡Lo que su jefe le proponía era simplemente una insensatez! ¡Un rematado disparate!

Así discurría Clark consigo mismo, cuando Marks, un subordinado suyo, exclamó asombrado al recibir la orden de hacer tales cambios de acuerdo con las disposiciones del director:

—¿Qué le pasa al director? ¿Se propone ir de cabeza a la bancarrota con todos sus negocios?

Eduardo Norman no había afrontado aún la parte más ardua y delicada de su problema. El viernes por la mañana se hallaba con el programa de la edición del número que debía aparecer el domingo de mañana, ya que *El Noticiero* era una de los pocos periódicos que publicaba una edición dominical, que era todo un éxito desde el punto de vista financiero, cuando le asaltó la pregunta: «¿Qué haría Jesús en mi lugar, editaría en domingo?».

Norman examinó concienzudamente el asunto. Su edición dominical convertía *El Noticiero* en un periódico muy interesante, y era recibido con gusto por todos los subscriptores... Pero ¿publicaría Jesús un diario en domingo? Norman se hallaba sumamente perplejo por este asunto. Resolvió llamar a todo el cuerpo de redacción y exponerle, francamente, sus móviles y propósitos.

Se presentaron todos en la amplia sala del despacho, asombrados, y se acomodaron donde pudieron. El proceder del director era inusitado, pero ya todos estaban de acuerdo en que el diario se regía por nuevos principios. Todos observaban con curiosidad al Sr. Norman, mientras les hablaba.

—Os he llamado —les dijo— para haceros saber mis planes acerca de lo que haré en el futuro con *El Noticiero*. Me propongo introducir ciertas modificaciones que creo necesarias. Entiendo que algunos cambios que ya he introducido se estiman como muy estrambóticos. Deseo, por lo tanto, exponer las razones que me han movido a hacerlos.

Aquí les repitió lo que ya había dicho a Clark, mientras ellos le miraban estupefactos como aquel lo había hecho y reflejaban en sus rostros el malestar.

—Siguiendo esta línea de conducta —continuó Norman—, he llegado a una conclusión, la cual os sorprenderá, sin duda. He decidido que la edición dominical de *El Noticiero* deje de aparecer después del domingo próximo. En el número del domingo próximo expondré las razones que me mueven a proceder así. Con el objeto de dar a los subscriptores una cantidad de lectura equivalente, a la que ellos se creen con derecho, editaremos una doble edición los sábados, como hacen muchos diarios que no publican ediciones dominicales.

»Estoy convencido de que, desde el punto de vista cristiano, hemos hecho más mal que bien con nuestra edición dominical. No creo que Jesús la publicara, si se hallase en mi caso.

»Esto ocasionará algunas molestias para regularizar los detalles que impone este cambio con los dueños de avisos y subscriptores. Esto es asunto mío. La cosa se hará. La pérdida será para mí solo. Ni los reporteros ni los impresores necesitan modificar sus planes de trabajo.

Eduardo Norman dirigió entonces una mirada escudriñadora a sus empleados, pero ninguno objetó nada.

Por primera vez se sintió afectado por el hecho de que, durante su larga vida periodística, fuese esta la primera ocasión en la que había reunido de este modo a sus empleados. ¿Haría Jesús un periódico inspirado en un programa en el cual todo el personal del diario se reuniese bajo la influencia de una afectuosa familiaridad, para cambiar opiniones, tomar consejo y dictar aquellas medidas que tuviesen por objeto resolver del mejor modo posible lo concerniente al ideal de su diario?

Norman se percató entonces de que estaba apartándose de las prácticas comunes sobre las que subsisten las uniones tipográficas y las reglas de oficina; apartándose de ese frío formulismo dictado por las exigencias mercantiles, en cuyos métodos se funda el gran éxito de los negocios humanos.

Después de aquella insólita reunión, Clark entró muy nervioso en el despacho de Norman. Mantuvo una larga y seria conversación con su jefe. Se hallaba realmente indignado, y su protesta contra el proceder del director llegó a tal punto que pidió renunciar a su puesto.

Norman se condujo con mucha prudencia. Cada instante de la entrevista lo mortificaba sobremanera; pero, no obstante, creía que su deber era proceder con sujeción a la conducta cristiana que se había impuesto. Clark era un hombre de singular mérito. Sería difícil hallar otro capaz de reemplazarle en su puesto.

—El diario irá a la quiebra antes de treinta días —vaticinó Clark con firmeza.

—¿Quiere usted seguir en *El Noticiero* hasta que quiebre? —Esta pregunta la hizo Norman con una extraña sonrisa.

—Sr. Norman, yo ya no lo comprendo a usted. No es la misma persona de antes.

—Ni yo mismo me reconozco, Clark. Algo notable me ha sobrevenido y me dejo conducir dócilmente por ello. Pero jamás he estado más convencido del éxito final del diario —hizo una pausa y miró fijamente a su empleado—. Aún no ha contestado a mi pregunta. ¿Se quedará conmigo?

Clark calló un momento y, por fin, asintió.

Norman le dio un fuerte apretón de manos y regresó a su escritorio.

Clark volvió a su puesto muy consternado y preocupado. Jamás había pasado por semejante conflicto y perturbación; ahora se consideraba ligado con una empresa que en cualquier momento podría hundirse, arrastrándole consigo, lo mismo que a los demás empleados, y se sentía totalmente impotente.

Llegó la mañana del domingo y otra vez la iglesia del Rev. Ford se hallaba atestada de gente. Antes de comenzar el servicio, Eduardo Norman atraía la atención general. Ocupaba tranquilamente su asiento acostumbrado, el tercer banco frente al púlpito. Casi cada uno de los presentes había leído la edición dominical de *El Noticiero*. El anuncio de su suspensión en el futuro fue escrito con tal vehemencia que sorprendió a cada uno de sus lectores. Los acontecimientos relacionados con *El Noticiero* no eran los únicos. La gente hablaba con mucho ardor acerca de cosas extrañas realizadas durante la semana por Alejandro Poer en los talleres del ferrocarril y por Milton Rait en sus almacenes de la Avenida. Jamás la vida empresarial de Raymond había experimentado tantos cambios como durante aquella semana que acababa de terminar.

El servicio religioso empezó y continuó en medio de una excitación bastante notable en el auditorio. El pastor Ford lo notaba. Poseído de una calma que indicaba una fortaleza y decisión inusitadas, comenzó su predicación.

El martes de la semana anterior había estado en el cementerio, dando sepultura al joven vagabundo, su espíritu aún se hallaba profundamente conmovido por lo sucedido, y también al pensar en las almas a las que anhelaba comunicar un mensaje de verdadero poder espiritual.

Ahora que había llegado el ansiado domingo y la gente estaba allí para escucharle, ¿qué les diría? Se decidió finalmente por hablar sin ambages. Había en sus palabras una censura del afán de lucro, del egoísmo de la moda y de la hipocresía; al mismo tiempo, sus palabras estaban llenas de amor hacia el auditorio, lo que se manifestaba con mayor intensidad a medida que el sermón se desarrollaba. Cuando terminó, había quienes decían en sus corazones: «He ahí un sermón inspirado por el Espíritu Santo». Nadie recordaba haber oído un sermón semejante en la Primera Iglesia.

Raquel Larsen se dispuso a cantar, pero esta vez fue después del sermón, porque así lo había decidido el pastor. Su canto ya no produjo la menor tentación de aplauso. Su voz en sí misma era como siempre, atrayente y poderosa, pero el elemento que ahora se añadía a esto y que realmente subyugaba las almas era la humildad y la pureza, con lo que se imponía al auditorio y le hacía doblegarse a su canto.

Antes de terminar el servicio, el pastor pidió a los que se habían quedado el domingo anterior que se quedaran nuevamente para consultar, juntos, algunas cosas; y extendió la invitación a cualesquiera otros que desearan asumir el compromiso ya contraído por los demás. Luego que él quedó libre, pasó al salón de actos públicos. Para su gran asombro, estaba prácticamente lleno. La mayor parte eran jóvenes. Había también unos cuantos hombres de negocios y algunos miembros del cuerpo oficial de la Iglesia.

El pastor los invitó a que le acompañasen en la oración. Y lo mismo que la vez anterior, una manifiesta respuesta del Espíritu Santo descendió de lo Alto. No había duda en el ánimo de nadie de que lo que se proponían realizar tenía la aprobación divina. Había entre ellos un espíritu de fraternidad, que jamás se había conocido en el seno de la congregación.

Eduardo Norman explicó su proceder en *El Noticiero* a todos los congregados y todos le escucharon con sincera atención:

—¿Cuál será la consecuencia de la supresión de *El Noticiero* del domingo? —le preguntó Alejandro Poer, que se hallaba sentado a su lado.

—Aún no lo puedo decir. Opino que acarreará una gran pérdida de avisos y una considerable baja de subscriptores. Esto es lo que puedo anticipar hoy.

—¿Abriga usted algunas dudas acerca de su actitud? En otros términos: ¿está usted arrepentido o tiene temor de que Jesús no procedería así? —preguntó el pastor.

—Ni en lo más mínimo —respondió Norman—. Pero os pregunto ahora a vosotros: ¿hay alguien aquí que crea que Jesús publicaría un diario en domingo?

Por un momento nadie desplegó los labios. Gaspar Chase fue el primero en hacerlo:

—Nosotros creemos estar todos de acuerdo sobre eso; sin embargo, yo me he visto sumido en profundas perplejidades en varias ocasiones durante esta semana respecto a la línea de conducta que Jesús seguiría en algunos casos. No es siempre fácil resolver este punto y contestarlo.

—Yo lo hallo bastante difícil —dijo Virginia Page, que se hallaba sentada cerca de Raquel Larsen.

Todos los que conocían a Virginia Page estaban pensando cómo haría ella para conservarse fiel a su compromiso.

—A mí me parece que tal vez el asunto es más difícil para mí a causa de mi dinero —dijo Virginia—. Jesús jamás poseyó propiedad alguna, y no hay nada en su ejemplo que pueda guiarme en el empleo del mío. Estoy estudiando y orando. Me parece ver con bastante claridad algo de lo que Él haría, pero no todo. «¿Qué haría Jesús con un millón de dólares?». Este es realmente mi problema. Confieso que aún no he podido resolverlo.

—Se me ocurre qué puedes hacer con una parte de ese millón —dijo Raquel, volviéndose hacia su amiga.

—Lo sé, pero eso no me ayuda —respondió Virginia con una débil sonrisa—. Lo que estoy tratando de descubrir es cómo aproximarme lo más posible a la conducta que Jesús asumiría, de manera que influyera en todo el curso de mi vida, en lo que toca a cómo emplear mi riqueza.

—Eso llevará tiempo —dijo el pastor.

Milton Rait contó algo acerca de sus experiencias. Estaba desarrollando un plan en sus relaciones laborales con sus empleados y veía surgir un nuevo mundo en ese asunto.

Unos cuantos jóvenes relataron algunas de sus tentativas de responder a la pregunta: «¿Qué haría Jesús en mi lugar?». Todos estaban dominados por pensamientos de la misma índole. El consenso era unánime acerca del hecho de que la aplicación del espíritu y práctica de Jesús en la vida diaria era lo que constituía la seriedad del tema. Para ello, se requería un conocimiento de su Persona y una percepción de sus móviles que la mayor parte de ellos no poseía aún.

Después de hacer una oración silenciosa que, nuevamente, indicó con creciente poder la presencia divina, salieron de la iglesia discutiendo seriamente sus problemas y tratando mutuamente de ayudarse a resolverlos.

Raquel Larsen y Virginia Page salieron juntas. Eduardo Norman y Milton Rait estaban tan absortos en la conversación, que pasaron de largo ante la casa del primero y luego volvieron juntos. Gaspar Chase y el presidente de la Sociedad de Esfuerzo Cristiano permanecieron en un extremo del salón del templo, hablando con mucho entusiasmo. Alejandro Poer y el pastor Ford también se quedaron en el salón, aun después de que todos los demás se hubieran marchado.

—Quisiera —dijo Poer al pastor— que viniese usted a los talleres mañana para mostrarle mi plan y para hablarles a mis hombres. A mí me parece que usted es más adecuado que nadie para hacerse oír por ellos.

—Eso no lo sé, pero iré —respondió el pastor algo triste.

¿Qué aptitudes tenía él para presentarse ante doscientos o trescientos obreros y predicarles un mensaje del Evangelio? Sin embargo, tan pronto como experimentó su debilidad se reprendió a sí mismo. «¿Qué haría Jesús?», se preguntó; y esto puso fin al conflicto suscitado en su ánimo.

Al día siguiente fue y halló a Poer en su oficina. Faltaban pocos minutos para las doce, y el superintendente le dijo:

—Vamos arriba y le mostraré lo que estoy tratando de hacer.

Pasaron por el taller de máquinas, subieron por una larga serie de escaleras y penetraron en un cuarto muy grande y vacío, que en un tiempo había sido empleado como depósito.

—Después de hacer mi promesa, la semana pasada —dijo el Sr. Poer—, se me han ocurrido muchas cosas buenas, y entre ellas, esta: la compañía me concede el uso de esta habitación y voy a proveerla de mesas y adornarla con plantas. Mi plan es preparar un lugar cómodo donde los obreros puedan venir a comer al mediodía; dos o tres veces por semana les ofreceré el privilegio de unos quince minutos para hablarles sobre puntos en que pueda prestarles una verdadera ayuda en su vida.

Ford se sorprendió del plan de Alejandro Poer y le preguntó si los obreros se reunirían con semejante propósito.

—Sí, vendrán. Los conozco bien. Algunos de ellos son de los operarios más inteligentes del país. Pero en su totalidad están distanciados de la Iglesia por completo. En vista de este hecho, me he preguntado: «¿Que haría Jesús en mi lugar?». Y, entre otras cosas, me ha parecido que Él comenzaría por procurar algo que mejorase el estado material y espiritual de estos hombres. Poca cosa es lo que este salón representa, pero me he dejado guiar por mi primer impulso, haciendo lo que primeramente se me ocurrió, y ahora quiero desarrollar mi proyecto. Desearía que usted dirigiera la palabra a mis hombres cuando suban ahora para almorzar. Les he dicho que suban a ver el salón para hablarles acerca de mis propósitos.

Enrique Ford sentía miedo de encontrarse frente a frente con ellos. Le arredraba la prueba de dirigirse a un auditorio tan distinto de aquellos con los cuales estaba familiarizado en su aristocrática iglesia.

Había una media docena de mesas largas y toscas y algunos bancos en el gran salón. Cuando sonó la alarma del taller, comenzaron a llegar los obreros y a sentarse en aquellas mesas, donde cada uno comía lo que había traído. Habría unos trescientos hombres. Habían leído la invitación que su jefe había hecho colocar en los talleres y muchos vinieron más por curiosidad que por otra cosa.

La impresión que recibieron fue agradable. El salón era amplio y bien ventilado. No había humo ni polvo y se hallaba confortablemente calentado por medio de varios caños llenos de vapor.

Como a la una menos veinte, el Sr. Poer empezó a hablar a sus empleados, explicándoles su plan. Les habló con toda sencillez, como hombre que sabía a quiénes hablaba. Después presentó al Rev. Ford, su pastor, diciéndoles que se había prestado a dirigirles algunas palabras.

Enrique Ford jamás olvidaría la impresión que le produjo la primera vez que se halló frente a su nuevo auditorio, compuesto de obreros, con sus caras sucias y curtidas por la dura labor de su oficio.

Tuvo el buen sentido de identificarse primero con su auditorio, confundiéndose él mismo con él. No empleó siquiera el término «obreros», ni sugirió tampoco nada que pudiera establecer diferencia entre su modo de vivir y el de ellos. Les habló de lo que son las legítimas satisfacciones de la vida; de las causas que las pueden producir; de lo que constituye la verdadera fuente de la salvación. Los hombres quedaron muy agradecidos. Muchos de ellos le estrecharon la mano antes de volver al trabajo.

Al volver a su casa, el Rev. Ford le decía a su esposa que nunca en su vida había conocido el deleite de un apretón de manos de un obrero. Esta experiencia señaló una fecha importante en su vida cristiana, que dejaba atrás todo lo que de ella antes había aprendido. Era el principio de su reconciliación con el proletariado. Era el primer tablón para formar el puente entre la Iglesia y los obreros de Raymond.

Aquella tarde, Alejandro Poer volvió a su escritorio enteramente complacido del plan que había adoptado, considerándolo como un gran beneficio para sus obreros; feliz al recordar cómo habían respondido sus operarios, mejor de lo que él mismo había esperado, y pensaba que todo esto no podía sino redundar en un gran beneficio para todos. Dichoso con el nuevo giro de su vida, continuó la rutina de su trabajo con íntima satisfacción. Después de todo, como se repetía a sí mismo, lo más importante era hacer lo que Jesús haría.

Iban a dar las cuatro, cuando abrió uno de los grandes sobres que venían de la compañía y que, suponía, contenía órdenes para la compra de materiales. Con su rapidez habitual recorrió las primeras líneas de la página escrita a máquina, antes de darse cuenta de que

estaba leyendo una nota dirigida no a su oficina, sino al superintendente del Departamento de Cargas.

Sin pensar en seguir leyendo lo que no estaba escrito para él,
dio vuelta, mecánicamente, al folio, y sus ojos tropezaron con la
demostración de que la empresa ferroviaria a la cual servía estaba
violando sistemáticamente las leyes del país. Se trataba de una violación tan clara e inequívoca como lo sería el hecho de que un particular penetrase en casa ajena y se llevara lo que en ella encontrase.
Desde el punto de vista legal era, también, una violación clarísima
de ciertos decretos recientemente promulgados por la Legislatura
para impedir los monopolios ferroviarios. No le cabía duda alguna:
tenía en la mano pruebas suficientes para acusar a la empresa de
estar violando voluntaria e inteligentemente las leyes por las cuales
debía regirse.

Poer arrojó los papeles sobre el escritorio con el mismo ademán
con que hubiese arrojado una víbora e, inmediatamente, como un
relámpago, cruzó por su cerebro el pensamiento: «¿Qué haría Jesús
en este caso?».

Trató de descartar el asunto. Procuró convencerse de que no era
cosa de su incumbencia. De una manera más o menos indefinida,
como casi todos los empleados del ferrocarril, había pensado más
de una vez en la posibilidad de que estuviera sucediendo algo así
en la empresa a la cual servía. En la posición que ocupaba como
jefe de talleres no tenía por qué cerciorarse del asunto y lo había
considerado como algo que no le incumbía. Pero los papeles que
acababa de ver se lo revelaban todo. Por descuido de alguien al
escribir el sobre, estos habían llegado a sus manos. ¿Qué tenía que
hacer con ello? Poer pensó en su familia. Si tomaba alguna medida
para denunciar a la empresa, perdería su puesto. Su esposa e hija
estaban habituadas a las comodidades y a ocupar una buena posición social. Si él aparecía como testigo contra este fraude, tendría
que aparecer ante los jueces, se interpretarían mal sus intenciones
y todo terminaría por acarrearle graves molestias y la pérdida de su

puesto. Podía devolver aquellos papeles al Departamento de Cargas y asunto concluido. Que continuase el fraude. Que hollaran la ley. ¿A él qué le importaba? Continuaría con su excelente plan para mejorar la condición de sus obreros. ¿Qué más podía hacer un hombre en este negocio de los ferrocarriles, donde pasan tantas cosas que hacen imposible que todos sus empleados se rijan por las reglas del cristianismo? Pero… ¿qué haría Jesús en posesión de estos datos? Este era el pensamiento que bullía en el cerebro de Alejandro Poer, mientras el día transcurría.

Las lámparas habían sido encendidas en la oficina. El trepitar de las grandes maquinarias y el zumbido de las cepilladoras continuaron hasta las seis. Entonces sonó la alarma, las máquinas disminuyeron su marcha y, al fin, se detuvieron. Un tiempo después, todos los hombres habían abandonado los talleres. Poer oyó el clic-clic de las medallas que los obreros depositaban en el tablero, al pasar debajo de su ventana. Dejó ir a sus empleados, diciéndoles que tenía aún algo que hacer. Esperó hasta que oyó al último obrero colgar su chapa. Se fue también el guardián del tablero de estas. El ingeniero y sus ayudantes tenían trabajo para media hora más, pero salían por otra puerta.

Cualquiera que, a las siete de esa noche, hubiese mirado por la ventana del escritorio del señor Poer, hubiera visto un espectáculo singular: allí estaba Poer, de rodillas ante su escritorio, con el rostro sepultado entre las manos.

III

«Si alguien viene a Mí sin amarme más que a su padre y a su madre y mujer e hijos y hermanos y hermanas y aun más que a su vida no puede ser mi discípulo.

[...] Y el que por amor de Mí no está dispuesto a abandonar cuanto posee, no puede ser mi discípulo»

(Lucas 14: 26, 33).

Cuando Raquel Larsen y Virginia Page se separaron, después del servicio del domingo en la Primera Iglesia, convinieron en continuar al día siguiente la conversación que habían mantenido. Virginia invitó a Raquel a su casa a almorzar juntas. El lunes a las once y media, Raquel llamó a la puerta del palacio de los Page. Virginia en persona salió a recibirla. Pronto estuvieron las dos entretenidas en una interesante conversación.

—La cosa es —decía Raquel, después de unos minutos— que no puedo reconciliar eso con lo que yo pienso que Jesús haría. No puedo indicarle a otro lo que debe hacer, pero mi idea es que no debo aceptar esta oferta.

—¿Qué harás, entonces? —preguntó Virginia con mucho interés.

—Aún no lo sé, pero he resuelto rechazarla.

Raquel volvió a tomar de su falda una carta que allí tenía y la leyó de nuevo. Era de un empresario de ópera cómica que le ofrecía un puesto en su importante compañía para la temporada que se aproximaba. El salario ofrecido era muy grande y las perspectivas que el empresario describía eran sumamente halagadoras. La había oído cantar aquel domingo en el que el joven vagabundo había interrumpido el servicio en la Primera Iglesia. Su canto le había impresionado mucho. Aquella voz valía dinero y debía emplearse en la ópera cómica. El empresario pedía una respuesta a Raquel con la mayor brevedad posible.

—No tiene gracia rechazar esta oferta, teniendo la otra —dijo Raquel con gesto pensativo—. Eso es más difícil de resolver. Pero estoy casi resuelta. A decir verdad, Virginia, estoy completamente convencida de que Jesús nunca emplearía un don, tal como el de una buena voz, para la mera satisfacción monetaria. Pero en cuanto a esta otra oferta para un concierto… Aquí se trata de una compañía honorable que viaja con un actor, un violinista y un cuarteto, todas personas de muy buena reputación. Se me solicita para el puesto de primera soprano. El salario…, te lo dije, creo…, mil dólares por mes, durante la temporada. Pero no estoy convencida de que Jesús, en mi lugar, aceptara. ¿Qué te parece?

—No debes pedirme que yo decida por ti —contestó Virginia sonriendo tristemente—. Me parece que el Rev. Ford tuvo razón cuando nos dijo que cada uno debe resolver por sí mismo la respuesta a esa pregunta de acuerdo con lo que en su conciencia crea que es su deber cristiano. Por mi parte, estoy tropezando con dificultades en mi empeño por resolver lo que Jesús haría en mi lugar.

—¿De verdad? —preguntó Raquel.

Ambas caminaron pensativas hacia la ventana y se asomaron a ver la calle que rebosaba de gente y de vida. De repente, Virginia comenzó a hablar con un tono desconocido para Raquel; le hablaba desde el corazón, confesándole sus pensamientos más íntimos:

—¿Qué te parece a ti, Raquel, de todo este contraste de condiciones? Me enloquece pensar que la sociedad en la que he sido educada, la misma a la cual ambas pertenecemos, se satisface año tras año con vestirse bien, comer, divertirse, celebrar reuniones, gastar su dinero en lujo y, alguna vez, para apaciguar su conciencia, dar sin ningún sacrificio personal uno que otro céntimo para caridad.

»Fui educada, como sabes, en uno de los colegios más costosos de América. Sin darme cuenta me hallé en la alta sociedad como heredera de grandes riquezas. Sé que mi posición es envidiable. Estoy perfectamente bien. Puedo viajar si quiero, lo mismo que quedarme en casa, si me place. Obro con entera libertad. Puedo satisfacer todos mis deseos. Sin embargo, cuando intento darme cuenta de la vida a la que se sometió voluntariamente Jesús y la comparo con la que yo llevo, me parece que estoy viviendo como una de las más egoístas e inútiles de las criaturas de este mundo.

»Durante varias semanas no he podido contemplar la vida desde esta ventana sin sentirme llena de horror hacia mí misma.

Virginia se dio la vuelta y empezó a pasearse por la habitación. Raquel la observaba atentamente, sin poder reprimir el cúmulo de pensamientos que se agolpaban en su mente. Ella también lidiaba con su propio dilema: ¿A qué uso cristiano podía consagrar su buena voz? Era consciente de su talento, tenía una constitución fuerte y gozaba de perfecta salud; conocía su valor como cantante, sabía que si se consagraba al teatro no solo llegaría a ganar muchísimo dinero, sino que además alcanzaría los laureles de la fama. Estaba segura de no exagerar al pensar que podía llegar a realizar sus esperanzas. Pero el discurso de Virginia le había producido una profunda impresión y se sentía muy identificada de alguna manera con ella.

Una vez anunciado el almuerzo, pasaron a tomarlo y se hallaron ambas en compañía de la abuela de Virginia, la Sra. Page, hermosa matrona, que llevaba con donaire sus sesenta y cinco años, y un hermano de Virginia, Rollin, joven que pasaba la mayor parte de su tiempo en los clubes y que carecía de todo ideal en la vida. Este joven sentía una creciente admiración por Raquel, y cada vez que ella comía en casa de los Page, trataba de encontrarse presente.

Aquellas tres personas componían la familia Page. El padre de Virginia había sido un importante y acaudalado banquero. Su madre murió antes de que ella tuviera diez años, y su padre había fallecido hacía un año. Su abuela, nacida en las regiones del Sur, era una mujer que, tanto por su nacimiento como por su educación, poseía las altivas tradiciones y sentimientos que, por lo general, acompañan a quienes gozan de una buena posición sin perturbaciones. Era de naturaleza sagaz y revelaba una gran habilidad para los negocios.

La propiedad de la familia y sus caudales estaban, en gran parte, bajo su administración personal. La parte perteneciente a Virginia estaba por completo en su poder y, por lo tanto, podía disponer de ella a su entera disposición. Su padre la había educado teniendo en vista el mundo de los negocios, a cuyo objetivo había dirigido todos sus esfuerzos; y hasta su abuela se veía obligada a reconocer la capacidad de la joven para la administración de su fortuna.

Quizás sería difícil hallar dos personas menos habilitadas para comprender a una joven como Virginia de lo que lo eran la señora Page y Rollin. Raquel, que conocía a la familia desde niña, compañera de juegos de Virginia, no podía menos que cavilar sobre lo que le esperaría a su amiga en su hogar ahora que ésta había decidido seguir un estilo de vida conforme a la premisa «¿Qué haría Jesús en mi lugar?». Pensaba en lo que momentos antes Virginia le había confesado e imaginaba la escena que, tarde o temprano, ocurriría entre la señora Page y su nieta.

—Entiendo, señorita Larsen, que va usted a trabajar en el teatro —dijo Rollin, interrumpiendo sus pensamientos—. Nos alegra mucho la noticia.

Raquel se ruborizó y se sintió algo incómoda.

—¿Quién te lo dijo? —preguntó Virginia, que hasta entonces había estado muy callada.

—¡Oh! ¡Las noticias vuelan! —respondió Rollin—. Además, todo el mundo vio a Crandall, el empresario de teatros, en la iglesia hace dos semanas. Y ya sabemos que no va a la iglesia precisamente a escuchar la predicación. Conozco a otros que tampoco van para oír predicar cuando hay algo mejor que oír.

Más sosegada, Raquel le contestó:

—Usted se equivoca. No voy a ir al teatro.

—¡Es una gran lástima! —replicó sorprendido el joven— Hubiera hecho furor. Todo el mundo habla de su voz.

Esta vez fue la ira lo que coloreó las mejillas de Raquel. Pero antes de que pudiera contestar, Virginia preguntó:

—¿Qué quiere decir con «todo el mundo»?

—Quiero decir todos los que oyen a la señorita Larsen los domingos. ¿En qué otra ocasión habrían de oírla? Repito que es una gran lástima que no pueda escucharla todo el mundo.

—Hablemos de otras cosas —dijo Raquel, un tanto enojada.

La señora Page la miró, mientras le decía con la mayor cortesía:

—Nuestro buen Rollin nunca lisonjea. Sus palabras siempre son sinceras. En eso se parece a su padre. Pero todos tenemos curiosidad por saber algo acerca de sus proyectos. Recuerde que somos amigos suyos desde hace muchos años y que esto nos da ciertos derechos. Además, Virginia ya nos había hablado de la oferta que usted ha recibido de la compañía.

—Yo creí que ese era asunto público —respondió apresuradamente Virginia—. Lo leí ayer en *El Noticiero*.

—Sí, sí —afirmó Raquel de manera algo tajante—. Entiendo eso, señora, y he estado conversando con Virginia sobre el particular. He resuelto no aceptar la oferta y eso es todo lo que hay, por ahora.

Raquel era consciente por momentos de que la conversación que sostenían había estado disipando más y más sus vacilaciones acerca de la oferta de la compañía e impulsándola a una decisión que la satisfacía por completo, en relación a la acción probable de Jesús. Sin embargo, lo que menos habría deseado era hacer tan pública su resolución como lo estaba haciendo. Las palabras de Rollin y su manera de expresarse habían apresurado su decisión en el asunto.

CHARLES M. SHELDON

La señora Page volvió a dirigirse a Raquel con su habitual cortesía:

—¿Podría decirnos cuáles son sus motivos para rechazar la oferta, Raquel? ¡Parece una propuesta tan buena para una joven como usted! ¿No le parece que el público en general debería escucharla? Yo opino como Rollin. Una voz como la suya pertenece a auditorios mayores que los de la Primera Iglesia.

Raquel era una joven de carácter muy reservado. No era amiga de hacer públicos sus proyectos ni sus pensamientos. No obstante, había en ella lo que podríamos calificar de estallidos repentinos, en los cuales, de una manera sencilla, impulsiva, franca, reflexiva y llena de verdad, expresaba sus más íntimos pensamientos. Al contestar a la señora Page, lo hizo en uno de esos momentos arrebatadores en los que dejaba de lado sus reservas y se expresaba de tal forma que aumentaba los atractivos de su carácter. Su contestación fue tan breve como determinante:

—No tengo más motivo para rechazar esta oferta que la convicción de que Jesús haría lo mismo en mi lugar.

Estas palabras las dijo con una ardiente mirada clavada en los ojos de la señora Page, la cual, al oírla, enrojeció, en tanto que Rollin manifestaba en su rostro el mayor asombro.

Antes de que la abuela pudiera decir algo, habló Virginia. El rubor que cubría su rostro reflejaba la emoción que la dominaba en ese instante. La blancura pálida de Virginia era la de una persona sana, pero, generalmente, contrastaba con la belleza tropical de Raquel.

—Tú sabes, abuela —dijo Virginia—, que hemos prometido tomar la probable acción de Jesús como regla de conducta durante un año. La propuesta del Rev. Ford era muy clara para todos los que la escucharon. Nosotras no hemos podido llegar a conclusiones definitivas de forma rápida. La dificultad en resolver lo que Jesús haría en determinadas circunstancias nos ha tenido muy perplejas a Raquel y a mí.

La señora Page dirigió a Virginia una mirada penetrante antes de desplegar sus labios:

—Naturalmente, he comprendido la propuesta del Rev. Ford. Lo que me parece enteramente imposible en la práctica. Al oírla, creí que los que prometieron seguir esa regla de conducta pronto verían su nula factibilidad y la abandonarían como cosa absurda y utópica. No tengo nada que decir acerca de los asuntos de la señorita Larsen, pero... —hizo una pausa y luego se dirigió enojada a su nieta— confío en que tú, Virginia, no tengas estas ideas tontas.

—Tengo muchas ideas —contestó Virginia, tranquilamente—. Que sean tontas o no, depende de la comprensión más o menos correcta que tenga de lo que Jesús haría si estuviese en mi situación. Tan pronto como descubra cuál sea su voluntad respecto a mí en determinada circunstancia, seguiré su inspiración.

—Excúsenme, señoras —dijo Rollin, levantándose—. La conversación se está haciendo demasiado profunda para mí. Me voy a la biblioteca a fumar un cigarro.

Y diciendo esto, salió del comedor. Su ausencia produjo un silencio incómodo. La señora Page esperó a que la criada sirviese algo y luego le pidió que se retirara. Estaba enojada y no podía disimularlo. Finalmente se decidió a hablar con cierto tono afectado:

—Tengo más edad que ustedes, señoritas —al hablar así, a Raquel se le antojaba que el porte de aquella dama parecía erguirse como un muro de hielo entre ella y todo concepto de discipulado—. Considero imposible de realizar eso que prometieron bajo el impulso de una falsa emoción.

—¿Quieres decir, abuela, que no es posible obrar como Jesús obraría? ¿O lo que quieres decir es que, al tratar de hacerlo, nos colocaremos en pugna con los hábitos y preocupaciones sociales?

—¡No es exigible! ¡No es necesario! Además, ¿cómo podríais hacerlo...?

La señora Page interrumpió su frase para volverse bruscamente a Raquel:

—¿Qué dirá su madre de tal resolución? ¿No ve, querida, que está cometiendo una tontería?

—Aún no sé lo que dirá mi madre —contestó Raquel, muy temerosa de decir lo que su madre probablemente pensaría. Si había una mujer en Raymond que ambicionaba que su hija alcanzara notables éxitos como cantante, esa mujer era la señora Larsen.

—¡Oh! ¡Ya verá el asunto bajo otra faz, después de pensarlo bien, hija mía! —continuó la señora, levantándose de la mesa— Se arrepentirá si no acepta la oferta del empresario o alguna otra cosa análoga.

Raquel dijo algo que dejaba entrever la lucha que estaba sosteniendo. Después de un rato se despidió y se marchó, intuyendo la dura conversación que se desarrollaría tras su marcha entre abuela y nieta. Sentía compasión por su amiga Virginia, pero se alegró de verse sola. Había un plan que estaba germinando en su mente y deseaba la soledad para meditarlo con detenimiento. Apenas había comenzado a caminar, que Rollin se le acercó.

—Siento interrumpir sus pensamientos, señorita —dijo el joven—, pero tenía que ir en la misma dirección que usted y pensé que no le molestaría mi compañía… En realidad, hace ya un minuto que estoy caminando a su lado y usted no ha hecho objeción.

—No le había visto —contestó Raquel.

—Eso no me importaría tanto, con tal que pensara usted en mí, de vez en cuando —dijo Rollin después de un instante de vacilación. Hizo una última calada nervioso a su cigarro y luego lo arrojó y siguió caminando al lado de la joven. Su semblante estaba muy pálido.

Raquel se sorprendió, aunque no se alarmó, al oír aquellas palabras. Conocía a Rollin desde que ambos eran niños y, en otro tiempo, se habían tuteado. Sin embargo, en los últimos tiempos, ella había puesto fin a esa familiaridad. Estaba acostumbrada a sus galanterías que, a veces, la divertían, pero en esta ocasión hubiera deseado sinceramente hallarse a cien leguas del joven.

—¿Piensa usted en mí alguna vez, señorita? —preguntó Rollin, después de una pausa.

—¡Oh, sí, muy a menudo!

—¿Está pensando en mí ahora?

—Sí. Es decir…, sí, estoy pensando en usted.

—¿Y qué piensa?

—¿Quiere que se lo diga con absoluta sinceridad?

—¡Por supuesto!

—Entonces debo decirle que estaba deseando que no estuviese usted aquí.

Rollin se mordió los labios y su semblante se puso sombrío. Raquel no se había expresado de la manera que él deseaba.

—¡Mira, Raquel!… ¡Ah, es cierto que no debo tutearla! Pero… alguna vez tengo que decírselo…, usted sabe lo que siento. ¿Por qué me trata con tanta dureza? Antes le era algo simpático. ¿Verdad?

—¿De veras? Sí, me acuerdo que siendo niños éramos muy amigos. Pero ahora ya no somos niños.

La joven dijo estas palabras en el mismo tono despreocupado que había empleado desde el primer instante en que, muy a pesar suyo, Rollin la había alcanzado. Raquel estaba aún absorta con el pensamiento que la preocupaba cuando el joven se le acercó.

Caminaron cierto trecho sin pronunciar una palabra. La avenida estaba llena de gente. Entre los transeúntes pasó Gaspar Chase, que los saludó sin detenerse. Rollin observaba a Raquel atentamente y, después de un instante, murmuró melancólicamente:

—¡Quién fuera Gaspar Chase! ¡Quizá, entonces podría lucirme!

Raquel se ruborizó, a su pesar. Sin hablar apresuró el paso. Rollin parecía determinado a llevar adelante sus pretensiones y ella no sabía cómo impedírselo. «Después de todo», pensaba, «lo mismo es que sepa la verdad hoy que mañana».

—Usted sabe muy bien, Raquel, lo que siento por usted. ¿No habrá ninguna esperanza?… Yo podría hacerla feliz. Hace muchos años que la amo…

—¡Vaya! —exclamó la joven—, ¿pues cuántos años cree usted que tengo, entonces? —Estas palabras las acompañó con una risa nerviosa y perdiendo un tanto su compostura habitual.

—Usted sabe muy bien lo que quiero decir —insistió Rollin obstinadamente—. Y no tiene derecho a reírse de mí por el hecho de que deseo casarme con usted.

—No me río... Pero es inútil que me hable de eso, Rollin —dijo después de alguna vacilación y usando el nombre de él con un tono tan sencillo y franco que él no podía dar a sus palabras otro significado que el de una amistad de familia—. Es imposible —agregó tajante la joven. Aún estaba un tanto consternada, si no enfadada, por el hecho de escuchar una declaración amorosa en plena calle, aunque el ruido del tráfico hiciera la conversación tan privada como si se hallaran en una sala.

El joven insistió:

—¿Quiere usted..., es decir..., le parece a usted que si... si me diera tiempo, que yo...?

—¡No! —interrumpió Raquel, hablando con firmeza. Al menos así lo pensó más tarde, aunque en el instante de hacerlo no tuvo intención de expresarse ásperamente.

Continuaron caminando sin hablarse. Se aproximaban a la casa de la joven y ésta ansiaba terminar la escena.

Al dar vuelta a la esquina de una de las calles más tranquilas, Rollin volvió a la carga con más vigor del que hasta entonces había demostrado. Había en su voz un notable acento de dignidad, desconocido para Raquel, cuando le dijo:

—Señorita Larsen, le pido que sea mi esposa. ¿Puedo abrigar la esperanza de que algún día consienta en ello?

—Ni la más mínima —respondió ella resueltamente.

—¿Quiere usted decirme el motivo? — Hizo esta pregunta como si tuviera el derecho de esperar una respuesta sincera.

—Porque no siento hacia usted lo que una mujer debe sentir hacia el hombre con quien ha de casarse.

—En otras palabras, quiere usted decir que no me ama.

—Eso es, no le amo ni puedo amarle.

—¿Por qué?

Esto era ya otro asunto, y la joven se sorprendió de que le hiciera tal pregunta. Vaciló al contestar:

—Porque... —Y no añadió más, temiendo decir demasiado en su afán de no decir más que la verdad.

—Dígame el motivo. No tema herirme más de lo que ya lo ha hecho.

—Pues bien, se lo diré: no lo amo ni puedo amarlo porque es usted un hombre sin ideal alguno en su vida. No hace nada para mejorar la situación del mundo. Su vida no es más que un derroche de tiempo, dinero y energías. Se pasa la vida en el club, en diversiones, en viajes inútiles y en la molicie del lujo. ¿Qué hay en semejante vida que pueda hacerlo atractivo a una mujer?

—¡Poco, por cierto! —exclamó Rollin, tratando de reírse—. Sin embargo, no creo ser peor que los demás hombres que me rodean. Sé que no soy tan malo como algunos que conozco... Me alegro de conocer sus motivos.

Se detuvo repentinamente, se quitó el sombrero, saludó con seriedad y comenzó a desandar el camino andado.

Raquel llegó a su casa y se precipitó a su habitación, sintiéndose muy turbada por lo que acababa de pasarle tan inopinadamente.

Cuando se hubo serenado, después de meditar sobre toda la conversación sostenida con Rollin, se sintió tan condenable como él. «En efecto», se decía, «¿qué ideal tengo yo en la vida?». Había salido del país y estudiado música con uno de los más famosos profesores de Europa. Vuelta a Raymond, había estado cantando en la Primera Iglesia, durante un año, motivo por el cual aquella iglesia le pagaba, y le pagaba bien. Hasta quince días atrás se había sentido satisfecha de sí misma y de su posición. Había compartido la ambición de su madre y llenado su espíritu con las mismas esperanzas de triunfos musicales. ¿Qué carrera posible se le ofrecía, fuera de la que es común a toda cantante?

Ahora, a la luz de su reciente respuesta a Rollin, una y otra vez se repetía: «¿Qué ideal tengo yo para mi vida? ¿Cuáles son mis propósitos? ¿Qué haría Jesús en mi lugar?». Su voz representaba una fortuna. Lo sabía. Es verdad que no pensaba en ello precisamente con orgullo personal o profesional, sino como un mero hecho que se imponía a su mente. Estaba obligada a reconocer que, hasta hacía dos semanas, no había tenido otro objetivo en vista que el de lucir su voz, ganar dinero con ella y hacerse admirar y aplaudir. ¿Podía decir que los propósitos de su vida fuesen más elevados que los de Rollin Page?

Permaneció sentada durante largo tiempo en su cama; finalmente bajó resuelta a conversar con su madre acerca de la oferta de la compañía y respecto al proyecto que, poco a poco, se iba desarrollando en su mente. Ya había tenido una conversación con ella y sabía que su deseo era que aceptase la oferta y comenzara una exitosa carrera como cantante.

La señora Larsen era una mujer corpulenta, hermosa, aficionada a la sociedad, ambiciosa de ocupar una posición distinguida; consagrada al éxito de sus hijos, según su definición de éxito. Luis, su hijo menor, diez años menor que Raquel, iba a graduarse en una academia militar el verano siguiente. Ella y su hija vivían solas, pues su marido había muerto mientras su familia estaba ausente en el extranjero.

—Mamá, he tomado una decisión acerca de lo de ir a la compañía de canto —dijo Raquel, abordando el asunto sin preámbulos—. Tú recuerdas la promesa que hice hace dos semanas.

—¿La promesa del Rev. Ford?

—No. La promesa mía. Tú sabes lo que era. ¿Verdad, mamá?

—Creo que sí. Se trataba de que todos los miembros de la iglesia imitaran a Cristo y le siguieran hasta donde las circunstancias de la época actual lo permitan. Pero ¿qué tiene eso que ver con tu resolución acerca del asunto de la oferta de la compañía?

—¡Mucho, mamá! Después de preguntarme: «¿Qué haría Jesús en mi lugar?» y de haber orado en busca de dirección sobre el particular, me veo obligada a decir que no creo que Jesús, en mi lugar, empleara su voz de esa manera.

—¡Cómo! ¿Por qué no? ¿Hay algo de malo en esa carrera?

—No. No puedo decir que lo haya.

—¿Pretendes juzgar a los que trabajan en esa compañía? ¿Pretendes decir que están haciendo lo que Jesús no haría?

—Mamá, deseo que me entiendas. Yo no juzgo a nadie. No condeno a los que del canto hacen una profesión. Me limito a resolver el asunto en cuanto a mí misma. Al considerar el asunto, me convenzo de que Jesús se ocuparía de algún otro asunto.

—¿Qué otro asunto?

—Algo que sea útil para la humanidad, donde más se necesite el servicio de una buena voz. Mira, mamá, he resuelto emplear mi voz de tal manera que sienta que estoy haciendo algo más que agradar a auditorios según la moda, algo más que ganar dinero, algo más que gratificar mi propio gusto por el canto. No estoy satisfecha ni puedo estarlo al pensar que estoy gastando mi vida al servicio de un empresario de teatro.

Raquel habló con tal seriedad y convicción, que sorprendió a su madre. Pero también provocó el enfado sobremanera de ésta:

—¡Es absurdo, Raquel! —irrumpió colérica la señora Larsen— ¡Te has convertido en una fanática! ¿Qué piensas hacer?

Raquel contestó con mucha compostura:

—El mundo ha sido servido por hombres y mujeres que le han consagrado sus talentos. ¿Por qué motivo yo, por el hecho de hallarme bendecida con la posesión de un don natural para el canto, he de correr a ofrecer este don al precio de plaza y convertirlo en todo el dinero que pueda producir? Tú sabes, mamá, que siempre me has enseñado a pensar en una carrera musical sobre la base del éxito social y financiero. Pero desde que prometí hace quince días vivir de acuerdo con la voluntad de Cristo, me ha sido imposible convencerme de que Jesús hallándose en mi posición aceptaría un contrato con una compañía teatral para complacerte.

La señora Larsen se levantó y volvió a sentarse sofocada. Con un gran esfuerzo se serenó y dirigió a su hija una pregunta muy directa:

—¿Qué piensas hacer, entonces? Aún no has contestado a mi pregunta.

—Por ahora, continuaré cantando en la iglesia. Estoy comprometida a cantar allí, durante toda la primavera. Durante la semana iré a cantar a la carpa evangélica, donde se están esforzando por salvar almas.

—¿Qué dices? ¡Tú, Raquel Larsen! ¿Sabes lo que estás diciendo? ¿Sabes qué clase de gente es la que acude a la carpa?

Raquel sintió que las fuerzas le faltaban. Por un momento quedó como sobrecogida y guardó silencio. Después habló con la mayor sumisión que le fue posible.

—Lo sé muy bien, mamá; y es por eso mismo que quiero ir. El señor Payne y su esposa han estado trabajando allí durante varias semanas. Esta mañana he sabido que necesitan personas creyentes que les ayuden en los cantos para esas reuniones. Tienen una gran carpa y se han situado en el Rectángulo, un barrio de la ciudad donde mayor falta hace el trabajo e influencia de los cristianos. Voy a ofrecerles mi ayuda, mamá —llena de emoción, continuó—. Quiero hacer algo que implique un poco de sacrificio. Sé que tú no me entenderás, pero estoy ansiosa por sufrir un poco por los demás. ¿Qué hemos hecho en toda la vida por las clases más afligidas y más viciosas de nuestra ciudad? ¿En qué nos hemos abnegado o con qué hemos contribuido de nuestras comodidades y placeres para mejorar la situación del pueblo en que vivimos e imitar, así, en algo, la conducta de nuestro Salvador? ¿Vamos a continuar siempre sometidas a los dictados del egoísmo de la sociedad, actuando solo dentro de su estrecho círculo de placeres y entretenimientos, sin conocer jamás el dolor de las cosas que valen?

—¿Tú me predicas a mí? —preguntó la señora Larsen en voz baja y con tono severo. Raquel alcanzó a oír las últimas palabras y contestó:

—No. Lo que hago es predicarme a mí misma.

Dijo estas palabras con el más suave de los modales y luego se calló, esperando que su madre hablara. Como esta permaneciera en silencio, la joven se retiró. Al penetrar en su habitación, llevaba en su alma el amargo sabor de saber que su madre no comprendería ni aprobaría su decisión. La joven se arrodilló, elevando su corazón a Dios. Cuando se levantó de la oración, su hermoso rostro estaba cubierto de lágrimas. Se sentó, permaneciendo en actitud meditabunda durante unos instantes. Luego abrió su escritorio, escribió una nota a Virginia y se la envió con un mensajero. Después bajó, nuevamente, al encuentro de su madre, a quien dijo que esa noche iría con Virginia al Rectángulo a ver a los esposos Payne, los evangelistas.

—El tío de Virginia, el Dr. West, nos acompañará —agregó Raquel—. He pedido a Virginia que le telefonee, rogándole acompañarnos. Él es amigo de los Payne y acostumbra asistir a los servicios de la carpa.

La señora Larsen no contestó, pero con sus modales demostró su completa desaprobación hacia la conducta de su hija, y ésta se sintió apesadumbrada al percibir el desagrado manifiesto de su madre.

A las siete de la tarde llegaron el Dr. West y Virginia, y salieron los tres juntos hacia la carpa.

El Rectángulo era el barrio más corrompido de todo Raymond. Se hallaba situado en el suburbio lindero con los talleres del ferrocarril y la Casa de empaques. Los «atorraderos» y barrios más degradados de la ciudad arrojaban al Rectángulo sus más miserables elementos; el sitio conocido con este nombre se componía de terrenos baldíos que, en el verano, se llenaban de circos y bandas de titiriteros vagabundos. Estaba rodeado de filas de casetas donde se expendían bebidas, casas de juego, fondas y hospedajes, del género más barato e inmundo.

La Primera Iglesia de Raymond nunca se había preocupado por el problema moral que el Rectángulo presentaba. Lo consideraba demasiado sucio, grosero, pecaminoso y horrible para aproximarse a él. Es cierto que alguna vez habían hecho alguna tentativa por mejorar aquella llaga moral, enviando una que otra vez alguna comisión de músicos cristianos, instructores de Escuela Dominical o evangelistas de varias iglesias. Pero la iglesia de Raymond, como institución, nunca había hecho nada para librar al Rectángulo de las garras de Satanás.

En el centro mismo de este foco de perversión, el evangelista itinerante y su valiente esposa habían plantado una gran carpa y comenzado reuniones de evangelización. Era primavera y las noches comenzaban a ser agradables. Los evangelistas habían solicitado la ayuda de los creyentes y habían sido muy alentados por estos. Pero sentían necesidad de más cantidad y mejor calidad de música. Durante las reuniones del último domingo, el ayudante del organista había enfermado. Los voluntarios que venían de la ciudad eran pocos y sus voces no resultaban de las más atrayentes.

—La reunión será muy pobre esta noche, Guillermo —dijo la esposa del evangelista a éste, mientras entraban en la carpa y comenzaban a arreglar las sillas y a encender las lámparas.

—Eso me parece también —contestó su esposo.

El señor Payne era un hombre de poca corpulencia y de voz agradable, pero era todo un luchador de oficio. Ya había hecho algunas amistades en el barrio; uno de sus nuevos amigos, un hombre un poco osco en el trato, que acababa de entrar, comenzó a ayudarles a arreglar los asientos.

Eran más de las ocho cuando Alejandro Poer abrió la puerta de su oficina y se marchó hacia su casa. Se disponía a coger el tranvía en la esquina del Rectángulo, pero al acercarse a la esquina, quedó sorprendido por una voz que procedía de la carpa. Era la voz de la señorita Larsen la que llegaba a los oídos de aquel hombre agitado en su conciencia por el asunto que le abrumaba y que le había hecho postrarse en la presencia divina en busca de auxilio. Aún no había llegado a una determinación. La incertidumbre le dominaba. Toda su antigua conducta como empleado de ferrocarril era la peor de las preparaciones posibles para cualquier cosa que implicase un sacrificio. Así que aún no podía decir qué determinación tomaría.

Varias ventanas de los establecimientos se abrieron. Varios hombres que estaban disputando en un bar abandonaron su querella y se pusieron a escuchar. Otros caminaban rápidamente en dirección a la carpa, convertida en aquel instante un gigantesco imán de atracción. Raquel nunca se había sentido tan feliz. Jamás sus cantos habían llamado la atención en la Primera Iglesia como lo hacían en aquella carpa. Su voz era sencillamente maravillosa...

«¿Qué cantará?», se preguntaba Poer. Se detuvo y escuchó; a sus oídos llegaron las siguientes palabras:

> *Do me guía, yo le sigo,*
> *Do me guía, yo le sigo,*
> *Do me guía, yo le sigo,*
> *Sí, le sigo, firme hasta el fin.*

La naturaleza brutal, estólida y grosera de los vecinos de aquel barrio se sentía agitar profundamente. A medida que el canto era más puro, más contrastaba con la corrupción que lo rodeaba, una especie de exhalación salida de las infectas tabernas, que asumía sus formas más repugnantes en el aire alcoholizado de sus pestilentes cuevas y sucios tugurios. Algunos que pasaron apresuradamente cerca de Alejandro Poer decían: «La carpa está disipando las tinieblas de la noche. ¡Eso es lo que se puede llamar un talento musical! ¿No?».

El superintendente dio inmediatamente vuelta hacia la carpa. Se detuvo un instante y, después de un momento de indecisión, se dirigió de nuevo a la esquina para coger el tranvía. Pero antes de partir oyó otra vez el eco arrebatador de la voz de Raquel, y se dio cuenta de que el problema que tanto le había estado preocupando quedaba ya resuelto.

IV

«Si alguno quiere venir en pos de Mí, niéguese a sí mismo
y tome su cruz y sígame»

(Lucas 9:23).

E nrique Ford se hallaba paseando muy meditabundo en su ga-
binete de estudio. Era miércoles por la tarde, día de reunión
de oración, y la materia que debía tratar le tenía muy preocupado.

Por una de las ventanas podía ver destacarse las chimeneas de
los talleres del ferrocarril.

Aquella ventana era, precisamente, la que miraba a la carpa del
evangelista y que sobresalía por encima de los edificios que rodeaban al Rectángulo. El Rev. Ford la contemplaba cada vez que en
sus pasos llegaba frente a ella. Se detuvo y cogió un folio. Después
de unos breves instantes de meditación, escribió:

Cosas que Jesús haría, si fuese pastor de esta parroquia:

1.º Viviría en una condición humilde y sencilla; evitando el
goce de comodidades superfluas y, al mismo tiempo, sin
caer en un ascetismo huraño e inconveniente.

2.º Predicaría sin miramiento el Evangelio a los hipócritas
que buscasen ocultar su inconversión con una falsa capa
de la santidad. No tendría en cuenta, para nada, el estado
social en que su riqueza y educación los colocase.

3.º En su conducta y proceder, mostraría igual simpatía para las masas del pueblo que para las personas de refinada educación y posición elevada, que son las que forman la mayoría de la congregación de la Primera Iglesia.

4.º Se identificaría él mismo con todas las grandes causas humanitarias, que significasen abnegación y sacrificio.

5.º Predicaría con toda libertad contra las bebidas alcohólicas.

6.º Se haría conocer por el pueblo como el amigo sincero de los pecadores y buscaría su compañía para poder guiarles al Salvador.

7.º Quizá diera un corto paseo por Europa. (En cuanto a mí, ya lo hice dos veces y no siento hoy necesidad de descanso. Gozo de buena salud y puedo ceder este placer a otro que lo necesite más, a cuyo efecto le puedo dar el dinero que yo gastaría en él. Habrá muchas personas en esta ciudad que lo necesitan más que yo).

«¿Qué otra cosa haría Jesús que Enrique Ford podría hacer también?», se preguntó.

Estas breves consideraciones le infundieron un sentido tal de humildad del que antes no tenía ni idea, a la vez que reconocía de buen grado que el bosquejo que acababa de hacer de lo que probablemente haría Jesús adolecía, sin embargo, de profundidad; pero, por otra parte, él se hallaba únicamente tratando de concretar ciertos puntos para poder darse cuenta de lo que importa seguir más de cerca la conducta de Jesús, la que anhelaba de todo corazón imitar.

Casi todos los puntos que acababa de escribir constituían para él un completo trastorno de las costumbres y hábitos de los años que llevaba en el ministerio. A pesar de eso, se esforzaba por profundizar más en el asunto que debía conducirle a hacer lo que, en su concepto, Cristo haría también.

No trató de escribir más; pero recostado en su sillón tomaba conciencia del propósito de asirse más y más del espíritu de Jesús a fin de asimilarlo en su propia vida. Tan absorto estaba, que había olvidado el tema que debía tratar en su reunión de oración. Ensimismado en tales pensamientos, no había oído el sonido del timbre de la campanilla que le anunciaba una visita. Era el señor Payne.

—Conversaremos mejor aquí —le dijo a éste mientras hacía el ademán de invitarlo a sentarse en una silla frente a su escritorio.

—Necesito su ayuda, Rev. Ford —comentó sin más preámbulos el señor Payne—. Sin duda ha oído hablar de las reuniones que hemos tenido los lunes por la noche, lo mismo que ayer. La señorita Larsen ha hecho más con su voz en estas reuniones que yo con mi palabra. El espacioso recinto apenas podía contener la concurrencia.

—He oído hablar de ello. Es la primera vez que se oye su voz allí. No es extraño que eso acontezca.

—Ha sido una verdadera revelación para nosotros y de consecuencias de lo más alentadoras para nuestro trabajo. Así que vengo a solicitar su presencia esta noche para que nos predique; estoy padeciendo un fuerte constipado y no me atrevo a confiar en mi voz esta noche. No ignoro que es mucho pedir a un hombre tan ocupado como usted, pero si le es imposible venir, dígamelo con franqueza y entonces buscaré a otro que me reemplace.

—Lo siento, de verdad; pero esta noche tengo el culto de oración de cada miércoles, y no puedo aceptar su invitación… —dijo Enrique Ford lamentándolo sinceramente. Se quedó pensativo mirando al señor Payne, y rectificó— Un momento, veré si puedo arreglarlo de algún modo. Es posible que pueda usted contar conmigo.

Payne le agradeció mucho su disposición y se levantó con la intención de marcharse sin más demora.

—¿No puede quedarse aún unos instantes, señor Payne? —irrumpió el Rev. Ford— Antes de separarnos, deseo que oremos juntos.

—Bien —aceptó el señor Payne.

Y sin más, se arrodillaron. El señor Ford oró con la candidez de un niño. Él, que había pasado su vida ministerial reducido a una esfera de acción tan estéril y limitada, clamaba ahora en su debilidad por sabiduría y fuerza a fin de que Dios le diera un mensaje de vida para la gente del Rectángulo.

El señor Payne le extendió la mano emocionado:

—¡Dios le bendiga! Estoy cierto de que el Espíritu de Dios le dará poder esta noche.

Enrique Ford no respondió. Aún no tenía la suficiente confianza en sí mismo para decir si podía esperar tal cosa. Pero al recordar su promesa, sintió que este pensamiento traía paz a su mente y tranquilidad a su corazón.

En tal estado de ánimo se hallaba aún, cuando se encontró en el salón de actos públicos de la Primera Iglesia en presencia de una gran concurrencia, lo cual le sorprendió. Había un inusitado número de personas, que no acostumbraban a asistir. Sin rodeo alguno, presentó a su auditorio sus propósitos. Habló de la obra iniciada por el señor Payne en el Rectángulo y del pedido que le hiciera.

—Siento como si una voz interior me llamase a ir allí esta noche —dijo—, así que quiero dejar a vuestra decisión el resolver si queréis continuar con la reunión aquí. En mi opinión, el mejor plan sería que algunos de vosotros se ofrecieran como voluntarios para ir al Rectángulo conmigo, y que los demás se quedaran aquí, en oración, pidiendo a Dios que nos acompañe y favorezca.

Aceptada inmediatamente su propuesta, media docena de feligreses se alistaron a partir con el Rev. Ford, mientras el resto se quedaba a orar por ellos.

Cuando él y su pequeño número de voluntarios llegaron al Rectángulo, la casa estaba apiñada de oyentes que ansiaban escucharlo.

Tuvieron dificultad para llegar a la plataforma. Raquel estaba allí, con Virginia y Gaspar Chase, quien había venido esa noche en lugar del doctor West.

Comenzó la reunión con un solo de Raquel, acompañándola luego el coro.

La carpa estaba repleta. La noche era apacible, lo que permitía levantar las puntas de la lona, de modo que una gran multitud pudiese ver desde fuera y formar parte del auditorio. Después del canto y de la oración, dirigida por uno de los pastores de la ciudad que se hallaba presente, Payne expuso los motivos que esa noche le impedían hablar y, en la forma sencilla que le caracterizaba, presentó al «hermano Ford, de la Primera Iglesia de Raymond».

—¿Quién es ese zoquete? —preguntó al instante una voz ronca, que provenía del lado exterior de la carpa.

—¡Es el pastor de la Primera Iglesia! ¡Esta noche tenemos toda la aristocracia! —dijo otro.

—¿De la Primera Iglesia, dice usted? Yo lo conozco. Mi dueño de casa alquila un asiento en esa iglesia —dijo otra voz, y alguien dejó oír una risotada, porque el que hablaba era un tabernero.

Otro hombre, próximo a él y bastante ebrio, comenzó a cantar un himno, imitando el tono gangoso de ciertos cantores ambulantes, lo que produjo ruidosas carcajadas y gestos de aprobación.

El auditorio, entonces, dirigió la mirada en dirección al lugar de donde provenían unos gritos. Alguien gritaba: «¡Sáquenlo afuera! ¡Que cante la señorita! ¡Que cante! ¿No nos vais a cantar otra vez?».

Enrique Ford se levantó en el acto y todas las miradas se fijaron en él. Pero la confusión fue aumentando conforme hablaba Ford. Payne intervino aconsejando el orden y el silencio, aunque en vano. Los grandes esfuerzos de ambos no consiguieron restablecer el orden. En pocos minutos, el desorden era tal que Ford se sintió realmente impotente para dominarlo. Miró entonces a Raquel, y una sonrisa de tristeza y de desaliento se dibujó en su rostro, a la vez que le vino la siguiente idea:

—Cante algo, señorita Larsen. A usted la escucharán.

Al decir esto se sentó, ocultando el rostro entre sus manos. Raquel no dudó en responder a la oportunidad que se le brindaba. Virginia estaba en el órgano y Raquel le pidió que tocara las notas de introducción del himno que dice:

Salvador mi bien eterno,
Más que vida para mí,
En mi fatigosa senda,
Cerca, siempre, te halle a ti.

Aún no había terminado Raquel el primer verso, cuando las miradas de aquel tumultuoso y extraño auditorio se habían vuelto hacia ella en actitud reverente, y la escuchaban con toda la atención. Antes de que terminase Raquel la primera estrofa, aquellas turbas, antes indomables, se hallaban amansadas, subyugadas y pendientes de los efectos incomparables de aquella voz.

Al levantar la cabeza y darse cuenta de la maravillosa transformación operada en aquel turbulento auditorio, Enrique Ford tuvo una vislumbre de lo que Jesús, probablemente, haría con una voz como la de Raquel. Gaspar Chase clavó sus ojos en ella y sus grandes ambiciones de autor desaparecían ante el pensamiento de que el amor de Raquel pudiera llegar a pertenecerle.

En el exterior y a larga distancia se hallaba parada la persona que menos se hubiese pensado ver en aquel servicio religioso, el elegante Rollin Page, empujado por todos lados por hombres y mujeres que observaban el soberbio y elegante traje que ostentaba, en tanto que él, al parecer sin cuidarse de las personas de baja condición que le rodeaban, hallábase dominado por el poder mágico de la voz de Raquel.

Terminó el canto. Y Ford se levantó otra vez. Todo estaba, ya, completamente tranquilo. ¿Qué haría Jesús en su lugar? ¿Cómo hablaría Jesús a esta gente? ¿Qué les diría? No podía imaginar todo lo que Jesús diría, pero algo sí. Y eso fue lo que dijo.

El elegante pastor nunca había sentido «compasión por las multitudes». Para él, las multitudes habían sido durante su pastorado de diez años en la Primera Iglesia algo peligroso de lo que había que alejarse con cierto reparo, un factor molesto en la sociedad, fuera de la iglesia y de su alcance; un elemento que, de vez en cuando, le producía un efecto poco grato en la conciencia. Pero aquella noche, delante de aquella multitud, se preguntó si, después de todo, no era ésta exactamente la clase de gente con quien Jesús estuvo más a menudo en contacto, y sintió una genuina simpatía por ellos.

No es difícil amar a un pecador individualmente, especialmente si tiene algunas cualidades personales que le hacen simpático y atrayente, pero amar a una multitud de pecadores es netamente una cualidad cristiana, una prueba de que estamos conectados con Aquel que es la Vida eterna del mundo.

La reunión terminó, sin mayores demostraciones. La concurrencia se disolvió en seguida, y las tabernas que habían atravesado una malísima época, durante el tiempo que duró el culto, continuaron haciendo su agosto. Todo el Rectángulo se derramó dentro de ellas cual una avalancha, como apresurándose a recuperar el tiempo perdido y deseoso de continuar en el desenfreno.

Enrique Ford y sus compañeros, Virginia, Raquel y Chase, desfilaron ante aquellas casas en dirección a la esquina próxima donde debían coger el ómnibus.

—¡Este es un sitio horrible! —dijo Ford, mientras esperaba el paso del vehículo—. ¡Nunca hubiese imaginado que en Raymond existiera semejante gangrena! ¡Parece imposible que esto sea una ciudad habitada por cristianos, por discípulos de Jesucristo!

Hizo una pausa y luego continuó:

—¿Será posible que alguien pueda destruir esta gran maldición que se llama taberna? ¿Por qué no nos unimos todos para luchar contra el alcoholismo? ¿Qué haría Jesús? ¿Guardaría silencio ante estas cosas? ¿Daría él su voto, como ciudadano, a favor de legisladores que consintieran estos crímenes?

Enrique Ford estaba conversando consigo mismo más que con los demás. Recordaba muy bien que él siempre había votado a favor de los que sostienen que es lícito el tráfico de bebidas alcohólicas, y lo mismo habían hecho casi todos los miembros de su iglesia. ¿Predicaría Jesús contra el alcoholismo si viviera hoy?

¿De qué forma predicaría y se comportaría? Supóngase que no fuese popular predicar contra el vicio de la bebida... Supóngase que los cristianos pensaran que todo lo que puede hacerse en este asunto es pagar una patente para practicar el mal y, de esa forma, obtener una renta procedente de un pecado necesario... O supóngase que los miembros de la iglesia, en vista de los buenos alquileres que se pagan en el Rectángulo, hubiesen comprado propiedades allí... ¿Qué decir? ¿Qué hacer? Ford sabía que esto era lo que pasaba en Raymond. ¿Qué haría Jesús?

A la mañana siguiente, el pastor penetró en su estudio sin haber podido resolver del todo el asunto que le preocupaba. Pensó en ello todo el día. Aún estaba dándole vueltas al tema, cuando llegó *El Noticiero*. Su esposa se lo trajo y se sentó un momento a su lado mientras él le leía algunas cosas.

El Noticiero había llegado a ser el periódico más sensacional de Raymond; estaba editando de una manera tan notable, que sus subscriptores jamás habían sentido tanta excitación al leer un periódico. Primeramente habían notado la ausencia de las noticias sobre boxeo. Después fueron dándose cuenta de que *El Noticiero* ya no publicaba descripciones detalladas acerca de crímenes ni crónicas escandalosas. Luego notaron que iban desapareciendo los avisos de bebidas alcohólicas, lo mismo que otros de dudosa moralidad. La supresión de la edición del domingo causó muchos comentarios, y ahora el carácter de los editoriales estaba produciendo la mayor excitación. Unos renglones de la edición del lunes —que era la que Ford tenía en sus manos en este instante— daban una idea de lo que Eduardo Norman estaba haciendo para cumplir su promesa. El editorial tenía el siguiente encabezamiento:

EL LADO MORAL DE LOS ASUNTOS POLÍTICOS

El editor de *El Noticiero* siempre ha sostenido los principios del gran partido político que hoy se halla en el poder y, por consiguiente, ha discutido todas las cuestiones políticas desde el punto de vista ventajoso a ese partido, en oposición a otras organizaciones. De aquí en adelante, para proceder honestamente con todos nuestros lectores, el editor presentará y discutirá las cuestiones políticas desde el punto de vista de lo bueno y de lo malo. En otras palabras, al escribir, no se preguntará: «¿Es ventajoso esto para nuestro partido?» o «¿está esto de acuerdo con la plataforma del partido?», sino que la primera pregunta que se hará será: «¿Armoniza esta medida con el espíritu y enseñanzas de Jesús, autor del tipo de vida más elevado que los hombres conocen?». Para decirlo en palabras aún más claras, el lado moral de todo asunto político será considerado como el más importante y se dará por claramente sentado el hecho de que tanto las naciones como los individuos están sujetos a una misma regla de acción, a saber: hacer todas las cosas para gloria de Dios.

El mismo principio observará esta Dirección hacia los candidatos a puestos de responsabilidad y de confianza en la República. Sin miramiento hacia partido político alguno, *El Noticiero* hará cuanto esté a su alcance para llevar al poder a los mejores hombres; y jamás, a sabiendas, sostendrá la candidatura de personas indignas, por mucho que sea el apoyo que el partido preste a las tales. La primera cosa que nos preguntaremos acerca del hombre, será: «¿Es el hombre que conviene para ese puesto? ¿Es un hombre de bien y con aptitudes?».

Centenares de personas se habían frotado los ojos, asombradas, preguntándose si estaban despiertas. Muchas de ellas habían escrito inmediatamente al administrador del periódico, cancelando sus subscripciones. Sin embargo, el periódico continuaba apareciendo y era leído ansiosamente en toda la ciudad. Al fin de la primera semana, Eduardo Norman sabía muy bien que había perdido una

multitud de subscriptores importantes. Pero contemplaba tranquilamente la situación, aun cuando Clark, su gerente, predecía con
angustia la bancarrota, especialmente después de la publicación del
editorial mencionado.

Mientras Ford leía artículo tras artículo a su esposa, iba notando
en casi cada columna las evidencias de la fidelidad con que Norman cumplía su promesa hecha a la Iglesia. No había títulos ruido-
sos ni subtítulos sensacionales. El texto de los artículos estaba en
consonancia con los títulos. En dos de las columnas notó que los reporteros habían firmado sus producciones. En toda la lectura había
mejoras en cuanto a la dignidad y al estilo de las colaboraciones.

—Parece que Norman está empezando a obligar a sus reporteros a firmar lo que escriben —dijo el pastor, como hablando consigo mismo—. Conversamos al respecto —añadió—, y no hay duda
de que es una medida sana; echa sobre cada cual la correspondiente
responsabilidad y mejora el tipo de la publicación, con ventaja para
todos, para el diario, para el público y para los que escriben.

De repente, Enrique Ford exclamó a su esposa sorprendido:

—¡Oye, oye, María, lo que dice aquí!

Esta mañana, Alejandro Poer, superintendente de los Talleres del Ferrocarril Intercontinental en esta ciudad, presentó
su renuncia a la Directiva, fundándola en el hecho de que
han caído en sus manos ciertas pruebas de que la empresa
está constantemente violando las leyes del Estado y las re-
glamentaciones de la Cámara de Comercio para favorecer
a ciertos cargadores favoritos. El señor Poer declara en su
renuncia que no puede en conciencia guardar silencio ante
estas cosas y ha colocado las mencionadas pruebas en manos
de quien corresponde para que se proceda en justicia.

El Noticiero desea manifestar su opinión sobre la conducta del Sr. Poer. En primer lugar, su renuncia no le acarrea

beneficio alguno; ha perdido un puesto envidiable, y esto voluntariamente, cuando, callándose, podía permanecer en él. En segundo lugar, nos parece que su conducta debiera ser aprobada por todos los ciudadanos reflexivos y honestos que creen que las leyes deben obedecerse y que sus transgresores deben ser castigados. En casos como este, en los que es casi imposible conseguir pruebas contra la conducta dolosa de los ferrocarriles, es creencia general que los empleados de ellos frecuentemente conocen tal conducta, pero no se consideran, en manera alguna, obligados a informar a las autoridades lo que pasa. El resultado de esta evasiva de la responsabilidad de parte de aquellos que son responsables es sumamente desmoralizador para todo joven relacionado con las empresas. El director de *El Noticiero* recuerda la declaración hecha hace poco por un importante empleado ferroviario en esta ciudad, de que casi todos los dependientes de cierto departamento del ferrocarril, que saben de qué manera las empresas obtienen grandes ganancias mediante arteras violaciones de las disposiciones de la Cámara de Comercio, admiran la astucia que para ello se despliega y declaran que ellos harían lo mismo si ocuparan puestos en los círculos elevados de la empresa.

Huelga decir que tal estado de cosas en los negocios tiende a destruir los tipos más elevados y nobles de conducta y que ningún joven puede vivir en una atmósfera en que la deshonestidad y la ilegalidad medran impunemente, sin que su carácter se arruine por completo.

A nuestro juicio, el señor Poer ha asumido la única posición que un cristiano puede asumir. Valerosamente ha prestado un gran servicio al Estado y al público en general. No es siempre fácil determinar las relaciones que existen entre el ciudadano individual y su deber obligado para con el público. En este caso, a nosotros no nos cabe duda de que la resolución tomada por el señor Poer es digna del elogio de todos los que creen en la justicia y su aplicación. El señor Poer será mal comprendido y mal representada su conducta; pero no hay duda alguna de que su conducta merecerá el aplauso de todo ciudadano que anhele ver que las grandes corporaciones, al igual que los más débiles de los individuos, estén sujetos a la misma ley. El señor Poer ha hecho lo que un verdadero patriota debe hacer. Ahora falta que la justicia utilice las pruebas que tiene en su poder, las que, según entendemos, son abrumadoras. Que se cumpla la ley, caiga quien cayere.

Al terminar de leer este artículo, el Rev. Ford dejó el diario y se dispuso a salir, no sin antes decirle a su esposa:

—Tengo que ir a ver a Poer. Esto es el resultado de su promesa de seguir a Cristo.

—¿Te parece, Enrique, que Jesús hubiese hecho eso?

—Sí, creo que sí... —respondió pensativo— De todos modos, Poer lo ha creído así y ya sabes que cada uno de los que hicimos la promesa entendemos que no tenemos que decidir acerca de la conducta de Jesús para otros, sino cada uno para sí.

—¿Y qué de la familia Poer? ¿Cómo tomarán este asunto su esposa e hija?

—¡Mal, sin duda! Esa será la cruz de Poer en este asunto. No comprenderán sus motivos.

El Rev. Ford salió y cruzó la calle, llegando pronto a casa del Sr. Poer. Este mismo, en persona, respondió a su llamado y salió a abrirle.

Los dos hombres se estrecharon la mano silenciosamente, sin pronunciar una sola palabra. Con ese gesto ambos se entendieron. Nunca había existido tal lazo de unión entre el ministro y su feligrés.

—¿Qué piensa usted hacer? —preguntó Ford, después que hubieron tratado todo el asunto.

—¿Acerca de otro empleo? Aún no he resuelto nada. Puedo volver a trabajar como telegrafista, como en mi juventud… Mi familia no sufrirá más que socialmente.

Alejandro Poer hablaba con calma, no desprovista de tristeza. Ford no tuvo necesidad de preguntarle acerca de su familia, porque sabía muy bien cuánto le habían hecho sufrir.

—Hay un asunto del que quisiera que usted se ocupara —dijo Poer al pastor—, y es la obra de evangelización comenzada en los talleres. Por lo poco que sé, la empresa no se opondrá a que eso continúe. Es una de las incongruencias del mundo ferroviario, permitir que se realice obra cristiana entre sus empleados, llegando a prestar locales con ese objeto, mientras que por otro lado no vacilan en cometer actos enteramente contrarios a la moral cristiana, a fin de enriquecerse. Naturalmente, los directores saben cuán conveniente es para las empresas tener empleados sobrios, honestos, realmente cristianos, que no fallan en su trabajo, no engañan ni causan ningún otro perjuicio, sino todo lo contrario. Por eso creo que se concederá al capataz de Talleres el mismo privilegio que a mí se me concedía, de usar un saloncito para hablar del Evangelio a los hombres en reuniones sociales. Pero lo que yo quisiera pedirle a usted es que visite esas reuniones de vez en cuando, porque usted ha hecho la mejor impresión entre los obreros. Y también desearía que visitara a Milton y le incentive y ayude a cooperar en esa obra. ¿Quiere usted hacerme este favor?

Ford prometió hacerlo. Luego tuvieron unas palabras de oración, después de lo cual se separaron con el silencioso apretón de manos, que les parecía como un nuevo símbolo de su amistad y comunión cristiana.

El pastor de la Primera Iglesia se dirigió a su casa con el espíritu profundamente afectado por los acontecimientos de la semana. Gradualmente se iba dando cuenta de que el compromiso asumido por unas cuantas personas, de comportarse en todo según cada una de ellas creyera que Jesús haría si estuviera en su misma situación, sin cuidarse para nada de los resultados, estaba revolucionando a su parroquia y aún a la ciudad. Diariamente se iban produciendo serios resultados de la obediencia a aquel compromiso. Enrique Ford no pretendía ver el final de este movimiento. En realidad, se hallaba al principio de acontecimientos notables, destinados a cambiar la historia de centenares de familias, no solo en Raymond, sino en todo el país. Al pensar en Eduardo Norman, en Raquel, en Poer y en los resultados ya conocidos de la actitud asumida por ellos, se sentía profundamente interesado en los probables efectos que se alcanzarían si todos los que habían asumido el compromiso lo cumplían. ¿Lo cumplirían todos o lo quebrantarían cuando la cruz se hiciera demasiado pesada?

Con estas preocupaciones se hallaba aún, cuando al día siguiente se presentó en su casa el presidente del Esfuerzo Cristiano, la Sociedad Juvenil de su Iglesia.

—No hubiese querido molestarle, Rev. Ford —dijo el joven Morris, entrando sin dilación a tratar el asunto que le traía—, pero he creído que usted podría darme un consejo.

—Tengo mucho gusto de verle, Morris —le dijo el pastor, que conocía muy bien al joven y le apreciaba y respetaba en vista de su fidelidad cristiana y de los servicios que prestaba a la iglesia.

—Bien, el caso es que estoy sin trabajo. Desde que me gradué el año pasado he estado trabajando como reportero en *El Centinela*. Pero el pasado sábado el director me pidió que fuese el domingo por la mañana a conseguir datos acerca de un asalto que se llevó a cabo contra un tren, en el Cruce, y que luego escribiese una crónica para la edición extraordinaria del lunes, ganándole, así, la delantera a *El Noticiero*. Me negué a ir y el director me despidió. Estaba de muy mal humor. A no ser eso, no creo que me hubiese despedido porque antes siempre me había tratado bien. ¿No le parece a usted que Jesús habría hecho lo que yo hice? Lo pregunto porque mis compañeros me dicen que cometí una tontería al no hacer aquel trabajo. Comprendo que un cristiano fiel ha de obrar en forma tal que a los no creyentes parezca extraña, pero no que se le tilde de tonto. ¿Le parece a usted que he obrado tontamente?

—¡De ninguna manera, Morris! No has hecho más que cumplir con tu compromiso. Yo no puedo creer que Jesús trabajara en domingo para un diario, como querían que tú hicieses.

Morris se levantó para irse, y el Rev. Ford, colocándole cariñosamente una mano sobre el hombro, le dijo:

—¿Qué vas a hacer ahora, Morris?

—Aún no lo sé. He pensado irme a otra gran ciudad.

—¿Por qué no pruebas en *El Noticiero*?

—No ha de haber vacantes… No he pensado en presentarme allí…

Ford reflexionó un momento. Luego le dijo:

—Acompáñame a la oficina de *El Noticiero*. Vamos a ver a Norman.

Pocos minutos después, Norman recibía en su oficina al pastor y a su acompañante.

—Yo puedo emplearlo —dijo Norman con una amable sonrisa, después de enterarse del asunto—, necesito reporteros que no trabajen los domingos. Y, lo que es más, estoy proyectando cierta clase de reportaje que creo que el joven Morris podrá realizar, porque simpatiza con la idea de hacer lo que cree que Jesús haría.

En ese mismo instante asignó a Morris su tarea, y Ford salió de la oficina llevando en su espíritu esa profunda satisfacción que uno experimenta cuando ha podido conseguir trabajo para una persona desocupada. De vuelta para su casa, pasó por uno de los depósitos de Milton y entró, pensando no hacer más que darle un apretón de manos y desearle éxito en el desarrollo de los planes que había oído decir que tenía, para hacer que el Espíritu de Cristo rigiera en sus negocios. Pero una vez en la oficina, Milton insistió en que se detuviera para hablarle de algunos de sus nuevos planes. Escuchándolo, Ford se preguntaba si era este el mismo Milton de antes, eminentemente práctico, mercantil, quien, de acuerdo con el código del mercantilismo, no conocía otra regla más que la de «¿Conviene esto? ¿Dará ganancias?».

—No hay por qué ocultar el hecho, Rev. Ford, de que el compromiso asumido me ha obligado a revolucionar todo mi sistema de trabajo. Durante los veinte años pasados, he estado haciendo muchas cosas en mi negocio, que estoy cierto de que Jesús no las hubiera hecho. Pero eso es poca cosa si lo comparo con el número de cosas que estoy empezando a creer que Jesús haría en mis relaciones comerciales. Mis pecados de comisión no han sido tantos como los de omisión.

—¿Cuál fue el primer cambio que hizo? —preguntó Ford, quien comenzaba a pensar que la preparación de su sermón podía esperar allá en su estudio; y en el curso de la conversación que tuvo, hasta le pareció haber hallado material para un sermón, sin regresar a su estudio.

—Creo que el primer cambio que tuve que hacer fue acerca de mi modo de sentir respecto a mis empleados. El lunes siguiente al del compromiso, al entrar aquí, me pregunté: «¿Qué haría Jesús en sus relaciones con estos dependientes, obreros, corredores, mensajeros, carreteros?». ¿Trataría El de establecer una clase distinta de relación personal con ellos de la que yo he mantenido durante todos estos años? Pronto respondí a mi pregunta con un categórico «sí». Entonces se me presentó el asunto de cómo realizar un cambio. No veía de qué manera resolverlo sin proceder a reunir a toda mi gente y hablar con ellos. En vista de esto, les invité a que tuviésemos una reunión, allí mismo, en el despacho, el martes por la noche. Muchas cosas resultaron de esa reunión. No podré mencionarlas todas. Procuré hablar con mis hombres de la manera que a mí me parecía que Jesús lo hubiese hecho. Me fue muy costoso, no estando acostumbrado a ello y, sin duda, incurrí en muchos errores. Pero apenas podré hacerle creer, Rev. Ford, el efecto que la reunión tuvo en algunos de los hombres. Antes de separarnos, vi lágrimas en los ojos de más de una docena de ellos. Yo continuaba preguntándome: «¿Qué haría Jesús?». Y cuanto más lo consideraba, más obligado me sentía a entrar en relaciones más íntimas y amables con los que han trabajado para mí durante todos estos años. Cada día se me presenta algo de nuevo y me hallo, ahora, en medio de una completa transformación de todo el manejo del negocio. Soy tan ignorante, prácticamente al menos, de todo plan de cooperación y de sus aplicaciones a los negocios, que estoy procurando reunir cuanta información pueda al respecto. Últimamente he estado estudiando la biografía de Titus Salt, el gran industrial de Bradford, Inglaterra, que llegó a construir una ciudad modelo a orillas del Air. Hay mucho en sus planes que me será útil, pero aún no he llegado a conclusiones finales acerca de detalles; aún no estoy suficientemente acostumbrado a los métodos de Jesús. Pero mire —dijo, extendiendo la mano a un cajón del escritorio y sacando un papel—, mire el plan que he bosquejado, trazándome el programa que me imagino que Jesús seguiría en un establecimiento como el mío. Quiero que me diga lo que le parece. Lea usted mismo.

Cosas que Jesús probablemente haría si tuviera el establecimiento de Milton Rait.

1. Su primer objetivo sería glorificar a Dios con su negocio y no ganar dinero.
2. No consideraría como suyo propio el dinero que ganase, sino como fondos que se le habrían confiado para el bien de la humanidad.
3. Sus relaciones con todos sus empleados serían cariñosas y estaría siempre pronto a socorrerles. Pensaría en sus almas, procurando salvarlas y este pensamiento le preocuparía más que ganar dinero.
4. Nunca haría nada deshonesto ni lo que tuviese ni aun la sombra de operación discutible, ni procuraría perjudicar a sus competidores.
5. El principio del altruismo y de la utilidad de los demás regiría todos los detalles de su negocio.

6. Sobre estos principios modelaría todo el plan de sus relaciones para con sus empleados, sus clientes y todo el mundo comercial con el cual debiera tratar.

Ford leyó detenidamente aquel bosquejo. Le recordaba sus propios esfuerzos del día anterior por estampar de forma concreta en papel sus pensamientos acerca de la probable conducta de Jesús si ocupara su posición. Estaba muy pensativo cuando, al levantar los ojos, su mirada se encontró con la de Milton, a quien preguntó:

—¿Le parece que, con tal línea de conducta, podrá continuar sosteniendo su negocio?

—Así lo creo. ¿No debiera el altruismo inteligente ser más sabio que el egoísmo inteligente? ¿Qué opina usted? Si los empleados empiezan a gozar de una parte de las ganancias y si, además de eso, notan que sus patrones sienten cariño hacia ellos, ¿no les impulsará esto a ejercer mayor cuidado, a evitar desperdicios, a desplegar mayor diligencia y más fidelidad?

—Sí... Me parece que sí. ¿Y qué piensa usted de sus relaciones con el mundo egoísta que no está tratando de guiarse por principios cristianos en sus negocios?

—Eso es lo que complica mis planes.

—¿Entra en sus planes la idea de lo que llaman cooperación?

—Sí. Hasta donde he podido pensarlo, creo que sí. Como le dije, estoy estudiando el asunto en sus detalles. Estoy plenamente convencido de que Jesús, colocado en mi situación, sería enteramente altruista. Amaría a todos sus empleados. Consideraría como el principal objeto de todo su negocio la ayuda mutua y lo manejaría de tal forma que a todos fuese evidente que el progreso del reino de Dios era la principal cosa que buscaba. Sobre tales principios generales, repito, estoy trabajando. Necesito tiempo para completar los detalles.

Cuando el Rev. Ford, finalmente, se despidió de Milton, salió sumamente impresionado por la revolución que ya se estaba operando en sus negocios. Al salir, notó algo del nuevo espíritu que comenzaba a reinar en él: no cabía duda de que las nuevas relaciones entre Milton y sus empleados, aun en el breve curso de dos semanas, comenzaban a transformar aquella casa, cosa que podía notarse en la conducta y aun en el rostro de los dependientes.

«Si Milton se mantiene firme, su proceder le constituirá en uno de los predicadores más influyentes de la ciudad», se decía Ford a sí mismo mientras se dirigía a su estudio. Luego surgió en su mente la duda acerca de si el comerciante se echaría atrás cuando comenzase a perder dinero. Se arrodilló en su estudio y oró fervientemente para que el Espíritu Santo, que con tanta potencia se había manifestado en el grupo de creyentes de la Primera Iglesia, permaneciera en todos ellos para fortalecerles. Y con esa plegaria en sus labios y en su corazón, comenzó a preparar el sermón que el domingo siguiente quería presentar a su congregación: el asunto de las tabernas de Raymond. Nunca había predicado abiertamente contra la taberna. Sabía que lo que iba a decir debía conducir a resultados serios. Sin embargo, continuaba pensando y escribiendo y cada frase que escribía o que fraguaba en su mente iba precedida por la pregunta: «¿Diría Jesús esto?». Una vez, durante la preparación de su discurso, se arrojó sobre sus rodillas pidiendo a Dios que le iluminara. Ahora, al contemplar su ministerio, no se atrevía a predicar sin buscar previamente la sabiduría que solo de Dios viene. Ya no se preocupaba del asunto de producir impresiones dramáticas con sus discursos para afectar a su auditorio. Ahora, el gran asunto que le preocupaba era: «¿Qué haría Jesús en mi lugar?».

En la noche del sábado, el Rectángulo presenció una de las escenas más notables que el señor Payne y su esposa hubiesen contemplado jamás. Las reuniones se habían intensificado, noche a noche, gracias al canto de Raquel. Cualquier transeúnte que pasara por aquel barrio durante el día podía oír hablar de una forma u otra acerca de las reuniones de la carpa. No puede decirse que, hasta entonces, se notara una disminución de blasfemias, impureza o embriaguez. Los vecinos de aquel barrio no hubiesen tolerado que se dijera que su moral estaba mejorando ni aun admitirían que los maravillosos cánticos evangélicos les habían tocado el corazón, suavizando su lenguaje o modificando su porte. Tenían demasiado orgullo local, demasiada jactancia de su «cara dura» para admitir tal cosa. Pero, a despecho de sí mismos, estaban cediendo a una potencia que no les era dado medir y a la que no sabían cómo resistir.

El señor Payne estaba restablecido de su afonía, de manera que el sábado se hallaba en disposición de predicar. El hecho de que tuviera que usar muy discretamente su voz, obligó a la gente a estar muy quieta si quería oír lo que se decía. Gradualmente habían ido comprendiendo que aquel hombre, durante aquellas semanas, estaba gastando en beneficio de ellos su tiempo y sus energías, con el único objeto de guiarles al conocimiento de un Salvador misericordioso; y que hacía esto sin ningún interés personal y únicamente impulsado por el amor hacia ellos. Aquella noche, la muchedumbre estaba tan tranquila y atenta como la más decorosa congregación. El cerco humano alrededor de la carpa era más compacto que nunca, y podía decirse que las tabernas estaban completamente vacías. Era indudable que el Espíritu Santo se había derramado sobre aquella gente. El señor Payne sentía el gozo inmenso de estar recibiendo respuesta a una de las grandes oraciones de su vida.

En cuanto al canto de Raquel, era, aquella noche, lo mejor, lo más maravilloso, que Virginia o Gaspar Chase hubiesen escuchado jamás. Ellos habían vuelto a ir juntos, esa noche, acompañados por el Dr. West, quien durante esa semana había pasado en el Rectángulo todos sus momentos desocupados, atendiendo gratuitamente a algunos enfermos. Virginia estaba a cargo del armonio. Gaspar Chase ocupaba un asiento delantero, frente a Raquel, y toda la muchedumbre, como un solo hombre, inició un movimiento hacia el estrado donde se hallaba el predicador, en tanto que Raquel cantaba el himno:

Tal como soy, sin más decir,
Que a otro yo no puedo ir;
Y Tú me invitas a venir,
¡Bendito Cristo! ¡Vengo a ti!

Payne apenas pronunció una palabra, limitándose a extender la mano con un gesto de invitación, en respuesta a la cual, la mayoría de la concurrencia, míseros hombres y mujeres de tan desagradable aspecto como sombría y pecaminosa era la vida que arrastraban, avanzó hacia el estrado, algunos de ellos tambaleándose. Una mujer, joven aún, víctima de todos los vicios, estaba cerca del armonio. Virginia vio en los ojos de la desgraciada una mirada llena de anhelos por el bien y, por vez primera en la vida de aquella señorita delicada y rica, cruzó por su mente la idea de lo que Jesús representa para una desgraciada pecadora. El pensamiento se le presentó tan súbitamente y con tanta vehemencia y poder que parecía equivaler a un nuevo nacimiento. Virginia se levantó del armonio y se dirigió a aquella mujer, clavando en ella los ojos mientras le tomaba ambas manos. La mujer tembló, luego cayó de rodillas, sollozando, apoyando la cabeza en el respaldo de un banco, siempre asida por Virginia; ésta, después de un instante de vacilación, se arrodilló a su lado y las cabezas de ambas se juntaron.

Cuando la muchedumbre se hubo apiñado, en dos apretadas filas, enfrente y alrededor del estrado, la mayor parte de ellos arrodillados y dejando correr lágrimas, un hombre muy distinto de todos los demás, correcta y lujosamente vestido, se abrió paso con los codos y llegó frente al estrado, donde se arrodilló al lado del borracho que, en noches anteriores, había iniciado el barullo cuando el Rev. Ford predicaba. El sitio que ocupaba estaba a tres pasos de donde Raquel aún se hallaba cantando, aunque en voz baja. ¡Cuán grande fue la sorpresa de ésta al volverse y ver a aquel hombre! ¡Rollin Page! Por un instante, la voz le falló. Luego continuó cantando:

Tal como soy; en aflicción,
Expuesto a muerte y perdición,
Buscando vida y perdón
¡Bendito Cristo! ¡Vengo a ti!

Su voz vibraba como el eco del clamor de una esperanza divina, y el Rectángulo parecía arrasado por una ola de gracia redentora.

V

«Si alguno me sirviere, sígame»

(Juan 12:26).

Era cerca de la medianoche cuando terminó el servicio en el Rectángulo. Payne permaneció aún largo tiempo, orando y conversando con un grupo de conversos, quienes en esta gran experiencia de su nueva vida parecían asirse del evangelista, como movidos por una impotencia personal tan manifiesta que el evangelista se sentía tan incapacitado para separarse de ellos, como si hubiesen estado confiando en él para librarles de la muerte. Entre estos conversos se hallaba Rollin Page.

Virginia y su tío se habían retirado como a las once, y Raquel y Gaspar Chase habían ido con ellos hasta la Avenida en la cual vivía Virginia.

El doctor West anduvo cierto trecho con ellos, en dirección a su propia casa, y luego Raquel y Chase se habían ido juntos a casa de la madre de aquella. Esto era poco antes de las once. Ahora estaban dando las doce, y Chase sentado en su estudio revolvía algunos papeles de su escritorio en tanto que su pensamiento, con dolorosa persistencia, se volvía hacia la última media hora. Había hablado a Raquel del amor que por ella sentía, y ella no le había correspondido.

Hubiera sido difícil saber cuál fue el sentimiento más poderoso que le había impulsado a hablarle esa noche. Había cedido a sus sentimientos sin preocuparse mayormente del posible resultado, porque estaba seguro de que Raquel le hubiera correspondido. Trataba de recordar ahora, exactamente, la impresión que le hiciera la primera vez que le habló.

Jamás su belleza y energía habían ejercido tanta influencia sobre él como esa noche. Mientras ella cantaba, él no vio ni oyó a nadie más. La carpa rebosaba, llena de una confusa multitud de rostros, y él tenía la conciencia de hallarse allí, estrujado por una turba de gente. Pero su pensamiento estaba lejos de lo que allí pasaba. Una sola idea le dominaba: la de hablar a Raquel una vez que estuviesen solos.

Ahora que le había hablado se daba cuenta de que había errado, o respecto a Raquel o a la ocasión escogida para hablarle. Él sabía, o creía saber, que ella había comenzado a interesarse por él. No era un secreto entre ellos el hecho de que la heroína de la primera novela de Gaspar Chase había sido el ideal que este se había formado de Raquel, y que el héroe de la trama era él mismo; se habían amado en aquella novela y la joven no había hecho objeción. Nadie, fuera de ellos, se había dado cuenta del asunto. Los nombres y caracteres habían sido escogidos con tal sutileza que revelaron a Raquel, al recibir un ejemplar de la obra de Chase, el hecho de que él la amaba. Y ella no se había ofendido. De esto hacía un año.

Esta noche, Gaspar Chase revolvía en su memoria la escena que acababa de pasar entre ellos, recordando cada movimiento, cada inflexión de la voz; ni un detalle había olvidado. Hasta recordaba el hecho de que había comenzado a hablarle en cierto punto de la Avenida, donde pocos días antes la había encontrado caminando junto a Rollin Page; recordaba también que se había quedado pensando qué estaría diciendo éste a la joven.

«Raquel», le había dicho Chase, y era la primera vez que usaba con ella tanta confianza, «nunca había sabido hasta ahora cuánto la amo. ¿Para qué ocultarle lo que usted ya ha visto en mis ojos? Usted sabe que la amo como a mi vida…, ya no podría ocultárselo, aunque quisiera».

La primera insinuación que tuvo de un rechazo fue el temblor que experimentó el brazo de Raquel, apoyado en el suyo. Ella le había dejado hablar sin dar vuelta al rostro, y sin volverlo hacia él, sencillamente mirando hacia adelante, y fue con voz triste pero firme y tranquila que le dijo: «¿Por qué me habla usted ahora? ¡Es tan inoportuno, después de las escenas que acabamos de ver!».

«¡Pues!… ¿Qué?», tartamudeó Chase, y luego guardó silencio.

Raquel retiró su brazo del suyo, pero continuó caminando a su lado.

Entonces él, con la angustia de quien contempla un desastre, allí donde había esperado indecible satisfacción, exclamó: «¡Cómo, Raquel!, ¿no me ama usted? ¿No es mi amor para usted lo más sagrado que hay en la vida?».

Ella había continuado andando unos cuantos pasos en silencio, después de esto. Acababan de pasar debajo de un foco de luz. Su rostro estaba tan pálido como hermoso. Él había tratado de tomarle nuevamente el brazo, pero ella lo rechazó suavemente, mientras le decía: «No… Hubo un tiempo… No puedo asegurarlo… ¡Pero no!… No debía usted haberme hablado esta noche».

Él vio en aquellas palabras su respuesta. Hombre de extrema sensibilidad, nada podía satisfacerle sino la correspondencia a su amor. Tampoco podía pensar en suplicarla.

«Algún día quizá, ¿cuando sea más digno?», había preguntado él en voz muy baja; pero ella no pareció oírle, y se habían separado en la puerta de su casa y él recordaba penosamente el hecho de que no se habían dado las buenas noches.

Y ahora, al recapacitar acerca de la breve pero significativa escena, se reprochaba a sí mismo con toda dureza su loca precipitación. No había tomado en cuenta que el espíritu de Raquel se hallaba intensamente impresionado, su alma enteramente absorta por las escenas presenciadas aquella noche en la carpa, impresiones y escenas tan nuevas para ella. Pero Chase aún no la conocía lo suficiente para comprender el significado de su rechazo. Cuando el reloj de la cercana iglesia dio la una, nuestro hombre aún estaba sentado ante su escritorio, pretendiendo trabajar en la última página comenzada de la nueva novela que tenía entre manos.

Por su parte, Raquel había subido a su habitación y también recapacitaba acerca de las diversas emociones de aquella noche. Se preguntaba si amaba a Chase, si le había amado alguna vez. Sí... No... Por un instante pensó que la felicidad de su vida estaba en juego, como resultado de su reciente actitud. Un instante después experimentaba una extraña sensación de alivio por haber respondido como lo había hecho. Un sentimiento poderosísimo la dominaba. El efecto de sus cánticos sobre aquellos desgraciados reunidos en la carpa, así como la suave aunque tremenda manifestación del poder del Espíritu Santo, habían hecho sobre ella una impresión tal como jamás experimentara en su vida. En el instante en que Chase había pronunciado su nombre y se dio cuenta de que estaba declarándole su amor, sintió repentinamente una repulsión hacia aquel hombre que no había sabido respetar los acontecimientos sobrenaturales de que acababan de ser testigos. Le parecía que aquellos momentos no eran oportunos para ocuparse de ninguna otra cosa que de la gloria divina manifestada en aquellas conversiones. El pensamiento de que durante todo el tiempo que ella había estado cantando, llena su alma de la intensa pasión de tocar con su voz aquellos corazones llenos de pecados, a fin de atraerlos al Salvador, en el corazón de Gaspar Chase aquella voz no había hecho más que impulsarlo a tratar de conseguir su amor se le antojaba irreverente. No podía decir por qué se sentía así; lo único que sabía era que si Gaspar no le hubiese hablado esa noche, ella aún continuaría experimentando hacia él los mismos sentimientos de antes. ¿Qué sentimientos eran estos? ¿Qué había sido él para ella? ¿Se había equivocado?

Abrió un cajón de su escritorio y sacó de allí el ejemplar de la novela que Chase le había regalado. Su rostro se encendió al leer ciertos pasajes que había leído a menudo y que sabía que Chase había escrito para ella. Los leyó de nuevo. Por alguna razón no le impresionaban ahora. Cerró el libro y lo dejó sobre la mesa, quedándose pensativa. Sus pensamientos, gradualmente, se volvían hacia las escenas presenciadas en la carpa aquella noche. Aquellos rostros de hombres y mujeres tocados por primera vez por la influencia del Espíritu de gloria, ¡qué cosa más estupenda! La regeneración completa, revelada en aquel espectáculo de seres humanos dominados por la embriaguez y por todo lo que hay de impuro, arrodillados allí en la carpa, impulsados a consagrarse a una vida de pureza y de santidad, ¡oh, ciertamente era un testimonio de lo que existe de sobrehumano en el mundo! Y el rostro de Rollin Page, arrodillado al lado de aquellos míseros habitantes del tugurio —lo recordaba como si lo estuviera viendo, y Virginia sollozando mientras abrazaba a su hermano, que acababa de convertirse, y el señor Payne, arrodillado junto a ellos—, y aquella mujer también tocada por el Espíritu Santo, a la cual Virginia había abrazado mientras le hablaba con palabras de consuelo cristiano. Todos estos cuadros delineados por el Espíritu en las tragedias humanas, allí, en el barrio más degradado de Raymond, se apiñaban en la memoria de Raquel; el recuerdo era tan reciente que, durante un instante, su habitación pareció llenarse con todos los emocionantes personajes y escenas contemplados dos horas antes en la carpa.

Su espíritu protestaba. «¡No!». «¡Hizo mal! ¡No tenía derecho alguno de hablarme, después de tal espectáculo! ¡Era su deber haber respetado el asunto que debiera haber ocupado nuestros pensamientos! ¡Estoy cierta de que no le amo! ¡No!... ¡No lo suficiente para consagrarle mi vida!».

Y después de haberse expresado de esta forma, nuevamente las experiencias de las horas pasadas surgieron en tropel en su mente, dominándolo todo y, por largo rato, desterrando de allí todo otro asunto.

Aquel domingo la gente de Raymond empezó a comprender los acontecimientos que estaban revolucionando muchos de los hábitos y costumbres de la ciudad. La actitud de Alejandro Poer en el asunto de los fraudes ferroviarios había producido una gran sensación, no solo en la ciudad, sino en todo el país. Los cambios que Norman realizaba diariamente en su periódico producían más comentarios que el asunto político más reciente. Los cánticos de Raquel Larsen en el Rectángulo habían impresionado a la sociedad y excitado la admiración y crítica de todas sus relaciones. La conducta de Virginia Page, su presencia, junto con Raquel, en la carpa, al mismo tiempo que su ausencia de los círculos del gran mundo, había dado pábulo a toda clase de chismes. Además de estos acontecimientos, centralizados alrededor de personas tan conocidas, otros sucesos notables tenían lugar en diversos hogares y en varias casas de comercio y algunos círculos sociales. Casi un centenar de miembros de la Primera Iglesia se había comprometido a regir su conducta en base a la pregunta: «¿Qué haría Jesús en mi lugar?». Y de las respuestas reflejadas en sus conductas, habían resultado las cosas más extraordinarias. La ciudad puede decirse que estaba llena de una agitación nunca experimentada. Como culminación de los acontecimientos de la semana, se hablaba de la manifestación espiritual en el Rectángulo y la noticia —que fue conocida por todos, antes de la hora del culto— de la conversión real de unas cincuenta almas, de entre los peores caracteres allí conocidos, añadiendo a esta impresionante noticia la no menos emocionante de la conversión de Rollin Page, que era tan conocido en los clubes y demás círculos sociales.

Dada tal condición de ánimo, no es extraño que la gente de la Primera Iglesia, al congregarse en el templo, estuviese poseída de un espíritu pronto a recibir la verdad divina.

Quizá la cosa que mayor asombro había ocasionado a aquella congregación era el cambio que se había operado en su pastor, desde el instante en que les había propuesto tomar a Jesús como modelo de conducta. La presentación dramática de los sermones ya no les impresionaba. La admiración de la actitud desenvuelta y satisfecha y de las facciones distinguidas del hombre de buena presencia que ocupaba el púlpito había sido substituida por cosas que no podían compararse con su antigua manera de predicar. El sermón se había convertido en verdadero mensaje. Ya no se pronunciaba un sermón, sino que se lo presentaba con un amor, una vehemencia, una pasión, un anhelo, una humildad, que saturaba de entusiasmo la verdad que se ofrecía al pueblo, sin dar al orador más prominencia que la que tenía como portavoz de Dios. Sus oraciones eran distintas de todo lo que la gente estaba acostumbrada a oír. A veces eran inseguras, y hasta una vez o dos se habían notado faltas gramaticales en algunas frases. ¡Cuándo, antes, el Rev. Ford se hubiese olvidado tanto de sí mismo, en una oración, como para cometer semejantes errores! Bien sabía él que siempre había tenido tanto orgullo y cuidado en la dicción y pronunciación de sus oraciones como en las de sus sermones. ¿Sería posible que, ahora, detestara tanto el refinamiento elegante en las oraciones públicas que llegase, adrede, al extremo de castigarse a sí mismo por sus antiguas nimiedades en la manera de orar? No. Lo más probable es que no pensaba en nada de esto ni se daba cuenta del cambio en él operado al respecto. Sin duda, su intenso anhelo por declarar las necesidades y solicitudes de su congregación le hacía despreocuparse de uno que otro error de dicción. Una cosa era cierta: jamás había predicado ni orado de una manera tan real como ahora.

Hay ocasiones en las que un sermón adquiere cierto valor y potencia que se deben a las condiciones del auditorio, más que a nada de nuevo, de notable o de elocuente que pueda haber en las palabras o argumentos del predicador. Tal fue lo que ocurrió en la mañana de aquel domingo en el que Ford predicaba contra las tabernas. No tenía ninguna declaración novedosa que hacer acerca de la mala influencia ejercida por la taberna. No tenía ninguna ilustración sorprendente que ofrecer acerca del influjo de la taberna sobre los negocios o la política. ¿Qué podía decir que no hubiesen dicho cien veces otros oradores al respecto? El efecto de su mensaje debía su potencia al hecho de que ahora hablaba con una libertad que indicaba la absoluta convicción que tenía de que Jesús hablaría así.

Al terminar su discurso suplicó a la congregación que recordara la nueva vida que había comenzado a manifestarse en el Rectángulo. Las elecciones municipales se aproximaban. La cuestión de permiso o prohibición del expendio de bebidas alcohólicas dependía de los candidatos que fueran electos. ¿Qué sería de las pobres almas que acababan de sentir el gozo de la liberación del pecado, si permanecían rodeadas por aquellas infernales tabernas? ¿Quién podría decir la influencia que sobre aquellas almas ejercía el medio ambiente que las rodeaba? ¿No deberían decir algo al respecto los miembros de iglesias cristianas, los hombres de negocios, los profesionales, todos los buenos ciudadanos? Como ciudadanos, la actitud más cristiana que pudieran asumir, ¿no sería luchar en los comicios contra las tabernas y elegir, para el gobierno comunal, hombres que no transigieran con el mal? ¿Qué parte había tenido la oración en ayudar a mejorar la condición de Raymond, en tanto que los votos y las actividades habían estado del lado de los enemigos de Jesús? ¿No intervendría Jesús en un asunto como este? ¿Qué discípulo verdaderamente cristiano podría imaginar a Jesús negándose a sufrir o a cargar con su cruz en este asunto?¿En qué consiste «llevar su cruz»? Para andar en los pasos de Jesús es tan necesario ascender al Calvario como al Monte de la Transfiguración.

Esta apelación al corazón del auditorio fue más potente de lo que el pastor se imaginaba. No exageramos al decir que la tensión espiritual de la Primera Iglesia alcanzó su punto culminante exactamente en este instante. La imitación de Jesús, que había comenzado con los voluntarios de la iglesia, estaba operando como levadura en la organización, y aun en tan corto tiempo como el transcurrido, el Rev. Ford se hubiera asombrado si hubiese podido darse cuenta de la intensidad en el deseo que había en su congregación por tomar la cruz de Cristo. Mientras hablaba, muchos eran los hombres y mujeres que en aquel auditorio se decían a sí mismos: «Quiero hacer algo que me cueste un sacrificio». Realmente Mazzini[1] tenía razón cuando dijo: «Ninguna apelación es tan poderosa, en realidad, como el llamamiento de "Venid a sufrir"».

El servicio había terminado, la gran mayoría del auditorio se había retirado y, otra vez, Enrique Ford se hallaba frente al grupo reunido en el salón de actos públicos, como en los dos domingos anteriores. Había pedido que se quedaran un rato todos los que habían asumido el compromiso y cualesquiera otros que quisiesen asumirlo. Este servicio complementario del servicio público realizado en la capilla parecía haberse constituido en una necesidad. Al entrar al salón y contemplar aquel grupo, el corazón del pastor se estremeció. Había allí, por lo menos, doscientas personas reunidas y la presencia del Espíritu Santo era manifiesta. Echó de menos a Gaspar Chase, pero todos los demás estaban presentes. Pidió a Milton que guiara en la oración. El aire mismo parecía estar cargado de responsabilidades divinas. ¿Qué cosas podrían resistir a semejante bautismo de poder? ¿Cómo habían vivido sin él todos los años del pasado?

Cambiaron ideas entre sí y hubo muchas oraciones. Esa reunión fue el punto de partida de algunos de los importantes acontecimientos que, más tarde, constituyeron una parte de la historia de la Primera Iglesia de Raymond. Cuando, finalmente, se retiraron, todos estaban impresionados por el gozo del poder del Espíritu.

El señor Donaldo Marsh, director del colegio Lincoln, acompañó a Ford camino a su casa.

—He llegado a una conclusión, Rev. Ford —dijo Marsh, hablando en voz baja—. He hallado mi cruz y es bien pesada, pero no estaré satisfecho hasta cargar con ella y llevarla.

Ford permanecía silencioso y Marsh continuó hablando:

---

[1] Giuseppe Mazzini (Génova, 1805 – Pisa, 1872), político y periodista italiano que ayudó al proceso de formación y unificación de la Italia independiente moderna a partir de los numerosos Estados y contribuyó a definir el movimiento europeo defensor de una democracia popular en un Estado republicano.

—Su sermón de hoy me ha hecho ver claramente lo que hace largo tiempo he estado sintiendo que era mi deber hacer. ¿Qué haría Jesús en mi lugar? Desde que asumí el compromiso, me he repetido una y otra vez esta pregunta. He tratado de satisfacerme con la idea de que él continuaría, sencillamente, como yo lo he hecho, atendiendo a los deberes del colegio, dando mis clases de ética y filosofía. Pero no he podido desechar la idea de que Él haría alguna otra cosa. Y esa otra cosa es la que no me siento inclinado a hacer. Hacerlo me ocasionaría un verdadero sufrimiento. La temo con toda el alma. Quizá usted adivine de qué se trata.

—Sí, me parece que sí —contestó Ford—. Mi cruz es semejante a esa. Haría casi cualquier otra cosa, antes que eso.

Donaldo Marsh le miró sorprendido, pareciendo experimentar algún alivio. Luego añadió con aire triste, pero lleno de convicción:

—Pastor Ford, usted y yo pertenecemos a una clase de profesionales que siempre ha sido negligente con los deberes que impone la ciudadanía. Hemos vivido recluidos en el estrecho mundo de los estudiosos, realizando una obra en armonía con nuestros gustos y evitando los desagradables deberes inherentes a la acción cívica. Personalmente, confieso, avergonzado, que siempre he rehuido los deberes que me corresponden como ciudadano de esta ciudad, aunque tengo la plena convicción de que está gobernada por una camarilla de hombres venales y sin principios, bajo el dominio, al menos en su mayoría, del elemento que defiende la existencia de las tabernas, y enteramente despreocupados del bienestar del municipio. A pesar de ello, tanto yo como casi todos mis colegas nos hemos satisfecho con dejar que otros manejen los asuntos públicos, retirándonos a nuestro agradable rinconcito, sin sentir simpatía hacia las necesidades prácticas del pueblo que nos rodea. «¿Qué haría Jesús?». Hasta he tratado de negar una respuesta sincera a esta pregunta. Pero mi conciencia no me permite continuar haciéndolo. Mi deber ineludible es tomar parte personalmente en las próximas elecciones municipales, arrojar el poco o mucho peso de mi influencia del lado de los candidatos más honestos y ver si podemos hundir en el abismo más profundo esa horrible liga de engaño, pillería, superchería y fraude político, que representa hoy, en esta ciudad, la existencia y libre venta de bebidas embriagantes, al abrigo del sufragio popular. Casi preferiría colocarme delante de la boca de un cañón que asumir esta conducta para la cual no hallo alternativa, en un asunto que temo porque detesto todo lo que se relaciona con él. Daría lo que no tengo por poder decir, con sinceridad: «No creo que Jesús se inmiscuiría en tales cosas». Pero cada vez me persuado más de que Él lo haría y esto es lo que me hace sufrir. Perder mi puesto o alguna otra cosa muy apreciada no me ocasionaría la mitad del sufrimiento que esto me ocasiona. Me repugna ponerme en contacto con la política, tanto como me atrae mi tranquila vida doméstica y mis estudios con mis cátedras de filosofía y ética. Pero he sentido de una manera patente el llamamiento, la voz que me dice: «¡Donaldo Marsh, sígueme! Cumple con tu deber cívico y cúmplelo en la forma que represente un sacrificio. Ayuda a limpiar este muladar político, aunque tengas que sentir un poco salpicados tus delicados sentimientos». ¡He ahí mi cruz, Rev. Ford! Tengo que echármela a cuestas o negar a mi Señor...

—Ha expresado usted mi propio sentir —dijo Enrique Ford, sonriendo tristemente—. ¿Por qué, por el simple hecho de ser un ministro, habría yo de cobijarme tras mis sentimientos refinados y sensitivos y rehusar, cobardemente, ocuparme de mis deberes cívicos, a no ser por medio de una que otra palabra pronunciada en un sermón? La vida política y administrativa de la ciudad me es completamente desconocida; nunca he tomado parte activa en ninguna elección, para procurar que se eligiesen los candidatos más adecuados. Y mi experiencia es igual a la de muchísimos ministros; no practicamos en la vida cívica los deberes y privilegios que predicamos desde el púlpito. «¿Qué haría Jesús?». Como usted, yo también me encuentro obligado a responder directamente a la pregunta. Mi deber es evidente, debo sufrir. Todos mis deberes parroquiales, las molestias o sacrificios inherentes al ministerio me resultan triviales, comparados con el abandono de mi vida estudiosa e intelectual y mis hábitos tranquilos, para lanzarme a la repugnante lucha en pro de una atmósfera más decente, más pura, para la vida de esta ciudad. Estoy cierto de que podría ir a pasar en el Rectángulo el resto de mis días y trabajar entre la gente de los conventillos y tabernas, ganando escasamente mi pan, y que esto me ocasionaría mucha menos repugnancia que la idea de lanzarme a la lucha por la reforma de esta ciudad arruinada por el alcohol. ¡Sí, me sería mucho menos penoso! Pero yo, como usted, me he visto imposibilitado de rehuir mi responsabilidad. La respuesta a la pregunta: «¿Qué haría Jesús en mi lugar?» no me da tregua, salvo cuando la contesto diciendo: «Jesús querría que yo obrase como ciudadano cristiano». Sí, Marsh, tiene usted razón, nosotros los profesionales, ministros, profesores, artistas, literatos, hombres de ciencia, todos, casi invariablemente, nos hemos conducido como cobardes desde el punto de vista del deber cívico. Por ignorancia o por egoísmo hemos descuidado los deberes sagrados del ciudadano. Es evidente que Jesús, si viviese entre nosotros, no se conduciría así. Por lo tanto, no hay más remedio que tomar esta cruz y, con ella a cuestas, seguir al Maestro.

Durante un rato siguieron en silencio, rompiéndolo, finalmente, el señor Marsh con la siguiente observación:

—No estaremos solos en esta obra. Con todos los miembros de la iglesia que han firmado la promesa, constituiremos una fuerza respetable. Organicemos las fuerzas cristianas de Raymond, para una lucha contra el alcohol y la corrupción, algo que sea más que una mera protesta. Es un hecho innegable que el individuo de taberna es cobarde y se asusta con facilidad, a pesar de sus ideas anárquicas y corruptas. Lancemos una campaña que ha de ser poderosa, porque representará la encarnación de la justicia organizada. Jesús emplearía un tacto supremo en asuntos como este. Haría uso de los medios más adecuados que tuviera a su alcance. Trazaría grandes planes. Hagamos nosotros lo mismo. Ya que hemos de llevar esta cruz, hagámoslo valerosamente, como hombres.

Los dos hombres continuaron hablando largamente y se reunieron de nuevo al siguiente día, en el escritorio del Rev. Ford, con objeto de madurar un plan de acción. Los dirigentes de las elecciones habían sido citados para el viernes, por las autoridades. Circulaban rumores de acontecimientos extraños y nunca oídos en los círculos políticos de Raymond. El sistema Crawford, de votación nominal, no estaba en uso en aquel Estado, de modo que a los dirigentes de las elecciones se les citaba a una reunión pública en el juzgado.

Los habitantes de Raymond jamás olvidarían aquella reunión. Fue tan distinta de toda otra reunión política que se hubiese celebrado anteriormente que carecía por completo de precedentes. Los cargos a ocuparse eran los de intendente municipal, asesor municipal, jefe de policía, notario municipal y tesorero.

El Noticiero, en su edición del sábado, dio amplia información acerca de los dirigentes de las elecciones y, en un editorial, Norman habló con la claridad y convicción que la gente religiosa de Raymond estaba aprendiendo a respetar profundamente, a causa de la evidente sinceridad que su lenguaje manifestaba. He aquí un ejemplo:

> Sin temor de que se nos desmienta, podemos asegurar que jamás, en la historia de esta ciudad, hubo un electorado como el que se reunió anoche. En primer lugar, fue una sorpresa para los políticos de la ciudad, acostumbrados a manejar los asuntos del municipio como si fuesen dueños de él y todos los demás no fueran más que instrumentos suyos o ceros a la izquierda. La tremenda sorpresa que se llevaron anoche los caudillejos consistió en el hecho de que un gran número de vecinos de Raymond, que hasta ahora no habían tomado parte en las elecciones, hicieron acto de presencia en la reunión, ejerciendo control sobre ella, designando a algunos de los mejores ciudadanos para candidatos a los cargos respectivos.

Fue una gran lección cívica. El profesor Marsh, presidente del Liceo Lincoln, que jamás había tomado parte en actos de esta naturaleza —y a quien ni siquiera conocían muchos de los políticos allí reunidos—, pronunció uno de los mejores discursos que jamás se hayan oído en Raymond. Casi daba risa observar los rostros de los que, durante largos años, han manejado a su placer los asuntos públicos, cuando el señor Marsh se levantó a hablar. Muchos preguntaban: «¿Quién es ese?». La consternación subió de punto cuando se hizo evidente que la antigua camarilla que gobernaba la ciudad salía derrotada. Se hallaban presentes el señor Enrique Ford, pastor de la Primera Iglesia, los señores Milton Rait, Alejandro Poer, los profesores Brown, Villard y Park, del Liceo Lincoln, el Rev. Juan West, de la Iglesia presbiteriana y varios ministros de otras iglesias, junto con decenas de comerciantes y de otros profesionales, en su mayor parte miembros de iglesias. Pronto se hizo evidente el hecho de que aquellos hombres habían acudido con el deliberado propósito de designar los nombres de los hombres más dignos de ocupar los puestos. Muchos de los presentes jamás habían estado en una reunión de políticos y eran totalmente extraños a la política; pero es indudable que estaban bien organizados, de modo que con su esfuerzo unido, lograron llenar la lista de acuerdo a sus deseos.

Tan pronto como la camarilla comprendió que había perdido el control de las elecciones, sus componentes se retiraron, disgustados, y formaron otra lista. *El Noticiero* llama la atención de todo ciudadano decente al hecho de que esta última lista contiene los nombres de los sostenedores de la taberna y de la corrupción y que se ha trazado una línea clara y recta entre las camarillas y gobierno corrompido que han regido a esta ciudad durante muchos años y una administración limpia, honesta y capaz, administración digna de tal nombre, tal cual todo buen ciudadano debe desearla. Es casi innecesario recordar al pueblo de Raymond que el asunto de alcoholismo o no alcoholismo regirá las elecciones. Ese será el punto crítico en las elecciones. La situación moral de la ciudad ha llegado a su crisis y se nos presenta como un problema que es imprescindiblemente necesario resolver. ¿Continuaremos con el régimen del ron, en la insolencia de una vergonzosa ineptitud o, como dijo el profesor Marsh en su noble discurso, nos levantaremos como buenos ciudadanos e iniciaremos un buen orden de cosas que libre a esta ciudad del peor enemigo de todo lo que es honesto, haciendo lo que podamos, por medio del voto, para purificar nuestra vida cívica?

Sin ninguna reserva, *El Noticiero* se pone de parte del movimiento purificador que acaba de iniciarse. Con todas nuestras fuerzas lucharemos por la destrucción del tráfico licorero y su fuerza política, sosteniendo la elección de los hombres designados por la mayoría de ciudadanos que compusieron la primera lista. Con este objeto apelamos a todos los que se precian del nombre de cristianos, amantes de la justicia, la pureza y el hogar, instándoles a ponerse de parte del profesor Marsh y del resto de los ciudadanos que han comenzado la tan necesaria reforma de nuestra ciudad.

El profesor Marsh leyó este editorial y dio gracias a Dios por la hombría de Eduardo Norman, sabiendo perfectamente que todos los demás diarios de la ciudad sostendrían la posición contraria y sin olvidar la importancia y gravedad de la lucha que no hacía más que iniciarse.

No era un secreto para nadie el hecho de que *El Noticiero* había sufrido enormes pérdidas desde que comenzó a guiarse por el lema «¿Qué haría Jesús?». El problema que se le planteaba era si podría contar con el apoyo de aquellos que se preciaban como cristianos en aquella ciudad. ¿Le sostendrían ellos en su esfuerzo por publicar un diario cristiano? ¿O debía creer que el apetito por noticias de índole de crímenes, escándalos y partidismos políticos y la falta de voluntad de apoyar una reforma tan notable en el periodismo, les movería a rechazar el diario y a rehusarle el apoyo financiero necesario? Esa era, realmente, la pregunta que Norman se hacía, aún mientras escribía su editorial para el sábado. Sabía muy bien cuán cara le harían pagar su actitud muchos de los comerciantes. Mientras hacía correr la pluma sobre el papel, nuevamente se preguntaba «¿Qué haría Jesús?». Esa pregunta se había convertido para él en parte integrante de su propia vida, constituyendo el mayor problema que conocía.

Por primera vez en su historia, Raymond había visto a sus profesionales —lo más notable de su elemento intelectual— tomar parte en el movimiento político y colocarse decididamente en oposición a los elementos perniciosos que durante tanto tiempo habían manejado el gobierno municipal. El hecho mismo era asombroso. El profesor Marsh, con un sentimiento de humillación, se confesaba a sí mismo que nunca antes se había dado cuenta de lo que la rectitud cívica puede realizar. Desde aquel viernes por la noche, la frase «el intelectual en la política» asumió un significado nuevo para él y su colegio. Desde entonces, para él y los que estaban bajo su influencia, la idea de intelectualidad iba acompañada de cierta dosis de sufrimiento; era necesario que el sacrificio formase parte integrante del factor desarrollo.

En el Rectángulo, durante aquella semana, la ola de vida espiritual alcanzó un punto muy elevado, sin el más mínimo signo de retroceso. Raquel y Virginia asistían todas las noches, y esta última estaba llegando rápidamente a una conclusión acerca de lo que haría con gran parte de su dinero. Había tratado el asunto con Raquel y ambas estaban de acuerdo en que si Jesús estuviese en el mundo y dispusiese de una gran fortuna, probablemente emplearía parte de ella en la forma que Virginia pensaba hacerlo. Creían que los actos de beneficencia de Jesús serían tan variados como la diversidad de personas y circunstancias lo exigiesen, no pareciéndoles que pudiera haber una regla fija para el uso del dinero, pues la única regulación que concebían era la de una utilidad abnegada.

Mientras tanto, la gloria del poder del Espíritu llenaba sus mentes. Noche a noche, aquella carpa, convertida en templo, presenciaba milagros tan grandes como el de andar sobre las aguas o el de alimentar a una multitud con unos pocos panes y peces, porque, ¿qué milagro puede haber que sea mayor que el de la regeneración de un ser humano, la transformación de las vidas de aquellos hombres y mujeres groseros, brutales, embrutecidos por el vicio, convertidos ahora en seres gozosos, encariñados con Jesús? Estas cosas hacían sobre Raquel y Virginia una impresión semejante a la que debieron sentir los que vieron a Lázaro salir de su tumba. Aquellas experiencias les producían la más profunda excitación.

Rollin Page asistía a todas las reuniones. No había duda acerca del cambio operado en él. Su quietud era extraordinaria y parecía estar pensando constantemente. Por cierto que no era el mismo hombre de antes. Hablaba más con el señor Payne que con cualquier otra persona. No eludía encontrarse con Raquel, pero parecía evitar toda apariencia de deseos de renovar su antigua relación con ella. Ella, por este motivo, hasta encontró difícil expresarle el placer que sentía por la nueva vida que en él había comenzado. Rollin parecía haber estado esperando ajustarse a sus antiguas relaciones antes que su nueva vida comenzara: ciertamente no las había olvidado, pero aún no se sentía capaz de acomodar sus sentimientos a la nueva situación creada.

El final de la semana halló al Rectángulo luchando fieramente entre dos fuerzas opuestas. El Espíritu Santo estaba combatiendo con toda su potencia sobrenatural, contra el demonio-taberna, que durante tanto tiempo había aprisionado en sus garras a sus pobres esclavos. Si la gente religiosa de Raymond llegase a darse clara cuenta de lo que aquel conflicto significaba para las almas recién despertadas a una nueva vida, sería imposible creer que el resultado de las elecciones próximas fuese favorable a los sostenedores de la taberna. Pero ese resultado aún estaba por verse. El horror de la triste situación que rodeaba a los nuevos conversos afectaba poderosamente a Virginia y Raquel, quienes, al retirarse a sus casas, lo hacían con corazones atribulados.

—Muchas de esas pobres almas se volverán atrás —solía decir el señor Payne, con profunda amargura—. El medio ambiente tiene mucho que ver con el carácter de la persona. Es muy natural que esta gente no siempre pueda resistir la vista y el olor de las diabólicas bebidas que por todos lados la rodean. ¡Oh, Señor! ¿Hasta cuándo los sedicientes cristianos continuarán apoyando con su silencio y con su voto la forma más detestable de esclavitud que América haya conocido?

Formulaba la pregunta sin esperanza en su noble alma de respuesta inmediata. Vislumbraba un rayo de esperanza en los acontecimientos de la noche del pasado viernes, pero no se atrevía a anticipar el resultado. Las fuerzas licoreras estaban organizadas, alerta y agresivas, y su odio se hallaba extraordinariamente excitado por los acontecimientos de la carpa y de la reunión de electores. ¿Formarían las fuerzas cristianas un bloque contra el alcohol o se dividirían a causa de intereses comerciales o por no hallarse habituados a una acción unánime, como lo estaban los sostenedores de las bebidas? Eso era lo que estaba por verse. Mientras tanto, el monstruoso partido se erguía como víbora venenosa silbante, ora extendiéndose, ora replegándose, lista para infiltrar su veneno en cualquier punto débil.

El sábado por la tarde, en el instante en que Virginia salía de su casa para ir a ver a Raquel y conversar acerca de sus planes, un coche se detuvo a su puerta, bajando de él tres de sus antiguas amigas de sociedad. No venían a hacerle una visita formal, sino a buscarla para llevarla a pasear al parque, donde había un concierto

EN SUS PASOS ¿QUÉ HARÍA JESÚS?

de bandas, y aprovechar, así, el día, que según ellas era demasiado hermoso para pasarlo en casa.

—¿Dónde has estado todo este tiempo, Virginia? —preguntó una de las muchachas, pegándole cariñosamente con la sombrilla roja que tenía en la mano—. Hemos oído decir que tomas parte en espectáculos... Cuéntanos algo acerca de eso.

Virginia se ruborizó, pero después de un instante de vacilación, les manifestó, francamente, algo de sus experiencias en la carpa, con lo cual las jóvenes parecieron comenzar a sentir verdadero interés en el asunto.

—¿Saben lo que se me ocurre, muchachas? —dijo una de ellas—. ¡Vámonos con Virginia, a visitar conventillos, en vez de ir al Parque! Yo nunca he estado en el Rectángulo. He oído decir que es un sitio de lo más perverso y que hay mucho que ver allí. Virginia nos servirá de guía y será cosa de lo más... —«divertido», iba a decir, pero la mirada de Virginia le hizo emplear la palabra «interesante».

Virginia estaba irritada. Su primer pensamiento fue negarse a ir en tales circunstancias. Las otras jóvenes fueron de la misma opinión que la que habló primero y la apoyaron vehementemente, insistiendo en acompañarla. Sin embargo, después de pensarlo un momento, vio en la necia curiosidad de sus amigas una oportunidad para bien. Ellas nunca habían visto el pecado y la miseria de aquel barrio de la ciudad. ¿Por qué no llevarlas para que lo viesen, aun cuando los motivos que a ellas las impulsaban fuesen tan triviales?

—Muy bien —dijo Virginia—, iré con ustedes, pero tienen que obedecerme y dejar que las lleve adonde puedan ver lo más importante. —Y diciendo así, subió al carruaje y se sentó al lado de la que había sugerido la idea de ir al Rectángulo.

—¿No sería mejor que lleváramos un vigilante? —preguntó otra de las jóvenes, con una risita nerviosa. Y añadió— No es muy seguro aquel barrio, ¿saben?

—No hay peligro —dijo Virginia.

—¿Es cierto que Rollin se ha convertido? —preguntó la que primero había hablado, mirando a Virginia con curiosidad. Virginia soportó la mirada y durante todo el camino estuvo bajo la impresión de que sus tres amigas la observaban atentamente, como si fuera un ser extraño.

—Sí, es cierto, yo misma lo vi la noche de su conversión, hace una semana —contestó Virginia, que no sabía bien cómo relatar aquella escena de la carpa.

—Dicen —dijo la de la sombrilla roja— que anda por los clubes y por todas partes hablando a sus antiguos amigos, tratando de predicarles. ¡Qué divertido! ¿Verdad?

Virginia no contestó y sus compañeras comenzaron a ponerse serias y cada vez más nerviosas a medida que iban penetrando en el barrio del Rectángulo. Los espectáculos y los olores, así como las voces y otros sonidos que de allí procedían y con los cuales Virginia ya se había familiarizado herían los sentidos de estas señoritas delicadas, acostumbradas únicamente a los modales y refinamientos del gran mundo. Aquello les parecía sencillamente horrible. Al hallarse en el centro del barrio se hubiera dicho que este, personificando el espíritu de sus habitantes y tomando forma humana, con rostro amoratado, destilando alcohol y con ojos hinchados por la embriaguez, miraba entre sorprendido y espantado el lujoso carruaje con su carga de hermosas señoritas vestidas de gran lujo. La alta sociedad de Raymond nunca se había ocupado de la «visitación de tugurios» y esta era la primera vez que las acompañantes de Virginia se hallaban rodeadas por los vecinos del Rectángulo, y no dejaban de darse cuenta de que en lugar de curiosear las cosas de aquel barrio, ellas mismas eran objeto de la curiosidad de sus habitantes, cosa que las asustó y disgustó.

—Volvámonos… Ya hemos visto bastante… —dijo incómoda la de la sombrilla roja.

Se hallaban precisamente delante de una de las peores tabernas y garitos del barrio. La callejuela era estrecha y la gente se apiñaba en las veredas. De repente, de la puerta del salón, salió, tambaleándose, una mujer joven. Con voz ronca y como sollozando, cual si, en parte al menos, se diera cuenta de su triste condición, cantaba la primera línea del himno:

Tal como soy, sin una sola excusa,

y al pasar al lado del carruaje, levantó hacia él su mirada embrutecida, encontrándose con la de Virginia.

Era la misma joven que noches antes se había arrodillado en la carpa, sollozando, y cuya cabeza Virginia había abrazado mientras oraba por ella.

—¡Deténgase! —gritó Virginia al cochero.

Un instante después había descendido y tomado a la mujer ebria cariñosamente por un brazo, diciéndole: «¡Teresa!». Esto fue todo. La desgraciada joven miró a Virginia y en su rostro se pintó una expresión, mezcla de asombro y de horror. Las del carruaje quedaron como paralizadas de asombro. El tabernero había salido a la puerta de su negocio y, con las manos colocadas en las caderas, miraba lo que pasaba. Todo el Rectángulo, desde sus ventanas, desde las puertas de sus tabernas, desde sus sucias veredas, sin ocultar su asombro, miraba a las dos jóvenes —la una lujosamente ataviada y reflejando en todo su ser la inocencia y la pureza, la otra ostentando, entre sus andrajos, todos los efectos de la degradación—, mientras Virginia, más con la mirada que con palabras, trataba de exhortar y guiar a la otra. Un débil eco de la música de las bandas que tocaban en el lejano parque llegaba hasta allí… El concierto, sin duda, había comenzado, y el gran mundo de Raymond, desplegando sus riquezas, se derramaba por las lujosas avenidas que conducían hacia el sitio donde tenía lugar el concierto, allá, lejos, lejos de toda aquella miseria moral y material.

VI

«Porque he venido para poner en disensión al hombre con su padre y a la hija con su madre y a la nuera contra su suegra» (Mateo 10:35).

«Sed, pues, imitadores de Dios, como hijos amados; y andad en amor, como también Cristo os amó»

(Efesios 5:2).

Al descender del carruaje y acercarse a Teresa, Virginia no tenía ningún plan definido de acción o de lo que sería el resultado de su gesto; no hizo más que obedecer a un impulso al ver deslizándose de nuevo hacia la vida de orgía infernal un alma que había gustado por algunos instantes los goces de una vida superior. Antes de colocar una mano sobre el brazo Teresa, lo único que había hecho era preguntarse: «¿Qué haría Jesús en mi lugar?». Esa pregunta se estaba convirtiendo para ella, como para muchos otros, en una especie de hábito inspirador en su vida.

Al hallarse al lado de Teresa, poco menos que abrazándola, miró a su alrededor e inmediatamente se dio cuenta de todo lo desgraciado del espectáculo.

Su primer pensamiento fue para sus compañeras del carruaje. Volviéndose a ellas, les dijo:

—¡Vuélvanse! ¡No me esperen! Voy a acompañar hasta su casa a esta amiga.

La joven de la sombrilla roja casi se desmayó cuando oyó la palabra «amiga». Las otras dos enmudecieron.

—¡Váyanse! ¡No puedo volver con ustedes! —repitió Virginia.

El cochero puso en movimiento los caballos, mientras una de las jóvenes sacaba la cabeza por la ventanilla, diciendo a Virginia:

—¿No podríamos...? Es decir..., ¿quieres que te ayudemos?... ¿Podríamos...?

—¡No, no! —respondió Virginia—, no podéis ayudarme, id no más.

Miró a su alrededor. En muchos de aquellos toscos rostros brillaba una expresión de simpatía. No todos esos seres eran crueles o brutales. El Espíritu Santo había obrado prodigios en aquel barrio, mediante la predicación en la carpa.

—¿Dónde vive esta mujer? —preguntó Virginia, dirigiéndose a los que la observaban desde la vereda.

Nadie contestó. Más tarde, cuando tuvo tiempo de reflexionar, la joven se dio cuenta de que aquella gente, con su silencio, demostró una delicadeza que hubiese sido un crédito en gente más culta. ¿Cómo iban a decirle dónde vivía?

Ante el silencio de la multitud, Virginia comprendió. Como un relámpago cruzó por su mente el pensamiento de que aquel ser inmortal, lanzado a la infamia de las tabernas y otros antros, satélites de estas, como el mar arroja la resaca a las playas, no tenía, en el mundo, un sitio decente donde refugiarse, nada a lo que pudiera llamar «hogar».

Teresa, de repente, arrancó su brazo de la mano de Virginia y, al hacerlo, casi dio con esta por tierra.

—¡No me toque! —dijo la desgraciada, y añadió—: ¡Déjeme! ¡Déjeme ir al infierno, a donde pertenezco! ¡Déjeme seguir mi suerte! ¡El Diablo me espera!... ¡Mire!... ¡Véalo!... ¡Ahí está!... —exclamaba con voz delirante y señalando con el dedo. Virginia volvió los ojos hacia el sitio que Teresa señalaba con un dedo rígido y vio que la persona designada era el tabernero, quien permaneció impasible, a pesar de la risa y jarana con que la multitud recibió aquel gesto de la ebria.

Virginia volvió a asir el brazo de Teresa, diciéndole con firmeza:

—¡Teresa, venga conmigo! ¡Usted no pertenece al infierno! ¡Usted pertenece a Jesús y Él la salvará! ¡Venga!

Teresa comenzó a sollozar. El encuentro con Virginia parecía, en parte al menos, volverla a la sobriedad.

Nuevamente, Virginia miró a su alrededor y preguntó:

—¿Dónde vive el pastor Payne, el de la carpa? —Ella sabía que se hospedaba por allí.

Varias personas a la vez le dieron su dirección.

—Venga, Teresa, quiero que venga conmigo a ver a la señora Payne —le dijo Virginia, sin soltar el brazo de la pobre mujer, temblorosa, que aún gemía y sollozaba, asiéndose de Virginia con la misma fuerza con que antes la había repelido.

De esa manera, las dos prosiguieron por el Rectángulo, camino de la casa del evangelista. El espectáculo parecía impresionar seriamente a la gente del barrio. Aquellas personas nunca tomaban nada en serio, estando ebrias; pero ahora se trataba de algo extraordinario. El hecho de que una niña aristocrática, lujosamente vestida, estuviese ocupándose del bienestar de una de las mujeres más perdidas que se tambaleaban por aquellas calles bajo la influencia de la bebida era algo tan asombroso como para otorgar cierta dignidad e importancia a la misma Teresa. Una cosa era ver a Teresa, tendida en la vereda o en la acequia, ebria como una cuba y con sus andrajos en desorden, objeto de burlas y risas de todo el mundo; pero verla, casi arrastrándose, sostenida cariñosamente por una aristocrática señorita perteneciente a los círculos sociales más elevados de la ciudad, era un asunto muy distinto. Todo el barrio contemplaba aquello con mucha seriedad y más o menos admiración, si no respeto.

Cuando llegaron a casa del evangelista, se encontraron con que éste y su esposa habían salido.

Virginia no tenía más plan que el de solicitar a los Payne que se hicieran cargo de Teresa, por un tiempo, o que procuraran hallarle un refugio decente. De modo que se hallaba allí, a la puerta del alojamiento del pastor, sin saber qué hacer, en tanto que Teresa se había sentado en el umbral y escondido el rostro entre las manos. Virginia al contemplar aquella mísera figura, a sus pies, experimentó una sensación que, en lo íntimo de su alma, temió que se tornase en repugnancia...

Finalmente, la joven se sintió dominada por un sentimiento que no podía resistir. ¿Qué le impedía llevarse a Teresa a su propia casa? ¿Por qué motivo esta mísera criatura, sin amigos ni hogar, emitiendo por todos sus poros olor de alcohol, no había de ser cuidada por Virginia, en su propio hogar, en lugar de colocarla bajo el cuidado extraño de un asilo? Virginia tampoco sabía mucho de tales asilos. En realidad, había dos o tres instituciones de estas en la ciudad; pero era dudoso que en alguna de ellas hubiesen recibido a una persona como Teresa en sus actuales circunstancias. Pero no era en esto en lo que Virginia pensaba ahora. El pensamiento que embargaba todo su ser en aquellos instantes era: «¿Qué haría Jesús con Teresa, si Él se hallase, ahora, en mi lugar?». Y, finalmente, contestó a esta pregunta, diciéndole a Teresa:

—¡Ven, Teresa! ¡Te vienes a casa conmigo! Tomaremos el tranvía en la esquina.

Teresa, tambaleándose, se puso de pie, y Virginia respiró al ver que no se oponía a su plan, como había temido. Subieron al tranvía, lleno de gente, y Virginia, con pena, se dio perfecta cuenta de las miradas que iban dirigidas a ella y a su acompañante. Pero su mente, más que con esto, estaba preocupada imaginando la escena que se produciría en su casa al encontrarse con su abuela. ¿Qué diría la aristocrática anciana, al ver a Teresa?

Teresa estaba casi sobria cuando descendieron del tranvía, pero parecía caer en una especie de estupor y Virginia se veía obligada a sostenerla firmemente del brazo. Varias veces dio pesadamente con su cuerpo contra Virginia, llamando la atención de los transeúntes, que volvían la cabeza para mirarlas. Después de subir las gradas del hermoso palacete de Virginia, ésta lanzó un suspiro de alivio a pesar del próximo encuentro con su abuela, que tanto temía. Al cerrarse la puerta de entrada y encontrarse en el amplio vestíbulo con su protegida, se sintió con valor para todo lo que pudiera sobrevenir.

La anciana estaba en la biblioteca, y al oír a Virginia salió al vestíbulo. Allí estaba la joven sosteniendo a Teresa, quien con ojos azorados y mirada extraviada contemplaba el lujo que la rodeaba.

—Abuela —dijo Virginia sin vacilaciones y con voz muy clara—, he traído a una de mis amigas del Rectángulo… Se trata de una persona en desgracia y voy a hospedarla y cuidarla durante un tiempo.

Madame Page miró alternativamente a su nieta y a Teresa.

—¿Dices que es una de tus amigas? —preguntó la anciana con tono frío e irónico, que hirió vivamente a Virginia.

—Sí, abuela, eso es lo que he dicho. —El rostro de Virginia se encendió un poco, pero su corazón no vaciló, pues tenía presente que Jesús fue «amigo de publicanos y pecadores» y que, seguramente, Él hubiese hecho lo que ella estaba haciendo.

—¿Sabes lo que es esa mujer? —le preguntó Madame Page en voz baja pero agriada, aproximándose a Virginia.

—Lo sé muy bien. Es un desecho de la sociedad, una resaca del mundo, una perdida… No necesitas decírmelo, abuela. Lo sé mejor que tú. En este mismo instante está ebria. Pero es, también, una hija de Dios. Yo la he visto sobre sus rodillas, llorando, arrepentida, luego he visto el infierno extendiendo sus horribles garras para atraparla de nuevo. Y por la gracia de Cristo, yo considero que lo menos que puedo hacer por ella es protegerla contra semejante peligro. Aquí está esta pobre criatura humana, víctima de la desgracia y el vicio, sin amigos ni hogar, deslizándose hacia la eterna perdición, en tanto que nosotras tenemos abundancia de todas las cosas que a ella le faltan y, en cuanto a lo material, tenemos más que de sobra. Por eso la he traído y aquí se quedará.

Madame Page, retorciéndose las manos, lanzó una mirada iracunda a Virginia. Todo esto era contrario a su manera de pensar con respecto a las costumbres sociales. ¿Qué diría el mundo? ¿Cómo iba a tolerar semejante familiaridad con la resaca de las calles? ¿Cuánto costaría a la familia la actitud de Virginia? ¿Cómo afectaría a su posición social y a toda esa larga lista de minuciosidades que la gente de la alta alcurnia debe cuidar, para mantenerse a la cabeza de la alta sociedad? Para Madame Page la sociedad era más importante que la Iglesia o que cualquier otra institución, una potencia a la cual hay que temer y obedecer y la pérdida de cuya buena voluntad es más temible que la de cualquier otra cosa, excepto las riquezas.

Allí estaba de pie y erguida, la airada matrona, lleno el rostro de altivez y la mirada de determinación. Virginia pasó su brazo alrededor de la cintura de Teresa, mirando tranquilamente a su abuela en el rostro.

—¡No lo harás, Virginia! Puedes enviarla al asilo de mujeres pobres. Podemos pagarle la pensión. Pero nuestra reputación nos impide albergar a semejante mujer.

—Abuela —dijo la joven con tanta amabilidad como firmeza—, me duele ocasionarte el más mínimo disgusto, pero Teresa se va a quedar aquí esta noche y todo el tiempo que me parezca conveniente.

—¡Entonces tú cargarás con las consecuencias! ¡Lo que es yo, no me quedo en una casa donde se albergue a una miserable!

La dama había perdido el dominio propio, y Virginia la interrumpió antes de que pronunciara la otra palabra, diciéndole:

—Abuela, estoy en mi casa. Tú sabes que está a tu disposición y que puedes permanecer en ella todo el tiempo que gustes. Pero en este asunto, quiero hacer lo que estoy convencida que Jesús haría si estuviese en mi lugar, y estoy dispuesta a soportar todo lo que la sociedad diga de mí o pueda hacerme. La sociedad no es mi Dios.

En comparación con el valor de esta pobre alma perdida, la opinión de la sociedad carece enteramente de valor para mí.

—¡No permaneceré aquí! —dijo la dama, dándose la vuelta rápidamente y marchándose hasta el extremo del vestíbulo. Luego volvió sobre sus pasos y, encarándose con la niña, le dijo con una expresión que revelaba su intensa excitación y apasionamiento— ¡Acuérdate siempre de que has arrojado de tu casa a tu abuela, despreciándola por una perdida! —Y luego, sin esperar respuesta, se marchó escaleras arriba.

Virginia llamó a una criada y pronto Teresa estuvo debidamente atendida. La pobre estaba cayendo en una condición miserable, en parte debido a su propio estado y en parte a la escena que acababa de presenciar, durante la cual se había asido con tanta fuerza al brazo de Virginia que se lo había dejado enteramente dolorido.

Virginia no sabía si su abuela se iría o no. Poseía riquezas, estaba perfectamente sana y vigorosa, enteramente capaz de valerse por sí misma; tenía hermanas y hermanos que vivían en estados vecinos y con los cuales acostumbraba a pasar algún tiempo todos los años. En cuanto a estas cosas, Virginia no tenía por qué preocuparse. Pero la escena del vestíbulo había sido muy penosa para ella, por más que al repasarla en su memoria, como hizo en su habitación antes de bajar a la mesa, no halló de qué acusarse. «¿Qué habría hecho Jesús?». Para Virginia no cabía ni la más mínima duda de que había obrado correctamente. Si algún error había cometido sería error de criterio, pero no de corazón. Cuando llegó la hora de ir a la mesa, bajó al comedor, pero su abuela no se presentó. Envió una criada a avisarle de que la comida estaba lista y aquella volvió diciendo que la señora había salido.

Pocos minutos después, entró Rollin y le dijo que la abuela había tomado el tren para el Sur. Él se hallaba en la estación despidiendo a unos amigos y, casualmente, se encontró con ella allí; añadió Rollin que ella le había informado del motivo de su partida.

Virginia y su hermano, cada uno en un extremo de la mesa, se miraron con rostros serios y entristecidos.

Virginia, por primera vez desde la conversión de su hermano, se dio cuenta de todo lo que el cambio maravilloso en la vida de aquel hombre significaba para ella. Fue ella quien rompió el silencio diciendo:

—¿He hecho mal, Rollin? ¿Soy digna de censura?

—No, querida, yo creo que no. Esto es muy penoso para nosotros, pero si tú crees que esta infeliz debe su salvación y seguridad a tus cuidados personales, no te queda otro camino. ¡Oh, Virginia! ¡Pensar que durante toda la vida nosotros hemos gozado egoístamente de toda esta comodidad y lujo, sin reparar en una inmensa multitud de seres semejantes a esta mujer! Seguramente, Jesús en nuestro lugar hubiese obrado como tú lo has hecho.

Con tales palabras, Rollin consoló a su hermana y luego estuvieron intercambiando ideas. De todos los cambios maravillosos que Virginia había de conocer en adelante, a causa de su compromiso de imitar a Jesús, ninguno la afectó tan poderosamente como el cambio de vida de su hermano; en realidad, aquel hombre era una nueva criatura en Cristo Jesús, las cosas viejas habían pasado y todo se había hecho nuevo mediante Cristo.

Aquella noche, vino el doctor West por aviso de Virginia y dio las indicaciones necesarias para el cuidado de la desgraciada mujer, que había estado embriagada hasta el delirio. Lo mejor que podía hacerse por ella, ahora, era rodearla de quietud, de muchos cuidados y de cariño personal. En obediencia a estos consejos, Teresa reposaba en una habitación hermosa, de una de cuyas paredes pendía un cuadro representando a Jesús andando sobre las aguas, cuadro que atraía constantemente la mirada de la náufraga de la vida, arrojada, sin saber cómo, a este puerto de paz y seguridad.

Mientras tanto, el Rectángulo esperaba con interés poco común el resultado de las elecciones. Los esposos Payne se lamentaban por la condición penosa de muchos de aquellos desgraciados que, no obstante las buenas intenciones manifestadas en la carpa, luego, rodeados de tentaciones por todos lados, vencidos por una lucha superior a sus fuerzas, se dejaban arrastrar como por un torbellino al abismo en el que antes se hallaban.

El «servicio complementario» era, ahora, cosa regularmente establecida en la Primera Iglesia. Enrique Ford penetró en el salón de actos públicos el domingo siguiente a la semana de la reunión con los electores y fue saludado con un entusiasmo que, al principio, le hizo temblar a causa de la sinceridad que percibía. Nuevamente notó la ausencia de Gaspar Chase, pero todos los demás estaban presentes y parecían unidos muy íntimamente por un lazo de unión que buscaba las confidencias mutuas y se gozaban en ellas. El sentimiento reinante era que el Espíritu de Jesús es espíritu de franca y expansiva confesión de experiencias. Parecía la cosa más natural del mundo el hecho de que Eduardo Norman estuviese relatando a todos sus experiencias acerca de los detalles de su diario.

—El hecho es que he perdido mucho dinero durante las tres últimas semanas. No puedo decir cuánto, pero sé que estoy perdiendo muchos subscriptores diariamente.

—¿Qué razones dan los subscriptores para dejar de comprar el diario? —preguntó el Rev. Ford. Todos los demás escuchaban atentamente.

—Son muchos y distintos los motivos que dan. Unos dicen que quieren un diario con noticias, entendiendo por esto las crónicas detalladas acerca de crímenes, las cosas sensacionales como el boxeo por dinero y toda clases de escándalos y horrores. Otros objetan contra la desaparición de mi antigua edición del domingo. Por esta sola causa he perdido centenares de subscriptores, aunque he hecho arreglos satisfactorios con muchos de los antiguos abonados, dándoles, en la edición extraordinaria del sábado, aún más de lo que antes les daba en la del domingo. El mayor perjuicio me lo ocasiona la pérdida de anuncios y la actitud que me he visto obligado a asumir en los asuntos políticos. Esto último realmente me ha ocasionado mayor pérdida que las demás cosas. La gran mayoría de mis subscriptores son muy partidistas. Debo confesarles con toda franqueza que si he de continuar con el plan que, honestamente, creo que Jesús seguiría en el asunto de las cosas políticas y el trato de las mismas desde un punto de vista enteramente moral y sin partidismos, *El Noticiero* no podrá pagar sus gastos, a menos que se pueda depender de cierto factor.

Hizo una breve pausa, en medio de un profundo silencio. Virginia parecía especialmente interesada en sus palabras. Su rostro estaba radiante de interés, tal como si hubiese estado pensando mucho en la misma cosa que Norman iba a mencionar ahora.

—Ese factor —continuó diciendo Norman— es el elemento religioso de Raymond. Dado el caso de que *El Noticiero* sufra grandes pérdidas a causa de ser rechazado por los que no tienen interés en un diario cristiano y por otros que consideran a los diarios como simples suministradores de toda clase de asuntos que les interesen y diviertan, ¿habrá bastantes cristianos verdaderos en Raymond que se apresuren a aportar su sostén a un diario tal como Jesús, probablemente, editaría? ¿O es que las costumbres de la gente están tan firmemente establecidas en sus exigencias acerca del tipo regular del periodismo que no se subscribirán a un diario, a menos que esté, en gran medida, despojado de propósitos morales y cristianos? También debo decir en esta reunión fraternal que, debido a recientes complicaciones en otros negocios que nada tienen que ver con el diario, he perdido la mayor parte de mi fortuna. La misma regla que he aplicado a la publicación del diario, es decir, la de la probable conducta de Jesús al respecto, la he aplicado a ciertos otros negocios que tenía entre manos con empresarios que no se preocupan de tales principios; y esto me ha ocasionado una enorme pérdida de dinero. Según lo entiendo yo, en nuestro compromiso de imitar a Jesús, no tenemos que preguntarnos nunca si la actitud que asumimos nos conviene o no, desde el punto de vista financiero, sino que toda nuestra conducta debe basarse sobre la pregunta:

«¿Qué haría Jesús en mi lugar?». De acuerdo con este criterio, me he visto obligado a perder casi todo el dinero que mi diario me había aportado. No hay para qué entrar en detalles. Después de las tres semanas de experiencia que he tenido, no me cabe duda de que muchísimos hombres perderían enormes cantidades de dinero si hubiesen de someterse honestamente a esta regla. Si menciono mis pérdidas aquí, es porque tengo plena fe en el éxito final de un diario dirigido de acuerdo al plan que recientemente me he trazado y que me he propuesto realizar, poniendo en ello toda mi fortuna, a fin de alcanzar el éxito final. Tal como marcho ahora, a menos que la gente religiosa de Raymond, los miembros de iglesia y otras personas tales, apoyen mi diario con subscripciones y anuncios, no podré continuar su publicación sobre la base actual.

Virginia, que había seguido con el mayor interés las palabras del Sr. Norman, preguntó:

—¿Quiere usted decir que un diario cristiano debiera ser subvencionado con un gran capital, como se hace con los colegios cristianos u otras instituciones semejantes, para colocarlo sobre una base de sostén propio?

—Eso es exactamente lo que quiero decir —contestó Norman—. He trazado mis planes para dar en *El Noticiero* tal variedad de materiales, en forma tan realmente interesante como útil, que reemplazaría con creces todo lo que faltara en sus columnas de material inadecuado al espíritu cristiano. Pero mis planes exigen una gran inversión de fondos. Tengo plena confianza en que un diario cristiano, tal como Jesús aprobaría, conteniendo los materiales que a mí me parece que Él aceptaría para un diario suyo, puede constituir un éxito financiero si se lo maneja como es debido. Pero se requiere una gran cantidad de dinero para desarrollar el plan.

—¿Cuánto? —preguntó Virginia tranquilamente.

Eduardo Norman le dirigió una mirada profunda, mientras su rostro se encendía por un instante, como si hubiese adivinado el pensamiento de la joven. Él la había conocido, siendo ella niñita en la Escuela Dominical y había tenido estrechas relaciones comerciales con su padre.

—Me parece —contestó— que en una ciudad como Raymond se requeriría medio millón de dólares para establecer un diario como el que me propongo.

—Entonces —respondió Virginia, hablando como si expresase un pensamiento bien maduro—, yo estoy pronta a colocar esa cantidad de dinero en el diario, con la condición, naturalmente, de que se siga con fidelidad el plan trazado.

—¡Gracias a Dios! —exclamó el pastor Ford. Eduardo Norman estaba sumamente emocionado.

Los demás miraban a Virginia, quien, dirigiéndose a ellos, les dijo:

—Mis buenos amigos, no quiero que ninguno de vosotros piense en elogiar mi acción como un acto de gran generosidad o filantropía. Hace unos días que he llegado a darme cuenta de que los bienes que hasta ahora había considerado como de mi pertenencia, no son míos sino de Dios. Si yo, como mayordomo suyo, descubro alguna manera prudente de invertir su dinero, no hay motivo en esto para gloriarme o para que nadie me lo agradezca, puesto que no habré hecho nada más que administrar honradamente lo que Él me ha confiado con objeto de que lo use para su gloria. Hace ya varios días que he estado pensando, exactamente, en un plan como el que aquí se ha propuesto hoy. El hecho es, amigos míos, que en nuestra próxima lucha con las fuerzas de la taberna, lucha que recién se inicia, necesitamos *El Noticiero* para apoyar nuestra causa. Ninguno de vosotros ignora que todos los demás diarios favorecen a los expendedores de bebidas alcohólicas. Y yo comprendo que mientras exista el actual estado de cosas, la obra de rescatar almas perdidas se llevará a cabo con grandes desventajas. ¿Qué puede hacer el señor Payne con sus servicios evangélicos, cuando la mitad de sus conversos pertenecen a la clase bebedora y por cualquier calle que transiten en el barrio en el que viven tropiezan con una taberna en cada esquina? Necesitamos un diario cristiano. Abandonar *El Noticiero* a sus solas fuerzas sería entregarnos en manos del enemigo. Tengo gran confianza en la capacidad del Sr. Norman. No he visto sus planes, pero comparto su confianza en el éxito de tal diario si tiene la suficiente base financiera. No puedo creer que en el periodismo la capacidad cristiana sea inferior a la no cristiana, aun en lo que concierne a conseguir que el diario se sostenga por su propio esfuerzo. Tal es el motivo que tengo para colocar este dinero, que es de Dios y no mío, en esta empresa poderosa, a fin de realizar lo que Jesús haría. Si podemos continuar por un año la publicación de tal diario, estoy dispuesta a emplear en ese experimento la cantidad de dinero que he mencionado. Pero no me lo agradezcáis ni consideréis que realizo una gran hazaña. ¿Qué he hecho yo con el dinero de Dios, durante todos estos años, aparte de gratificar egoístamente mis propios deseos personales? ¿Qué podré hacer con lo que aún me queda sino tratar de reparar, en alguna medida, el mal que he hecho al distraer del servicio de Dios lo que es suyo? Esta es mi manera de pensar, ahora, pues, creo que Jesús obraría de esta manera.

Por unos instantes nadie habló. Enrique Ford, de pie frente a sus amigos, que tenían la vista clavada en él, experimentó la misma sensación que ya otras veces había sentido, algo así como un extraño retorno al primer siglo de la Iglesia, cuando los discípulos tenían todas las cosas en común. Un espíritu de comunión semejante al que gozaban los primeros cristianos —y que la Primera Iglesia de Raymond jamás había conocido— se cernía sobre aquel grupo de hombres y mujeres consagrados. Había allí un espíritu de compañerismo y de fraternidad que nunca antes habían conocido; este espíritu les embargaba mientras Virginia estuvo hablando y durante los instantes de silencio que se siguieron.

Todo esto estaba comprendido en la ola de poder espiritual que en ellos producía un efecto análogo al que los milagros físicos debieron producir en los primitivos discípulos, comunicándoles una sensación de confianza en su Señor que les capacitaba para afrontar las pérdidas y el martirio con valor y hasta con gozo.

Antes de despedirse, hubo varias otras confidencias análogas a la de Eduardo Norman. Algunos de los jóvenes contaron que habían perdido sus empleos por ser fieles a su promesa. Alejandro Poer mencionó brevemente el hecho de que la Comisión Investigadora había prometido expedirse a la brevedad posible. Él estaba ocupando ahora su antiguo puesto de telegrafista. Un hecho significativo era que desde el día de su renuncia de su importante puesto en el ferrocarril, ni su esposa ni su hija habían aparecido en público. Solo él sabía la amargura que le ocasionaba aquella conducta de su familia, la cual era incapaz de comprender los elevados sentimientos que le impulsaban. Sobre muchos de los discípulos presentes pesaban cargas de la misma índole. Estas eran cosas de las que no podían hablar allí. El Rev. Ford, conociendo, como conocía, a su iglesia, estaba casi seguro de que la obediencia al compromiso asumido había producido divisiones en las familias, pérdidas de relaciones y hasta enemistades. Verdaderamente, como dice el Evangelio, «los enemigos del hombre serán los de su casa» cuando las reglas de vida dictadas por Jesús son obedecidas por algunos y desobedecidas por los demás. Jesús es un gran separador de vidas. Uno tiene que marchar en línea exactamente paralela a Él o, de lo contrario, atravesarse en su camino.

Pero más que ningún otro sentimiento, en aquella reunión reinó el sentimiento de la comunión mutua. Enrique Ford observaba esto temblando por el resultado de su culminación, al que, bien comprendía, no se había llegado aún.

Cuando se alcanzase, ¿adónde los conduciría? Él lo ignoraba, pero no se alarmaba mayormente al respecto. Lo que sí hacía era observar con creciente sorpresa los resultados que la obediencia al simple compromiso tomado iba operando en las vidas de aquellas personas. Estos resultados ya se sentían por toda la ciudad. ¿Quién podría medir la influencia que ejercería en el transcurso del año?

Cuando terminó la reunión, todos rodearon a Eduardo Norman, manifestándole que habían entendido su posición y que podía contar con ellos. El valor de semejante diario para los hogares y en pro del bien público general, como, especialmente, en la crisis política en que se hallaban, era inmenso. Faltaba ver lo que podía hacerse ahora que el diario había sido tan generosamente subvencionado. Pero el hecho permanecía, y Norman insistía en que el dinero solo no bastaba para constituir el diario en una potencia; era menester que gozara del apoyo y la simpatía de la gente piadosa de Raymond antes que pudiera considerársele como una de las grandes fuerzas cristianas de la ciudad.

La semana que siguió a la reunión de este domingo fue de mucha excitación en Raymond, pues era la semana de las elecciones. Donaldo Marsh, fiel a su promesa, cargó con su cruz y la llevó varonilmente, aunque temblando, gimiendo y hasta con lágrimas, pues sus más profundas convicciones habían sido afectadas, dando como resultado la ruptura de los lazos con los que gratamente se había atado por tantos años al retiro del erudito, un desarraigo que le costó más abnegación que ninguna otra cosa que jamás hubiese hecho como discípulo de Cristo. Le acompañaban unos cuantos profesores del Colegio que, también, habían hecho la promesa en la Primera Iglesia, la experiencia y sufrimientos de los cuales era análoga a la de su director, porque su alejamiento de los asuntos políticos había sido igual al de aquel. Lo mismo era cierto acerca del Rev. Ford, que se introdujo en las repugnantes escenas contra el alcohol y sus aliados, temiendo diariamente el instante del encuentro. Nunca había llevado semejante cruz y vacilaba bajo su peso. En sus momentos de retiro, literalmente sudaba y se estremecía al pensar en las experiencias desconocidas que le esperaban. No era un cobarde, pero sentía el temor que cualquier hombre de su condición experimenta al hallarse confrontado, de repente, con deberes a los cuales están aparejadas ciertas cosas tan enteramente extrañas para él que al pretender realizarlas pondría de manifiesto su ignorancia al respecto y le llenarían de vergüenza y humillación, tanto más cuando uno tiene que vérselas con las mistificaciones y patrañas de los prevaricadores que tanto abundan en los partidos apoyados por la corrupción.

Cuando llegó el día de las elecciones, un sábado, la excitación llegó al colmo. Se hizo una tentativa para cerrar todas las tabernas durante las horas de las elecciones, pero solo se obtuvo un éxito parcial, y durante todo el día hubo un gran consumo de bebidas alcohólicas. El Rectángulo era un hervidero de orgía y de blasfemia, que vomitaba sus elementos hacia la ciudad, camino de las urnas. El señor Payne había continuado sus reuniones durante la semana, con éxito aun mayor del que se hubiera atrevido a esperar. Cuando llegó el sábado, parecía como si su obra hubiese llegado a una crisis. El Espíritu Santo y el demonio del ron parecían trabados en desesperado combate. Cuanto mayor interés se manifestaba dentro de la carpa, mayor ferocidad y vileza se notaba en las tabernas. Los taberneros ya no ocultaban sus sentimientos y eran frecuentes las amenazas violentas. En una ocasión durante la semana, el evangelista y su pequeño grupo de cooperadores fueron asaltados con piedras y otros objetos al retirarse de la carpa tarde en la noche. La policía envió auxilio las demás noches; Virginia y Raquel estuvieron siempre bajo la protección de Rollin o del Dr. West. El poder de Raquel, en el canto, no había disminuido; por el contrario, noche a noche parecía añadir algo a la intensidad y realidad de la presencia del Espíritu.

Al principio, Payne había vacilado en celebrar la reunión el sábado por la noche, pero, obedeciendo a la regla de acción que regía sus actos, es decir, creyéndose guiado por el Espíritu, celebró la reunión como de costumbre. La excitación en toda la ciudad llegó a su colmo al cerrarse las urnas a las seis de la tarde. Jamás había habido lucha semejante en Raymond. La cuestión de «mojado» o «seco» nunca había sido de dudoso resultado en una elección. Nunca se habían hallado frente a frente, en una elección en Raymond, elementos como los que tomaron parte en esta. Jamás se había oído que el presidente del Liceo Lincoln, el pastor de la Primera Iglesia, el deán de la catedral y otros elementos profesionales, de elevada posición, acudieran personalmente a los atrios y con su presencia y ejemplo representaran la conciencia cristiana de la ciudad. Los políticos estaban atónitos, por más que esto no impidiera sus actividades. La lucha se hacía más y más recia, a cada hora que pasaba; y cuando dieron las seis en punto, ninguno de los dos bandos hubiese podido adivinar el resultado con mediana certidumbre. Todo el mundo estaba de acuerdo en que nunca había habido elecciones semejantes en Raymond, y todos esperaban con el mayor interés el anuncio de sus resultados.

Eran más de las diez de la noche cuando terminó la reunión en la carpa. Había sido una reunión extraña por más de un motivo. Enrique Ford había estado presente, a pedido de Payne. Estaba enteramente exhausto por los trabajos del día, pero no pudo resistirse a la petición del evangelista. Donaldo Marsh también estuvo presente. Nunca había estado en el Rectángulo, y su curiosidad se despertó por lo que había notado acerca de la influencia del evangelista en la peor parte de la ciudad. El Dr. West y Rollin habían venido con Raquel y Virginia. Teresa, enteramente sobria, llena de humildad y de algo así como temor de sí misma, estaba cerca del órgano, totalmente apegada a Virginia. Durante todo el servicio mantuvo la cabeza inclinada, derramando lágrimas, y sus sollozos se hicieron audibles cuando Raquel cantó el himno:

> *Yo era una oveja extraviada,*
> *Cuando Cristo me buscó;*
> *Por salvarme del infierno,*
> *Él su sangre derramó.*

La pobre mujer parecía asirse, como de alguna cosa tangible, de la esperanza que había encontrado, escuchando las oraciones, exhortaciones y confesiones que se hacían a su alrededor, experimentando la sensación de pertenecer a una creación nueva y, sin embargo, atreviéndose apenas a considerarse con derecho a participar plenamente en ella.

La carpa rebosaba de gente. Como en algunas otras ocasiones, había habido más o menos disturbio en el exterior, que había aumentado a medida que la noche avanzaba, y Payne consideró prudente no prolongar el servicio. De vez en cuando repercutía en el interior del recinto el rumor de lejanos gritos. Era porque los resultados de las elecciones comenzaban a conocerse y el Rectángulo había vomitado a las calles todos los moradores de sus tugurios, así como de sus tabernas y demás antros de perdición.

A pesar de las molestias y distracciones, el canto de Raquel mantenía a la multitud en la carpa. Hubo unas diez o doce conversiones. Finalmente el auditorio se puso más y más inquieto y Payne terminó el servicio permaneciendo, después, un ratito con los conversos.

Raquel, Virginia, Teresa, Rollin, el Doctor, el presidente Marsh y Enrique Ford, salieron juntos con la idea de ir a esperar su tranvía como de costumbre. Pronto se dieron cuenta de que todo el Rectángulo se hallaba bajo una excitación indecible, producida por una orgía de alcohol. Al tratar de abrirse paso por entre las multitudes en las estrechas callejuelas, comenzaron a darse cuenta de que ellos mismos llamaban la atención de todos.

—¡Es ese! ¡Ese del sombrero de tres pisos! ¡Ese es el jefe! —gritó una voz grosera. Señalaba al presidente Marsh, quien, a causa de su figura esbelta, se hacía notable entre los que le acompañaban.

«¿Qué habrá resultado de las elecciones? ¿Aún no se sabrá nada?». Esta pregunta hecha por el señor Marsh en voz alta fue contestada por un transeúnte, que exclamó:

—¡Dicen que la segunda y tercera listas, en su casi totalidad, han favorecido a los «secos»! Si eso es así, las tabernas están derrotadas.

—¡Gracias a Dios! ¡Ojalá sea cierto! —exclamó el Rev. Ford; pero apenas había acabado de decir estas palabras, cuando, dirigiéndose a sus acompañantes, dijo al profesor— Marsh, estamos en peligro aquí. ¿Se da cuenta de la situación? Debemos sacar a las señoras de aquí.

—¡Es cierto! —contestó el profesor, muy serio. Y no había terminado de decirlo cuando una lluvia de cascotes y otros proyectiles cayó sobre ellos, al mismo tiempo que notaban que la callejuela que debían cruzar estaba literalmente bloqueada por una masa humana, formada por los peores elementos del Rectángulo.

—¡Esto es muy grave! —dijo Ford, pugnando, junto con Marsh, Rollin y el Dr. West, por abrir paso a las mujeres que acompañaban y luego seguirlas, sin separarse de ellas, dándose cuenta del peligro que corrían. El barrio entero estaba ebrio, bramando furiosamente y veía en Marsh y en Ford a los dos principales dirigentes del partido que, probablemente, les había despojado de su querida taberna.

—¡Abajo los aristócratas! —chilló una voz que más parecía de mujer que de hombre. Y a esto siguió una lluvia de cascotes y de trozos de barro. Horas más tarde, pensando en este incidente, Raquel recordó que Rollin, en ese instante, rápido como una saeta, había saltado a ponerse delante de ella, recibiendo en el rostro, la cabeza y el pecho numerosos golpes que la hubiesen tocado a ella, de no haber sido escudada por el rápido movimiento del joven.

En ese preciso instante, antes que la policía apareciera, Teresa se desplomó contra Virginia, empujándola al caer y lanzando un grito, al mismo tiempo que dirigía la mirada hacia arriba y caía pesadamente sobre el pavimento. La cosa pasó tan rápidamente que nadie pudo ver al autor del hecho; pero lo que sucedió fue que de los altos de la misma taberna de la que, días antes, saliera Teresa tambaleándose, habían lanzado contra ésta una pesada botella que dio de lleno sobre su cabeza y la derribó.

Virginia se dio vuelta rápidamente, arrodillándose al lado de la herida, en el instante en el que aparecía la autoridad.

El señor Marsh levantó el brazo y clamó con tal voz, que sobrepujó el barullo de la muchedumbre:

—¡Deteneos! Habéis dado muerte a una mujer.

Aquel anuncio calmó a la muchedumbre.

—¿Es verdad eso? —preguntó Enrique Ford al Dr. West que, arrodillado en el suelo, examinaba a la herida.

—Se está muriendo —contestó el Doctor consternado.

Teresa abrió los ojos y sonrió a Virginia, que trataba de enjugar la sangre que corría abundante por su rostro. Al ver aquella mirada extraña y significativa, Virginia estampó en sus labios un beso. Teresa le sonrió nuevamente y un instante después su alma penetraba en el paraíso…

VII

«El que me sigue, no andará en tinieblas»

(Juan 8:12).

El cuerpo de Teresa fue velado en el palacio de los Page. Eran las primeras horas de la mañana del domingo y el aire embalsamado con el perfume de las flores al derramarse por la ciudad penetró por una de las ventanas del gran *hall* y llenó con su aroma el ataúd aún abierto. Sonaban las campanas de la iglesia, y la gente que, por la Avenida, acudía a esa llamada, dirigía curiosas miradas a la casa donde estaba el cuerpo y conversaba con aire misterioso acerca de los recientes acontecimientos que de una manera tan rara habían venido a hacer época en la historia de la ciudad.

En la Primera Iglesia, el Rev. Ford —llevando en su rostro señales notables de la escena de la que había sido protagonista la noche anterior— se halló delante de una inmensa congregación, a la cual habló con tal apasionamiento y vigor —como era natural después de las profundas experiencias de la noche anterior—, que su auditorio experimentó por él algo de la antigua sensación de orgullo que antes experimentaba a causa de sus modales dramáticos. Pero ahora, todo en su actitud era natural. Y en todo su apasionado discurso de aquella mañana, había una nota de tristeza, de censura y de franca y severa condenación, que hizo palidecer a muchos, sintiendo la conciencia aguijoneada, unos acusándose a sí mismos y otros airándose contra el predicador a causa de las verdades que decía. Porque el hecho es que la ciudad de Raymond, al despertar aquel domingo, se dio cuenta de que nuevamente y a pesar de los esfuerzos de unos cuantos hombres de corazón, el partido alcoholista había triunfado. El rumor que habían escuchado en el Rectángulo había sido falso, aunque, realmente, los adversarios habían alcanzado la victoria por muy pequeña mayoría. Pero es claro que, pequeño o grande, el resultado era igual. Y este resultado era una condenación viva de la conducta de la gente piadosa de Raymond. Más de cien sedicientes cristianos —profesantes discípulos de Jesús— no habían ido a votar, y un número mucho mayor que ese había votado en favor de los partidarios del *whisky*. Si todos los hombres afiliados a las iglesias, en Raymond, hubiesen votado contra la taberna, esta habría sido proscripta en lugar de ser coronada dueña del poder municipal. La taberna, pues, era dueña de la situación. Esto era un hecho innegable. ¿Qué de la mujer herida de muerte por la misma mano que había cooperado a su ruina moral y física? ¿Acaso esta tragedia no era otra cosa que la consecuencia lógica de la ley protectora del expendio de bebidas alcohólicas que acababa de prolongarse por un año más, protegiendo a la misma taberna desde la cual se había herido de muerte a Teresa? Y en favor de esta clase de «comercio legal» había votado la «gente cristiana» de Raymond, sin importarle, aparentemente, la continuación de la existencia de antros que, antes de finalizar el año, serían el medio de la destrucción temporal y eterna de un centenar de Teresas.

Todo esto y otras cosas por el estilo —con voz que a veces parecía un rugido y, a veces, era temblorosa y entrecortada por sollozos de angustia a causa de los resultados de las elecciones— dijo Enrique Ford a su auditorio aquella mañana. Hubo hombres y mujeres que lloraron mientras él hablaba. Allí estaba sentado Donaldo Marsh, pero su porte habitual, erguido, su rostro lleno de firmeza, satisfacción y confianza propia, habían desaparecido; su cabeza estaba inclinada sobre el pecho y gruesas lágrimas corrían por sus mejillas sin que él pareciera darse cuenta de que se hallaba en un servicio público. Cerca de él estaba Eduardo Norman, la cabeza erguida, mostrando su hermoso perfil, pero sus labios temblorosos y una de sus manos asiendo nerviosamente el brazo del asiento, a impulsos de la emoción que su alma experimentaba al reconocer la verdad de lo que el pastor decía. Nadie había sufrido más o hecho mayor sacrificio que él durante la última semana, tratando de influir en la opinión pública. Sin embargo, la idea de haber comenzado demasiado tarde a despertar la conciencia del público, o de haberlo hecho demasiado débilmente, le oprimía el corazón y le hacía acusarse a sí mismo, preguntándose si los resultados de las elecciones no habrían sido muy distintos si, de largo tiempo atrás, él hubiese hecho lo que Jesús hubiera hecho. En tal caso, se decía a sí mismo, ¿qué no habría podido realizarse a estas horas?

Allá arriba, en el coro, Raquel, con el rostro inclinado sobre la artística baranda de roble, daba expansión a sentimientos que nunca antes había permitido que la dominaran, tanto que cuando el Rev. Ford terminó su sermón y ella trató de cantar el solo que habitualmente seguía a la oración, la voz le falló y, por primera vez en la vida, se vio obligada a sentarse sollozando, sin poder cantar.

En medio del silencio que siguió a esta escena, por todas partes en el auditorio se oyó el rumor de sollozos. Ahora que afloraban estos sinceros sentimientos a la superficie, los corazones se daban cuenta del significado de ser discípulos de Cristo.

Aquella mañana, el Rev. Ford no preguntó si había quienes desearan unirse a los que ya se habían comprometido a gobernar su conducta de acuerdo con lo que creían que Jesús haría si estuviera en su lugar. Pero cuando la congregación terminó de salir y Enrique Ford pasó al salón de actos públicos, le bastó una mirada para darse cuenta de que el grupo había aumentado mucho. La reunión fue muy tierna y la presencia del Espíritu era palpable. Todos los presentes manifestaron una resolución decidida y ardiente de luchar contra el poder del alcohol hasta destruir su reinado en Raymond. Hasta entonces las reuniones del grupo se habían caracterizado por diversos impulsos o impresiones. Ahora, la fuerza unida de todo el grupo parecía consagrarse a este gran objeto. Fue una reunión llena de oraciones entrecortadas, de arrepentimiento, de confesión y de ardientes deseos de mejora en la vida de la ciudad y, especialmente, un clamor por ser librados de la maldición representada por la taberna y sus aliados.

Si la Primera Iglesia estaba profundamente conmovida por los acontecimientos de la semana anterior, el Rectángulo —a su manera— no lo estaba menos. En sí misma, la muerte de Teresa no era un hecho notable, pero su reciente relación con la gente de la ciudad le comunicaba una prominencia especial y rodeaba su muerte de una importancia extraordinaria. Todo el barrio del Rectángulo sabía que, en esos instantes, el cuerpo de Teresa era velado en el palacio de los Page, en la Avenida. Se habían esparcido noticias exageradas acerca del lujo del ataúd y la gente hacía correr chismes al respecto, todos querían conocer detalles sobre la forma en que se llevaría a cabo el servicio fúnebre. ¿Sería público? ¿Qué pensaba hacer la señorita Virginia? Nunca se había mezclado el Rectángulo con la aristocracia de la Avenida. Naturalmente, las oportunidades para hacerlo no eran frecuentes. Los evangelistas Payne eran asediados por todos los que buscaban información acerca de los parientes y amigos de Teresa, a fin de cumplir con su último deber para con ella.

Así fue que el lunes a la tarde se celebró en la carpa el servicio fúnebre de Teresa, ante un gran auditorio que llenaba por completo el recinto y se aglomeraba hasta gran distancia en sus alrededores. El señor Payne, después de verse con Virginia y con el Rev. Ford, era quien había hecho los arreglos.

—Soy y siempre he sido contrario a grandes multitudes en los servicios públicos funerarios —dijo Payne, cuya completa sencillez de carácter era uno de los grandes manantiales de su fortaleza—, pero el clamor de aquellos que conocieron a Teresa es tan ardiente que no se les podría rehusar la satisfacción del deseo de lo que consideran un último deber para con ella. ¿Qué le parece, Rev.

Ford? Quisiera seguir su consejo en este asunto. Estoy convencido de que lo que usted y la señorita Page determinen será lo mejor.

—Soy de la misma opinión que usted —contestó Ford—. En circunstancias ordinarias, soy contrario a lo que no parece ser más que una ostentación. Pero este caso es distinto. La gente del Rectángulo no vendría a este palacio, y me parece que la manera más en armonía con el espíritu cristiano de satisfacerles será celebrar el servicio mortuorio en la carpa. ¿Qué le parece a usted, Virginia?

—Sí —dijo Virginia con tristeza—, pobrecita, quizá algún día descubra que ella dio su vida por mí... Ciertamente no queremos ostentaciones vulgares, pero debemos condescender al deseo de sus amigos. No veo ningún daño en ello.

De modo que, venciendo algunas pequeñas dificultades, se hicieron los arreglos para celebrar el servicio en la carpa. Virginia junto a su tío y Rollin, acompañados por Ford, Raquel, el presidente Marsh y el cuarteto de la Primera Iglesia, asistieron al servicio y presenciaron una de las escenas más conmovedoras que jamás hubiesen visto, y que un reportero de un diario de otro Estado, que se hallaba de paso por Raymond, relató de esta manera:

Se celebró aquí, esta tarde, un servicio fúnebre bastante raro e inusitado, en la carpa de un evangelista, el Rev. Jorge Payne, en un barrio de no muy buena fama, conocido con el nombre de «El Rectángulo». Este acto tuvo lugar con motivo de la muerte de una mujer en un tumulto ocasionado por las elecciones el sábado pasado por la noche. Parece que hacía poco que se había convertido a Jesús, gracias a la obra del evangelista, y fue muerta al volver de un servicio en compañía de otros conversos y de algunos de sus amigos. Había sido una asidua concurrente de la taberna y, sin embargo, el servicio en la carpa fue tan impresionante como el que jamás se hubiera presenciado en un templo si se hubiera tratado del más distinguido ciudadano.

En primer lugar, un coro bien entrenado entonó un cántico precioso, llamándome grandemente la atención oír en semejante sitio voces que uno solo espera escuchar en las grandes iglesias o en los conciertos de primer orden. Pero lo más sorprendente en la cuestión de la música fue un solo cantado por una señorita extraordinariamente hermosa, cierta señorita Larsen, quien, si mal no recuerdo, es la joven soprano que Grandal, el empresario de la Ópera, se esforzó por conseguir para su teatro, y la cual se negó a trabajar en el teatro, rechazando toda clase de ofertas. Su canto era realmente maravilloso, y antes que hubiese cantado la mitad de una estrofa de un himno, las lágrimas corrían por todas las mejillas. Naturalmente, no es extraño producir semejante efecto en un servicio fúnebre, pero es indudable que aquella voz es de las que hay muy pocas. Entiendo que esta señorita canta en la Primera Iglesia y me parece que podría aspirar a cualquier sueldo como cantante pública, y probablemente no pasará mucho tiempo sin que oigamos hablar de ella, pues una voz como la suya puede abrirse paso en cualquier parte.

Al margen del carácter del canto, aquel servicio tenía algo singular. El evangelista, hombre de un estilo sencillo y sin ninguna pretensión, habló algunas palabras, siguiéndole con un discurso el Rev. Enrique Ford, hombre de porte muy distinguido y pastor de la Primera Iglesia de Raymond. El señor Ford se refirió al hecho de que la muerta había estado preparada espiritualmente para su partida. Luego habló con mucha sensibilidad acerca del efecto del tráfico licorero sobre la vida de aquellos hombres y mujeres. Naturalmente, Raymond, siendo una ciudad cabecera de ferrocarriles y centro de intercambio de frutos de esta región, está llena de bares. De las palabras del pastor, deduje que es solo en época reciente que él ha cambiado de opinión al respecto, declarándose enteramente contrario a las leyes favorables al tráfico licorero. Realmente su discurso fue notable, y no puede decirse que fuera inadecuado para un servicio fúnebre.

Vino después lo que, quizá, podamos llamar la parte más inusitada de este extraño servicio. Muchas de las mujeres presentes, al menos la mayor parte de las que rodeaban el ataúd, comenzaron a cantar en voz suave y llorosa el himno:

Triste oveja y extraviada era yo,
Cuando Cristo me buscó.
Por salvarme del infierno,
Él su sangre derramó.

Luego, mientras el cántico proseguía, una fila de mujeres se puso de pie, y marchando lentamente alrededor del ataúd, cada una de ellas colocó una flor sobre él. Seguidamente se levantó otra y luego otra fila haciendo lo mismo; y durante todo ese tiempo continuaba apaciblemente el cántico del himno, produciendo un efecto semejante al de la lluvia que cae lentamente sobre una tela cuando hay poco viento. Fue aquella una de las escenas más sencillas y a la vez impresionantes que yo haya presenciado jamás. Los costados de la carpa habían sido levantados y centenares de personas que no pudieron entrar permanecían en el exterior, tan silenciosos y quietos como si estuvieran muertos, conservando una compostura y manteniendo un aspecto de solemnidad verdaderamente maravilloso, tratándose de tal clase de gente. Debía de haber un centenar de mujeres en el interior, y me dijeron que muchas de ellas se habían convertido en las reuniones recientemente celebradas por el evangelista. No puedo describir el efecto de aquel cántico. Ni un solo hombre cantaba. Todas eran voces de mujer, y tan suaves y tan claras, que el efecto era asombroso.

El servicio terminó con otro solo de la señorita Larsen, que cantó el himno: «Noventa y nueve ovejas son».

Después de esto, el evangelista pidió a todos que inclinaran las cabezas, en tanto que él oraba. Yo me vi obligado a irme durante la oración, para alcanzar mi tren, y lo último que pude ver de aquella escena fue —dentro ya del tren que pasaba cerca de allí— aquella gran multitud saliendo de la carpa y formándose en filas para acompañar al féretro, que era conducido por seis mujeres. No recuerdo haber visto nunca un cuadro semejante en esta república tan prosaica.

Si el sepelio de Teresa impresionó de semejante manera a un forastero como aquel periodista, fácil es imaginar la profunda sensación que produciría en los que habían estado íntimamente relacionados con ella. El Espíritu Santo pareció bendecir con singular potencia aquel servicio; en la reunión que se celebró aquella noche, una multitud de almas, mayormente de mujeres, fue atraída al redil del Salvador.

La taberna desde la cual se arrojó la botella que mató a Teresa estuvo cerrada dos días y su dueño fue arrestado, pero no se pudo probar nada contra él; su nefando tráfico continuó, y nadie en la tierra fue castigado por jueces humanos por el asesinato de Teresa.

Nadie en el mundo sintió la muerte de Teresa más vivamente que Virginia. Para ella fue algo así como la pérdida de un pariente cercano. La breve semana que aquella mujer había estado a su lado había abierto el corazón de Virginia a una nueva vida.

—Voy a hacer algo con mi dinero, para ayudar a estas mujeres a llevar una vida mejor —confesó Virginia a Raquel, una vez que terminó el funeral de Teresa—. He meditado un buen plan, según me parece, y he hablado acerca de ello con Rollin. Él también va a consagrar buena parte de su dinero al mismo asunto.

—¿De cuánto dinero hablas? —preguntó Raquel. En otros tiempos, no se habría permitido preguntar acerca de asuntos tan personales, pero ahora le parecía tan natural hablar con franqueza acerca del dinero como de cualquier otra cosa perteneciente a Dios.

—Dispongo para este objeto de, al menos, unos cuatrocientos cincuenta mil dólares, y Rollin de otro tanto. Uno de sus actuales pesares es pensar que en sus derroches, antes de convertirse, ha malgastado casi la mitad de lo que papá le dejó. Los dos nos afanamos por reparar el mal, en cuanto sea posible. «¿Qué haría Jesús con este dinero?». Queremos responder a esta pregunta, honesta y sabiamente. Emplear dinero para ayudar a *El Noticiero* es cosa que nosotros creemos que Jesús, indudablemente, haría. En cuanto a ese punto, estoy convencida de que el medio millón de dólares que el Sr. Norman sabrá usar bien constituirá un factor poderoso en Raymond para cumplir lo que Jesús haría. En cuanto a mi otro plan, Raquel, quiero que cooperes conmigo. Rollin y yo vamos a comprar una gran área de propiedad en el Rectángulo. El campo donde está ahora plantada la carpa, está en pleito desde hace años, y tenemos la intención de comprar todo ese terreno tan pronto como los jueces fallen el asunto. Hace tiempo que estoy haciendo un estudio especial de las varias formas de fundación de colegios y métodos de internados y otras obras sociales cristianas en el corazón mismo de los barrios más ruinosos de las ciudades. No creo poder decir aún que esté decidida acerca de la clase de obra que sea más prudente y conveniente realizar en Raymond. Pero esto sé: con mi dinero (quiero decir, el de Dios, que Él quiere que yo use) se pueden construir alojamientos, refugios para mujeres pobres, asilos para muchachas obreras, sitios de seguridad para desgraciadas como Teresa. Y no quiero ser una simple contribuyente de este dinero. ¡Dios me libre! Quiero darme yo misma a esa obra. Pero ¿sabes, Raquel?, todo el tiempo me acosa la idea de que todo lo que la abundancia del dinero y lo ilimitado del sacrificio personal puedan realizar, por mucho que sea, no va a disminuir gran cosa las terribles condiciones del Rectángulo mientras existan allí bares, legalmente establecidos; y creo que lo que digo de allí es, igualmente, aplicable a toda obra social cristiana que se realiza en cualquier ciudad. El bar, la taberna y todo expendio de bebidas alcohólicas producen material para ser salvado (almas y cuerpos arruinados) con mayor celeridad que la que cualquier asilo, refugio o casas de rescate pueden desplegar para salvarlas.

Virginia se levantó de su asiento y se paseó durante un instante por el vestíbulo. Raquel contestó con tristeza, aunque no sin una nota de esperanza:

—Es muy cierto; pero ¡oh, cuánto bien puede hacerse, cuánta felicidad sembrarse, con ese dinero! Y los negocios de bebidas no permanecerán para siempre. ¡Vendrá el día cuando las fuerzas cristianas de esta ciudad triunfarán!

Virginia se detuvo cerca de Raquel, y su rostro pálido y serio se iluminó, mientras decía:

—Yo también creo eso. El número de los que prometen hacer lo que Jesús haría aumenta diariamente. Si llegamos a tener, siquiera, quinientos creyentes de esta clase en esta ciudad, ¡el tráfico licorero desaparece! Ahora, querida, quiero que consideres la parte que deseo que tomes en mi plan para posesionarnos del Rectángulo y salvarlo. Tu voz es una potencia. He tenido muchas ideas últimamente. He aquí una de ellas: tú podrías organizar un instituto musical para las muchachas, dándoles, así, los beneficios de tus conocimientos; hay algunas espléndidas voces entre ellas. ¿Quién ha escuchado jamás un canto como el de esas mujeres ayer? ¡Raquel, qué hermosa oportunidad! Tendrás un excelente órgano y otros instrumentos y hasta orquesta, y ¿qué no se puede hacer con música para elevar esas almas a una vida mejor y más pura?

Antes que Virginia dejara de hablar, el rostro de Raquel se había transfigurado con la perspectiva de semejante ocupación para su vida. Este pensamiento llenó su corazón y mente de gran gozo, y sus sentimientos se desbordaron en un torrente de lágrimas que le fue imposible contener. Aquello era, justamente, lo que había constituido sus sueños; representaba para ella algo que en lo íntimo de su ser sentía que armonizaba perfectamente con un empleo correcto de su propio talento.

—¡Sí! —dijo, levantándose y rodeando con un brazo el cuello de Virginia— ¡Sí, con gozo consagraré mi vida a semejante servicio! Creo firmemente que Jesús querría que yo empleara mi vida de esta manera. ¡Oh, Virginia! ¡Qué milagros no podremos realizar en beneficio de la humanidad, poseyendo, para mover las cosas, una palanca tal como lo es el dinero en abundancia y consagrado a Dios!

—Añade a eso la consagración a Dios de un entusiasmo personal como el tuyo, y ciertamente se pueden realizar grandes cosas —respondió sonriendo Virginia. Y antes de que Raquel pudiera contestar, entró Rollin.

El joven vaciló por un instante, dirigiéndose hacia su estudio; pero Virginia le llamó, haciéndole algunas preguntas acerca de su trabajo. Entonces, el interpelado volvió atrás y se sentó con las jóvenes, poniéndose a discutir los futuros planes que los tres tenían. Rollin, con su hermana al lado, se sentía realmente incómodo en presencia de Raquel; sus maneras para con ella eran de la más estricta cortesía, por no decir frías. Todo su pasado parecía enteramente absorbido por su maravillosa conversión; no que lo hubiese olvidado, sino que, actualmente, parecía estar por completo preocupado por los objetivos de su nueva vida.

Después de un rato, alguien llamó a Rollin, y Raquel y Virginia comenzaron a hablar de varias cosas.

—Entre paréntesis, ¿qué ha pasado con Gaspar Chase? —preguntó Virginia. Y aunque su pregunta fue hecha con toda ingenuidad, Raquel se ruborizó, mientras Virginia añadía con una sonrisa— Supongo que estará escribiendo alguna otra novela. ¿Te hará aparecer en ella, querida? Tú sabes que yo siempre sospeché que te introdujo en la primera que escribió.

—Querida Virginia —dijo Raquel, hablando con la franqueza que siempre había existido entre las dos—, Gaspar Chase me dijo la otra noche que... Bueno..., se me declaró... o quiso hacerlo, sí...

Calló la joven, cruzando las manos sobre su falda, mientras algunas lágrimas brotaban de sus ojos.

—Mira, Virginia, hasta hace poco yo pensaba que le amaba, como decía amarme a mí; pero cuando habló, mi corazón le repelió y le dije lo que debía decirle, le dije «no». Desde entonces no le he vuelto a ver. Eso pasó en la noche de las primeras conversiones en el Rectángulo.

—Me alegro por ti —dijo Virginia tranquilamente.

—¿Por qué? —preguntó Raquel, casi asustada.

—Porque nunca me ha gustado realmente ese hombre. Es demasiado frío y... no quiero juzgarle, pero siempre he desconfiado de su sinceridad al asumir, junto con todos nosotros, el compromiso de seguir a Cristo.

Raquel dirigió a Virginia una mirada pensativa. Luego dijo:

—Estoy cierta de que nunca le he dado mi corazón. Supo despertar en mí ciertas emociones y he admirado su habilidad como escritor, pensando, a veces, que sentía mucho interés por él. Quizá, si me hubiese hablado en cualquier otro momento que él que escogió, yo me hubiese persuadido fácilmente de que le amaba. Pero ahora, no.

Una vez más, Raquel hizo una pausa repentina, y cuando levantó su mirada hacia Virginia había lágrimas en sus ojos. Su amiga se le acercó y la abrazó con ternura.

Después que Raquel hubo partido, Virginia permaneció sentada en el vestíbulo pensando en las confidencias que su amiga acababa de hacerle. Estaba cierta, por la expresión de su rostro, de que no le había dicho todo lo que pensaba, pero no se sentía ofendida por esa reticencia, sino que, sencillamente, creía adivinar que Raquel no le había revelado todo lo que había en su corazón.

Muy pronto Rollin se unió a su hermana y, tomados del brazo, como en los últimos tiempos se habían acostumbrado a hacer, comenzaron a pasearse por el amplio vestíbulo.

Era muy natural que su conversación, finalmente, recayera sobre Raquel, a causa del lugar que ella había de ocupar en los planes que estaban desarrollando para la compra de la propiedad en el Rectángulo.

—¿Puedes imaginar una señorita con tan maravillosas dotes musicales que se disponga a consagrar su vida a la humanidad, como lo va a hacer Raquel? Va a dar lecciones particulares de música, en la ciudad, para ganarse la vida y, luego, consagrar el beneficio de su cultura y de su voz a los habitantes del Rectángulo.

—Ciertamente es un buen ejemplo de abnegación —contestó Rollin, algo sofocado.

Virginia le dirigió una mirada un tanto inquisitiva.

—Pero ¿no te parece que es un ejemplo poco usual? ¿Puedes imaginarte a... —aquí Virginia citó los nombres de media docena de famosas cantantes de ópera— haciendo una cosa así?

—No. Es claro que no —contestó Rollin, brevemente—, así como no podría imaginar a la señorita... —y mencionó a la señorita de la sombrilla roja que, con sus compañeras, se había hecho acompañar por Virginia al Rectángulo— haciendo lo que tú haces, Virginia.

—No más de lo que yo podría imaginar al señor... —y mencionó el nombre de un joven de la alta sociedad— yendo por los clubes a hablar del Evangelio, como lo haces tú.

Los dos hermanos continuaron paseándose por el vestíbulo.

—Volviendo a Raquel, dime, Rollin, ¿por qué la tratas de una manera tan seria, iba a decir, tan seca? Perdóname, Rollin, si te ofendo, pero me parece que a ella le entristece eso. Antes no la tratabas así, y yo creo que a Raquel no le agrada este cambio.

Rollin hizo una pausa. Parecía profundamente agitado. Desprendió su brazo del de su hermana y se encaminó al otro extremo del vestíbulo. Luego volvió, con las manos cruzadas atrás y, deteniéndose cerca de su hermana, le dijo:

—Virginia, ¿no has descubierto mi secreto?

Virginia le miró desconcertada. Luego se sonrojó, demostrando que entendía.

—Nunca he amado a nadie más que a Raquel —dijo el joven con voz, ya, bastante tranquila—. Aquel día que ella estuvo aquí, diciéndote que había rechazado la oferta de un teatro, le pedí que fuera mi esposa. Me rechazó, como yo sabía que lo haría. Y la razón que dio para ello fue que yo no tenía ningún propósito en la vida, lo que era muy cierto. Ahora que tengo un propósito, ahora que soy un nuevo hombre, ¿no ves, Virginia, que me es imposible hablarle? Debo mi conversión a los himnos cantados por ella. Y, sin embargo, puedo decir con toda verdad que aquella noche, mientras ella cantaba, no pensé, absolutamente, en su voz, sino en el mensaje de Dios. Me parece que, en aquellos momentos, todo el amor que sentía por ella estaba refundido en un amor hacia mi Dios y Salvador.

Calló el joven y luego continuó con más emoción:

—Aún la amo, Virginia; pero no creo que ella pueda amarme jamás. —Se detuvo y miró a su hermana a los ojos, mientras sus labios se plegaban en una sonrisa llena de tristeza.

«¡Eso no lo sé!», dijo Virginia para sí. Estaba observando el hermoso rostro de Rollin, del cual habían casi desaparecido las marcas de la disipación; la firmeza de sus labios denotaba virilidad y valor, la mirada que clavaba en ella estaba llena de franqueza y sinceridad, y todo en él respiraba vigor y gracia. Rollin era un hombre, ahora; ya no era el libertino de otros tiempos. ¿Por qué Raquel no habría de llegar a amarle? Por cierto que parecían formados el uno para el otro, especialmente ahora que los propósitos a que ambos dedicaban sus vidas tenían un mismo origen cristiano.

Algo de esto dijo a su hermano, pero éste no pareció hallar mucho consuelo en ello. Cuando terminó su entrevista, Virginia quedó bajo la impresión de que Rollin pensaba continuar con el trabajo que había emprendido, tratando de ejercer su influencia en los clubes, entre los hombres de la alta sociedad y que, aunque sin huir de Raquel, tampoco procuraría oportunidades para encontrarse con ella. Desconfiaba de su poder para dominar sus sentimientos. Y Virginia se daba cuenta de que temía hasta pensar en la posibilidad de ser rechazado por segunda vez, dado el caso de que hiciera saber a Raquel que su amor hacia ella permanecía.

Al día siguiente, Virginia fue a ver al Sr. Norman para arreglar los detalles de su participación en el establecimiento del diario. Enrique Ford estuvo presente en la entrevista, y los tres se manifestaron de acuerdo en que, cualquiera que fuese la forma en que Jesús arreglaría los detalles si fuese director de un diario, ciertamente se guiaría por los mismos principios generales que rigieron su conducta como Salvador del mundo.

—He tratado —dijo Norman— de concretar lo que a mí me parece que Jesús haría. —Y extendió sobre el escritorio su memorándum, el cual recordó a Ford sus propios esfuerzos por concretar sobre un papel su concepto de la probable acción de Jesús; y también trajo a su memoria el esfuerzo análogo hecho por Milton Rait, respecto a su negocio—. He encabezado esto —prosiguió Norman— con las palabras: «¿Qué haría Jesús, en lugar de Eduardo Norman, como director de un diario, en Raymond?».

»1. Jamás consentiría en su diario una frase o un grabado que pudiera calificarse de malo, grosero o impuro.

»2. Dirigiría la parte política del diario desde el punto de vista de un patriotismo imparcial, observando todos los asuntos políticos bajo la faz de sus relaciones con el bienestar público y siempre sobre la base de "¿Qué es lo justo?", sin preguntarse, jamás "¿Qué le conviene al partido?". En otras palabras, trataría todos los asuntos políticos desde el punto de vista del adelanto del Reinado de la Justicia sobre la tierra.

Eduardo Norman interrumpió su lectura, un instante, para decir a sus amigos:

—Entended que esta es mi interpretación personal de la probable actitud de Jesús acerca de los asuntos políticos en la redacción de un diario. No estoy juzgando a otros periodistas que puedan tener distinta idea de la mía acerca de la probable conducta de Jesús sobre este particular, sino, sencillamente, tratando de contestar con sinceridad a mi pregunta: «¿Qué haría Jesús en mi lugar?». Y no hallo más respuesta que la que he escrito.

»3. La meta que se propondría un diario dirigido por Jesús sería hacer la voluntad de Dios. Es decir, su objeto principal en la publicación de un diario no sería ganar dinero ni influencia política, sino que su principio dominante sería dirigir el diario de tal manera que todos sus lectores se convencieran de que su propósito era, ante todo, buscar el Reinado de Dios por medio de Él. Este propósito resaltaría de una manera tan evidente en cada línea del diario, como podría resaltar en la obra y esfuerzos de cualquier abnegado misionero a cargo de una obra cristiana.

»4. La publicación de cualquier aviso de dudosa moralidad sería imposible.

»5. El trato de Jesús para con los empleados y obreros que confeccionaran el periódico sería enteramente cordial.

Nuevamente interrumpió Norman su lectura para decir:

—Opino que Jesús emplearía alguna forma de cooperación que representase la idea del interés mutuo en un negocio en el cual todos sintieran que trabajan en equipo. Estoy pensando en un plan que confío que tendrá éxito. De todos modos, una vez introducido el elemento del amor personal en un negocio como este y quitado el principio egoísta de trabajar en procura del beneficio personal de un hombre o de una empresa, no veo otro camino que el del más cariñoso interés personal entre el director, los reporteros, los obreros y todos los que, de alguna manera, contribuyen a la vida del periódico. Y ese interés se manifestaría no solo en el cariño y simpatía personales, sino también en una participación en las ganancias del negocio.

»6. Como director de un diario, Jesús habría de dar mucho espacio a la obra de la Iglesia cristiana. Probablemente no dedicaría menos de una página diaria a los trabajos de reforma, a los problemas sociológicos, a la obra religioso-social y movimientos similares.

»7. Haría con su diario cuanto estuviese en su poder para combatir el tráfico licorero como enemigo de la humanidad. Esto lo haría sin preocuparse del sentimiento público al respecto y, naturalmente, sin tener en cuenta, para nada, el efecto que esto pudiera ejercer sobre su lista de subscriptores.

»8. Jesús no publicaría una edición en domingo.

»9. Jesús publicaría únicamente las noticias que al pueblo conviniera conocer. Entre las que este no necesita conocer y que no debieran publicarse, se hallan los deportes escandalosos de luchadores que se estropean por ganar dinero, los largos relatos de crímenes, las crónicas escandalosas y cualesquiera otros acontecimientos que se hallaran en conflicto con el primer punto mencionado en este artículo.

»10. Si Jesús pudiese emplear para un diario la cantidad de dinero de que disponemos nosotros, probablemente se aseguraría la cooperación de los mejores hombres y mujeres de carácter cristiano que pudiese encontrar. Y este es uno de mis propósitos, como os demostraré dentro de pocos días.

»11. Fuesen cuales fueran los detalles que hubiese que resolver en la marcha del diario hacia el plan definido propuesto, el principal móvil o principio que habría de guiarle constantemente sería el establecimiento del reinado de Dios en el mundo.

Norman terminó la lectura de su plan y quedó muy pensativo.

—Apenas lo que he hecho es presentar un débil bosquejo. Tengo muchísimas ideas para hacer poderoso el diario, pero aún no he podido madurarlas bien. Lo que he presentado no son más que sugestiones. He hablado del asunto con otros periodistas, y algunos me han dicho que mi diario será una hoja innocua, semejante a un periódico de Escuela Dominical. ¡Pues si consigo hacer algo tan bueno como una Escuela Dominical, ya sería algo muy bueno! Pero de que el diario sea bueno no se sigue, necesariamente, que haya de ser débil. Las cosas buenas son más poderosas que las malas. Mi problema es, mayormente, acerca del apoyo que pueda obtener de la gente piadosa de Raymond. Hay aquí más de veinte mil miembros de iglesias. Si la mitad de ellos diesen su apoyo a *El*

Noticiero, su existencia estaría asegurada. ¿Qué le parece, pastor Ford, dicha probabilidad?

—No conozco lo suficiente, al respecto, para contestar de una manera inteligente. Creo de todo corazón en el diario que usted proyecta. Si se mantiene durante un año, como ha dicho la señorita Virginia, ¿qué no podrá hacer? El gran asunto sería editar un diario lo más parecido a lo que podamos imaginar que Jesús haría y dotarlo de todos los elementos de cordura, fortaleza, inteligencia y sentido común cristianos; diario que se impusiese al respeto de todos, por la ausencia en él de fanatismo, intolerancia, estrechez de miras y cualquier otra cosa contraria al espíritu de Jesús. Semejante diario requiere lo mejor que la inteligencia y la acción humanas sean capaces de prodigarle. Las mayores inteligencias del mundo se sentirían abrumadas hasta lo indecible por la tarea de editar un diario cristiano.

—Sí —dijo Norman en tono muy humilde—, es indudable que cometeré grandes errores; necesitaré una grandísima prudencia; pero es mi deseo hacer lo que Jesús haría.

—Me parece —dijo Virginia— que estamos comenzando a entender el significado de aquel precepto: «Creced en la gracia y en el conocimiento de nuestro Señor y Salvador Jesucristo». Estoy cierta de no saber todo lo que Él haría, en detalle, hasta que le conozca mejor.

—Eso es muy cierto —dijo Ford—. También yo estoy empezando a comprender que no puedo interpretar la acción probable de Jesús, sino a medida que voy conociendo mejor su espíritu. En mi opinión, el asunto de mayor transcendencia en el conjunto de la vida humana se compendia en la pregunta: «¿Qué haría Jesús?», si es que al hacerla, también tratamos de contestarla a la luz de un conocimiento siempre creciente de la divina Persona. Es imprescindible conocer a Jesús antes de poder imitarle.

Terminados los arreglos entre Virginia y Eduardo Norman, éste se halló en posesión de la suma de quinientos mil dólares, exclusivamente suyos para usarlos en el establecimiento de un diario cristiano. Cuando Virginia y el Rev. Ford se retiraron, Norman cerró la puerta de su oficina y allí, solo, en la divina presencia, como un niño, clamó por ayuda al Padre Todopoderoso, dominado durante todo el tiempo que permaneció arrodillado al lado de su escritorio por la promesa encerrada en las palabras apostólicas que dicen: «Si alguien carece de sabiduría, demándela a Dios (el cual da a todos dadivosamente), y le será dada».

Pasaron dos meses llenos de actividad y de buenos resultados en aquella ciudad y especialmente en la Primera Iglesia. A pesar de los calores del verano, el celo de los discípulos que habían asumido el compromiso de hacer lo que creían que Jesús haría en su lugar continuaba con entusiasmo y eficacia. Payne, el evangelista, había terminado sus trabajos en el Rectángulo, y el observador superficial que por allí hubiese pasado no habría notado diferencia alguna con respecto a la condición de aquella gente, aunque, en realidad, se había operado un verdadero cambio en la vida de centenares de personas. Pero las tabernas, los garitos y demás antros de corrupción continuaban inyectando su ruina y su vileza en las vidas de nuevas víctimas que venían a ocupar el lugar de las salvadas por el evangelista; el Diablo, por medio de sus viles agentes, realizaba esta obra con pasmosa rapidez.

Por primera vez desde que era pastor, Enrique Ford no tomó vacaciones de verano. Prefirió gastar el dinero ahorrado en enviar al campo unas cuantas semanas a una pobre familia enfermiza que vivía en el Rectángulo y que nunca había sabido lo que es respirar aire puro. La madre llevaba en sus brazos un niño de pecho, demacrado; había otros tres chicos, uno de ellos inválido. El padre, que se había hallado sin trabajo durante tanto tiempo que, como más tarde confesó al pastor Ford, varias veces estuvo a punto de suicidarse, iba sentado en el tren con uno de los chicos en sus brazos, y cuando Ford se volvió a la ciudad, después de dejar instalada a aquella familia, aquel hombre le estrechó la mano sin poder pronunciar una palabra, ahogado por la emoción y, finalmente, las lágrimas le corrieron por las mejillas, llenando de confusión al pastor. La madre, pobre mujer débil y consumida, que el año anterior había perdido tres hijos a causa de una peste que se desarrolló en el Rectángulo, estaba sentada en el tren, al lado de la ventanilla, respirando con deleite el aire del campo y del mar, considerando todo aquel beneficio como un verdadero milagro. Al volver al día siguiente a la ciudad y sentir el calor abrasador que allí abatía a todos —y tanto más cuanto que había gozado durante unas cuantas horas del frescor de las brisas del océano—, Enrique Ford dio gracias a Dios por la satisfacción que había podido proporcionar a aquella pobre gente y continuó sus trabajos con humildad de corazón, experimentando, por primera vez en su vida, esta clase especial de sacrificio, pues nunca antes se había privado de unas vacaciones veraniegas, lejos de los calores de Raymond, sea que tuviera o no necesidad de descanso. «Realmente», decía en respuesta a los que le preguntaban, «no siento necesidad de vacaciones este año».

Y así pasó el verano. Enrique Ford crecía en el conocimiento de su Señor. Su iglesia permanecía dominada por el poder del Espíritu, lo que no dejaba de maravillar a Ford, quien sabía muy bien que, desde el principio, solo la presencia de ese Espíritu había impedido que se introdujese una división en su grey, a causa de la prueba notable a que una parte de ella se había sometido. No obstante, había aún muchos miembros que no habían asumido el compromiso, como, por ejemplo, la Sra. Larsen, que consideraba aquel movimiento como una interpretación fanática del deber cristiano y esperaba que fuera pasajero y que pronto se volvería a la antigua condición que ella llamaba «la condición normal». Mientras tanto, aquel grupo de discípulos permanecía bajo la influencia del Espíritu divino, y el pastor continuó todo el verano realizando su obra parroquial lleno de gozo, celebrando reuniones para los obreros del ferrocarril, como prometió a Poer, y alcanzando, de día en día, un conocimiento más perfecto de la voluntad de su Señor y Maestro.

Al anochecer de cierta tarde, después de un día fresco que había seguido a un largo período de calor, Gaspar Chase se acercó a la ventana de su pieza, en la casa de departamentos de la Avenida, y miró hacia afuera. Sobre su escritorio había una pila de papel manuscrito. Desde aquella noche en la que había hablado a Raquel, no había vuelto a verla. Su naturaleza extremadamente sensible, hasta el punto de irritarse cuando se le contrariaba, parecía arrojarle a un aislamiento que sus propios hábitos de escritor hacían más intenso. Toda la época de los mayores calores se la había pasado escribiendo y su libro estaba casi terminado. Se había dedicado a esa tarea con una fuerza febril que amenazaba abandonarle en cualquier instante y dejarle incapacitado. No olvidaba el compromiso asumido con la Primera Iglesia. Su recuerdo se le había presentado de continuo mientras escribía, y particularmente desde que Raquel le había rechazado.

Mil veces se había hecho la pregunta: «¿Qué haría Jesús?». «¿Escribiría Él este libro?». Se trataba de una novela social, escrita en un estilo que estaba de moda. No tenía ningún otro objeto que el de entretener. Su enseñanza moral no era mala, pero tampoco era positivamente cristiana. Chase sabía que su libro se vendería. A su manera, poseía facultades que el mundo social admiraba y aplaudía. «¿Qué haría Jesús en mi lugar?». La pregunta se le presentaba en los instantes más inoportunos y llegó a causarle irritación. Tomar a Jesús como patrón o tipo para escritores era un asunto demasiado ideal. Naturalmente que Jesús emplearía sus facultades en producir algo útil o servicial, escribiendo con tales objetos en vista. Y se preguntaba a sí mismo: «Gaspar Chase, ¿para qué estás escribiendo esta novela?». Pues para lo que casi todos los escritores escriben: para adquirir dinero y fama de escritor. No se negaba a sí mismo que su deseo dominante era este. No era pobre y, por lo tanto, el dinero no le tentaba. Lo que le impulsaba era el deseo de alcanzar renombre. Se sentía obligado a escribir esta clase de libros. Pero «¿qué haría Jesús?». Esta pregunta le acosaba aun más que el recuerdo del rechazo de Raquel. ¿Iba a quebrantar su promesa?

Mirando por la ventana, vio a Rollin Page salir del club situado al frente mismo de su ventana. Rollin había cruzado la esquina y Raquel Larsen caminaba a su lado. Indudablemente, Rollin debía haberla alcanzado, cuando aquella salía de casa de Virginia. Chase observó a la pareja, hasta que esta desapareció entre los transeúntes. Volvió de nuevo a su escritorio y se puso a escribir. Cuando terminó de escribir la última página del último capítulo de su libro, casi faltaba la luz del día. «¿Qué haría Jesús en mi lugar?». Había, finalmente, contestado a la pregunta negando a su Señor. Y mientras más se oscurecía la habitación, más se percataba de que había elegido el curso que debía seguir, apremiado por su desengaño y su pérdida.

VIII

«¿A ti qué más te da? Tú sígueme»

(Juan 21:22).

Cuando Rollin salió del club aquella tarde que Chase le vio por la ventana, ciertamente no estaba pensando en Raquel ni, mucho menos, esperaba encontrarse con ella. Había tropezado, inesperadamente, con ella, y su corazón sintió un vuelco al verla.

—Acabo de estar con Virginia —dijo Raquel—. Me dice que ya está casi todo listo para la transferencia de la propiedad en el Rectángulo.

—Sí, es cierto. Ha sido un asunto muy fastidioso, en los tribunales. ¿Le mostró Virginia los planos y especificaciones para la edificación?

—Vimos varios de ellos. Me causa asombro ver a Virginia tan al corriente de tales cosas y pensar cómo ha podido adquirir tantas ideas al respecto.

—Virginia sabe más, a estas horas, sobre trabajos de asilo, que muchos profesionales. Se ha pasado casi todo el verano reuniendo información sobre el tema.

Rollin estaba comenzando a sentirse un poco más cómodo, con esta conversación acerca de la proyectada obra humanitaria. Así pisaban en terreno firme y de interés común.

—¿Qué ha estado usted haciendo durante todo el verano? Casi no le he visto —exclamó Raquel, sin más, y su rostro se coloreó, como si pensara que había demostrado demasiado interés por el joven o demasiado sentimiento por no haberle visto más frecuentemente.

—He estado ocupado —contestó Rollin muy brevemente.

—Cuénteme algo de sus trabajos —insistió Raquel—. Habla usted tan poco...

Esto lo dijo Raquel con mucha franqueza, volviéndose hacia Rollin y mirándole con verdadero interés.

—Sí, seguramente —contestó el joven con una sonrisa que parecía ser una expresión de gratitud—. No tengo mucho que contarle. He estado esforzándome por influir en las vidas de mis antiguos camaradas, procurando guiarles a llevar vidas de mayor utilidad que antes...

El joven calló, de repente, como si temiera continuar. Raquel no se aventuró a decir nada.

—Soy miembro del mismo grupo de creyentes al cual pertenece usted, lo mismo que Virginia —continuó diciendo Rollin—, y como ustedes he asumido el compromiso de hacer en cada circunstancia lo que yo crea que Jesús haría hallándose en mi lugar; y es en respuesta a esa pregunta que he estado ocupado en la forma que le ha dicho.

—Eso es lo que no entiendo —dijo Raquel—. Virginia me lo ha contado y me maravilla pensar que usted esté tratando de cumplir con tal compromiso. Pero lo incomprensible para mí es: ¿qué puede usted hacer con esos otros hombres, para quienes la idea de religión no es más que una locura?

—Me hace usted una pregunta directa y tendré que contestarla —dijo Rollin, sonriendo nuevamente. Y agregó—: aquella noche, en la carpa, ¿se acuerda? —hablaba apresuradamente y su voz temblaba un poco—, me pregunté a qué cosa podría consagrar mi vida, redimiéndola y satisfaciendo mi pensamiento acerca del discipulado cristiano. Y cuanto más pensaba en ello, más era impulsado a tomar conciencia de que tenía que aceptar esta cruz. ¿No ha pensado usted nunca que de todos los seres que forman nuestro sistema social no hay ninguno tan completamente ajeno a la influencia religiosa, tan enteramente abandonado a su suerte, como los jóvenes aturdidos que llenan los clubes, los garitos, malgastando su tiempo y su dinero como yo lo hacía? Las iglesias se interesan por los desheredados, la mísera gente del Rectángulo y otras semejantes; se hacen algunos esfuerzos por llegar hasta los obreros y beneficiarles; entre sus miembros hay un gran porcentaje de empleados y otras personas de la clase media; se envía dinero y misioneros a los no creyentes, pero los «jóvenes bien», los atolondrados y calaveras, los de la alta sociedad, que llenan los clubes y dominan en todos los círculos sociales buenos y malos, todos éstos, espíritus inmortales tan necesitados del Evangelio como el que más, quedan fuera de todo plan de evangelización y rescate de almas. Sin embargo, no hay clase social más necesitada del Evangelio que esta. Fue por eso que me dije: «Yo conozco a estos hombres. Conozco sus cualidades, las buenas y las malas. Yo he sido uno de ellos. Yo soy incapaz de hablar del Evangelio a la gente del Rectángulo. No sabría cómo dirigirme a ellos. Pero me parece que quizá podría llegar hasta el corazón de estos jóvenes y muchachos, estos disipadores de riquezas, energías y tiempo». Y eso es lo que ha estado ocupando mi tiempo todas estas semanas. Cuando me pregunté, como usted y los demás lo han hecho, «¿Qué haría Jesús?», esa fue mi respuesta. Y también ha sido mi cruz.

La voz de Rollin bajó tanto al pronunciar las últimas palabras que Raquel casi no pudo oírlas, en medio del ruido de la calle. Pero sabía lo que el joven había dicho y estaba deseosa de interrogarle acerca de sus métodos, aunque no sabía cómo preguntarle. Sentía por tales planes un interés que no era mera curiosidad. El Rollin Page actual era tan distinto del Rollin Page mundano que la había solicitado como esposa, que la joven no podía evitar pensar acerca de él y hablar con él como si fuese una persona enteramente distinta, un nuevo amigo que antes no conociera y que ahora recién se cruzara en su camino.

Habían doblado la esquina, abandonando la Avenida, y marchaban por la calle en la que vivía Raquel. Se hallaban en la misma manzana donde muy pocos meses antes Rollin había preguntado a Raquel por qué no podía amarle. Ambos parecían sobrecogidos por un ataque de timidez. Raquel no se había olvidado de aquel día y Rollin no podía olvidarlo. Después de un buen rato de silencio, fue ella quien lo rompió, preguntando lo que antes no se había atrevido a preguntar:

—En su obra con los «jóvenes bien», con sus antiguas relaciones, ¿cómo hace usted para dirigirse a ellos? ¿Qué les dice? ¿Y qué dicen ellos?

Por un breve instante, Rollin no contestó. Luego dijo:

—¡Oh! Las circunstancias varían. Algunos me tienen por un chiflado. Yo sigo siendo miembro de los mismos clubes que antes, conservando todos mis derechos en ellos. Procuro portarme con toda prudencia sin provocar críticas innecesarias. ¡Pero se sorprendería usted de saber cuántos hombres han respondido a mis esfuerzos! Quizá le cueste creer que, noches pasadas, no menos de una docena de hombres me rodearon durante más de una hora, tratando con el mayor interés acerca de asuntos religiosos. También he tenido la inmensa satisfacción de ver a algunos jóvenes abandonar una vida de disipación y comenzar una vida virtuosa. Constantemente me pregunto: «¿Qué haría Jesús?». La respuesta viene lentamente a medida que voy tanteando mi camino. Una cosa he descubierto: los hombres no me intimidan. Creo que esto es buena señal. Otra cosa: he interesado a varios de ellos en la obra del Rectángulo y, cuando esta comience, van a ayudar a sostenerla. Y debo añadir a todo esto que he conseguido librar a algunos jóvenes de las garras del vicio del juego.

Rollin hablaba con entusiasmo. Su rostro estaba transfigurado por su interés en los asuntos que ahora se habían convertido en parte esencial de su vida. Raquel volvió a notar el tono vigoroso, varonil y sobrio de su lenguaje y comprendió la profundidad de los sentimientos de aquel corazón transformado y el valor con que llevaba su pesada cruz, por más que la llevara con gozo.

Raquel decidió intervenir, considerando como un acto de justicia expresarle a Rollin cómo percibía ella la nueva vida de éste:

—¿Recuerda el reproche que una vez le hice porque llevaba usted una vida desprovista de todo ideal, de todo propósito elevado? —confesó Raquel mirándole a los ojos— Hoy debo decir, siento la necesidad de decirlo en honor de usted, que ahora le admiro y juzgo digno de toda honra, tanto por su valor como por su fidelidad en el cumplimiento de su promesa de seguir a Jesús. La vida que ahora lleva usted es realmente digna y noble.

Rollin temblaba. Le pareció que la belleza del rostro de Raquel se acrecentaba más que nunca. Su agitación sobrepujaba a todo esfuerzo que hacía para dominarse, cosa que no pasó inadvertida para Raquel, mientras caminaban en silencio. Al fin, el joven atinó a decirle:

—Muchas gracias... No puedo expresarle todo el bien que me han hecho sus palabras.

Así diciendo, la miró a los ojos por un instante. Ella sostuvo aquella mirada en la que leyó todo el amor que Rollin le profesaba. Pero éste no habló más. Llegaban a la puerta de la casa de Raquel.

Al separarse, Raquel entró en su casa y, ya sola, en su habitación, escondió el rostro entre sus manos, mientras se decía: «Estoy comenzando a comprender lo que significa ser amada por un hombre de corazón noble. Amaré a Rollin, después de todo... ¿Qué digo? ¡Raquel Larsen! ¿Te olvidas...?».

Se levantó y comenzó a pasearse. Estaba profundamente conmovida. Sin embargo, se daba perfecta cuenta de que su emoción no era de pesar o tristeza. Una nueva sensación de gozo se había apoderado de ella. Había alcanzado otra etapa de experiencia en la vida, y poco después se sintió llena de la más sana alegría al pensar que su discipulado cristiano hallaba lugar para esta crisis en sus sentimientos. En realidad, era merced a tal discipulado que estaba comenzando a amar a Rollin Page. Al Rollin Page mundano, su corazón piadoso le había rechazado sin vacilación alguna. Era Rollin Page convertido a Cristo el que había ganado su corazón. El antiguo Rollin nunca hubiese producido en ella este cambio extraordinario.

Rollin, por su parte, llegó a su casa atesorando en su alma una esperanza que no había conocido desde el día en que Raquel le rechazara. Y esa esperanza puso un sello más de satisfacción en su alma, mientras proseguía en la buena obra de rescatar del vicio a sus antiguas relaciones, guiándolas al Salvador.

Otro verano había transcurrido, y tras él, otro otoño; la ciudad de Raymond hallábase de nuevo soportando los rigores del invierno. Virginia había logrado realizar parte de su plan para «apoderarse del Rectángulo», como ella decía. Pero la construcción de edificios en aquellos terrenos baldíos, lo mismo que la transformación de una parte de ellos en jardín y parque —cosas que su plan incluía— eran trabajos demasiado grandes para completarse en breve tiempo, y fue imposible terminarlo durante el otoño. Pero un millón de dólares en manos de quien, realmente, desea hacer lo que Jesús haría puede hacer mucho bien a la humanidad, en poco tiempo. Por eso, cierto día, después del almuerzo, al presentarse allí Enrique Ford con un grupo de sus nuevos amigos, obreros de los talleres, quedó sorprendido de ver cuánto se había adelantado exteriormente.

Sin embargo, el pastor se marchó muy pensativo, sin poder librar su mente del problema que constantemente le asediaba: la taberna. A pesar de los esfuerzos de los Payne, los Page y Raquel, muy poco podía verse de la obra realizada. Por cierto —se decía Ford—, la obra redentora comenzada y continuada por el Espíritu Santo en sus maravillosas manifestaciones de poder, tanto en la Primera Iglesia como en el Rectángulo, había tenido sus efectos sobre la vida de la ciudad. Pero al pasar delante de tabernas y más tabernas y notar los grupos que entraban y salían y al ver los otros antros de horrenda corrupción, tantos como siempre, y contemplar la brutalidad y la miserable degradación reflejada en innumerables rostros de hombres, mujeres y niños, Ford se sentía enfermo y se preguntaba qué purificación podría operar en aquel muladar, ni siquiera un millón de dólares. ¿No permanecería intacta la fuente de casi toda la miseria humana que trataban de remediar, en tanto que la taberna continuara su obra mortífera pero legalizada por los gobiernos? ¿Qué podría hacer aun la abnegación de su grupito de amigos para disminuir la corriente del vicio, mientras subsistiera, siempre vigoroso, el gran manantial de corrupción? ¿No era, realmente, un derroche de sus vidas, dinero y talento, lo que hacían Virginia, Raquel y Page, al arrojarse en aquel infierno, buscando salvar las almas y los cuerpos de aquellos desgraciados, cuando por cada alma rescatada, mediante sus sacrificios, la taberna producía dos más, necesitadas de ser rescatadas?

No hallaba escapatoria al problema. Era el mismo asunto que Virginia había presentado a Raquel, cuando le decía que nada realmente estable se conseguiría mientras no se suprimiesen las tabernas en el Rectángulo. Enrique Ford continuó aquella tarde sus visitas pastorales, siempre dominado por la idea de la necesidad de la supresión del tráfico licorero.

Si la taberna constituía un factor en los problemas de la vida de Raymond, no menos lo constituía la Primera Iglesia y su grupito de creyentes comprometidos a hacer lo que Jesús haría. Enrique Ford, colocado en el centro mismo del movimiento, no estaba tan habilitado para juzgar la influencia que se estaba ejerciendo como podían estarlo muchos que no pertenecían al grupo. Pero el hecho es que la ciudad estaba afectada por aquel nuevo discipulado y había cambiado en muchas cosas, aunque no siempre se conocieran los motivos del cambio.

Había transcurrido un año desde que aquel grupo de creyentes hubiera asumido su compromiso de actuar según la premisa de lo que Jesús haría en su lugar. El domingo del aniversario de aquel día fue el más notable que se hubiese conocido en la Primera

Iglesia. Fue más importante de lo que aquel grupito de discípulos se imaginaba. El año había hecho época, y esto con tal celeridad y tan seriamente que el público aún no se daba cuenta de todo su significado. Aquel día memorable se caracterizó por tales revelaciones y confesiones, que los mismos participantes inmediatos a aquellos acontecimientos no se daban perfecta cuenta del valor de lo que se había realizado ni de la relación que aquel ensayo hubiese tenido con las demás iglesias de la ciudad.

Aconteció que la semana anterior a aquel aniversario, el Rev. Calvino Bruce, de una iglesia nazarena de Chicago, se hallaba en Raymond, donde había ido a visitar a algunos amigos y, de paso, a su antiguo condiscípulo, Enrique Ford. Estuvo presente en la Primera Iglesia y observó y escuchó todo con gran interés. Al volver a su alojamiento, escribió a un colega en Nueva York la siguiente carta:

Mi querido Carlos:

Es domingo noche y bien tarde, pero estoy perfectamente despierto y lleno de sensaciones tan intensas con lo que he visto y oído, que me siento impulsado a escribirte algo de la situación en Raymond, la que he estado observando y que parece haber culminado en este mismo día. Esta es mi única excusa para escribirte una carta tan extensa a estas horas.

Recordarás a nuestro condiscípulo del Seminario, Enrique Ford. Creo que me dijiste, la última vez que estuve en N. Y., que no le habías vuelto a ver desde que se graduó. Recordarás que era un tipo muy culto, estudioso y de modales refinados. Cuando la Primera Iglesia de Raymond le ocupó, un año después de egresar del Seminario, dije a mi esposa: «Raymond ha hecho una buena elección. Ford les satisfará como predicador». Ha estado aquí durante once años y entiendo que hasta un año atrás había continuado regularmente su trabajo ministerial, con satisfacción de todos y atrayendo un buen auditorio a sus servicios matutinos de predicación. Su congregación era considerada como la mayor y más rica de la ciudad. La mayoría de la gente bien asistía a ella y, en gran parte, eran miembros suyos. El cuarteto del coro era famoso por su música, especialmente por su soprano, la señorita Larsen, de quien tendré algo más que decir. En conjunto, según mis informaciones, Ford tenía un cargo muy confortable, un buen salario, muchísimas comodidades, con una congregación de gente culta, respetable y poco exigente; en fin, una parroquia tal como casi todos los seminaristas de nuestros tiempos consideraríamos como muy deseable.

Pero hoy hace un año que Ford llegó a su iglesia, un domingo de mañana y al final del servicio hizo a su congregación la extraordinaria propuesta de que se ofrecieran voluntariamente, durante un año, a no hacer cosa alguna sin antes preguntarse «¿Qué haría Jesús?» y, luego, imitar su probable acción, haciendo lo que, sinceramente, cada uno creyera que Él haría si estuviese en su lugar, sin cuidarse para nada de los resultados que tal actitud pudiera acarrearles.

El efecto de esta propuesta, que fue aceptada y obedecida por cierto número de miembros de la Primera Iglesia, ha sido tan notable que, como tú sabes, el movimiento ha llamado la atención de todo el país. Lo califico de «movimiento» porque de la acción tomada hoy parece probable que lo que se ha ensayado aquí, en la Primera Iglesia, se propagará a otras congregaciones y revolucionará los métodos hasta ahora observados en las iglesias y resultará, muy especialmente, en una nueva definición del discipulado cristiano.

En primer lugar, Ford me dice que se quedó asombrado de la acogida concedida a su propuesta. Entre ellos se cuenta a Eduardo Norman, director de El Noticiero, *que tanta sensación ha causado en el mundo periodístico; Milton Rait, uno de los más conocidos comerciantes de Raymond; Alejandro Poer, cuya actitud en el asunto de los ferrocarriles que violan las leyes del país hizo tanto ruido hace cerca de un año; la señorita Page, una de las jóvenes más distinguidas y ricas de la sociedad de Raymond, y la que, según entiendo, ha dedicado toda su gran fortuna al periodismo cristiano y a la obra de reforma social en el barrio de los tugurios, conocido por el «Rectángulo»; y la señorita Larsen, cuya reputación como cantante ya ha cundido por todo el país, pero que, en obediencia a lo que ella opina que Jesús haría, ha dedicado su talento a reformar la vida y condición de las muchachas y mujeres que forman la mayor parte de la población femenina del barrio más crapuloso de la ciudad.*

A este número de personas conocidas se han ido agregando otras, de la Primera Iglesia y, últimamente, también, de otras congregaciones de Raymond. Muchos de los voluntarios que se han comprometido a hacer lo que Jesús haría proceden de las asociaciones de Esfuerzo Cristiano. Los jóvenes dicen que ya han incorporado a su «Promesa Social» el mismo principio en las siguientes palabras: «Prometo a Jesús que me esforzaré por hacer todo lo que Él desee que yo hiciere». Esto no es, exactamente, lo que la propuesta de Ford incluye, pues esta pide que cada discípulo trate de hacer lo que crea que Jesús haría en su lugar. Pero Ford piensa que el resultado de una obediencia sincera a cualquiera de los dos votos será, prácticamente, el mismo; razón por la cual no se sorprende que el mayor número de miembros añadidos al primitivo grupito provengan de las sociedades juveniles.

Paréceme oírte preguntar: «¿Qué resultado ha tenido el ensayo? ¿Qué se ha realizado? ¿Ha cambiado en algo la marcha ordinaria de la Iglesia o de la comunidad?».

Por los informes que han trascendido a todo el país, ya sabes algo al respecto; pero es necesario venir aquí y observar los cambios en las vidas de las personas y, especialmente, el cambio en la vida de la congregación, para darse cuenta de todo lo que significa andar de forma tan literal en los pasos de Jesús. Para decir todo lo que ha pasado, habría que escribir largas series de relatos. Eso no podría hacerlo yo, pero te daré alguna idea de ello, refiriéndote lo que me han dicho mis amigos y el mismo Ford en persona.

Sobre la Primera Iglesia el resultado del voto ha sido doble. Ha producido un espíritu tal de fraternidad cristiana, que Ford me dice que les era desconocido anteriormente y que le da la impresión de que debe ser muy semejante a la dulce comunión fraternal que existió en las iglesias en tiempos de los apóstoles. Por otra parte, el asunto del compromiso ha dividido a la congregación en dos grupos distintos. Las que no han asumido el compromiso consideran a los demás como exagerados literalistas en sus esfuerzos por imitar a Jesús. Algunos se han separado de la Primera Iglesia y ya no asisten más o han pedido ser trasladados a otras congregaciones. Hay otros que, permaneciendo en la congregación, forman un elemento poco agradable, criticándolo todo, oponiéndose a lo que consideran fanatismo; y hasta he oído decir que hablan de obligar a Ford a renunciar; pero se me dice que este grupo no es muy fuerte y que ha sido mantenido en jaque por una maravillosa corriente continua de poder espiritual que se manifiesta en esa congregación y que data del primer domingo en que se tomó el mencionado compromiso, hace un año; y también atenúa la mala influencia de ese grupo el hecho de que los principales miembros de la congregación están identificados con el movimiento.

El efecto producido sobre Ford es sumamente notable. Yo le había oído predicar en nuestra Asociación Universitaria, hace cuatro años. Noté una buena dosis de elemento dramático en la pronunciación de su discurso y me pareció que él tenía conciencia de ello. Su sermón estaba muy bien escrito y abundaba en lo que los seminaristas acostumbrábamos llamar «lindos pasajes». El efecto de todo ello era lo que casi cualquier congregación hubiese llamado agradable. Desde aquel entonces, recién hoy he vuelto a oír a Ford predicar. Ya no es el mismo hombre. Me da la impresión de que ha pasado por una crisis que ha revolucionado todo su ser. Me dice que se trata, sencillamente, de una nueva definición del discipulado cristiano. Realmente, ha cambiado muchas de sus antiguas opiniones. Su actitud acerca del tráfico licorero es diametralmente contraria a la que sostenía hace doce meses. Igualmente ha cambiado por completo en su manera de pensar acerca de la predicación, la visitación de las familias y toda la obra ministerial. Hasta donde he podido entender, la idea que hoy le domina es la de que el cristianismo de nuestra época debería ofrecer una imitación más literal de la conducta de Jesús, especialmente en lo que a abnegación se refiere. En el curso de nuestra conversación, me citó varias veces las palabras de Pedro, en el segundo capítulo de su Primera Epístola: «Porque para esto sois llamados; pues que Cristo padeció por nosotros, dejándonos ejemplo para que vosotros sigáis sus huellas»; y parece enteramente convencido de que lo que nuestras actuales congregaciones más necesitan hoy es sufrir, en alguna forma, por amor a Jesús.

No puedo decir del todo que esté de acuerdo con él, pero, ciertamente, es asombroso notar los resultados que esta idea ha producido sobre la gente de esta iglesia y ciudad.

Los resultados individuales en aquellos que asumieron el compromiso y se han esforzado por cumplirlo en parte constituyen la historia privada de diversas personas y no pueden detallarse. Pero te relataré algo de algunos de ellos, para que veas que esta forma de discipulado no es un mero sentimentalismo ni una rebuscada afectación.

Tomemos el caso de Alejandro Poer, superintendente de los talleres del ferrocarril en Raymond. Al emplear, en defensa de la moral pública, contra la empresa los documentos que cayeron en sus manos, perdió su empleo y muchas de sus relaciones, a tal punto que su familia no ha vuelto a aparecer en sociedad, donde, antes, tanto se destacaba. (Entre paréntesis, Carlos, entiendo que el presidente del directorio del mencionado ferrocarril, que, según los documentos descubiertos por Poer, aparece como el principal culpable en la defraudación al fisco, ha renunciado y que varias complicaciones que han sobrevenido acarrearán un cambio total en la Directiva). Poer, que por fidelidad a Jesús perdió su bien rentado puesto y elevada posición social, ha vuelto al trabajo que desempeñaba en su adolescencia, tomando un empleo de simple telegrafista. Ayer me encontré con él en la iglesia y me pareció un hombre que ha pasado por análoga crisis a la experimentada por Ford. Al conversar con él se me ocurría estar hablando con un miembro de la iglesia de los apóstoles, cuando estos tenían todas las cosas en común.

Tomo también el caso del Sr. Norman, director de El Noticiero, *quien ha comprometido toda su fortuna por obedecer lo que él considera que habría sido la actitud de Jesús en su caso y ha revolucionado toda la administración de su diario a riesgo de ir a la bancarrota. Te envío un ejemplar de la edición de ayer, rogándote lo leas con atención. A mí me parece uno de los diarios más interesantes y notables que jamás se haya impreso en los Estados Unidos. Naturalmente que no estará exento de puntos que puedan criticarse, pero ¿qué hombre publicará jamás un periódico que nadie pueda criticar? Tomándolo en conjunto se halla tan por arriba del concepto ordinario de lo que el público entiende que debe ser un diario que a mí me asombra el resultado, pues cada día es más leído por la gente piadosa de la ciudad. Norman está muy confiado en su éxito final.*

Lee su editorial acerca de la cuestión monetaria y también sobre las próximas elecciones en Raymond, cuando el asunto del tráfico licorero estará nuevamente sobre el tapete. Ambos artículos son de lo mejor desde su punto de vista. Dice que nunca comienza a escribir sin preguntarse, previamente: «¿Qué haría Jesús?». Y el resultado, ciertamente, salta a la vista.

Ahí está, también, Milton Rait, el renombrado comerciante. Se me dice que de tal manera ha revolucionado su negocio que es, hoy, el hombre más querido en Raymond. Sus empleados todos, hasta el último peón, tienen por él un afecto que resulta impresionante. Durante el invierno pasado, cuando estuvo gravemente enfermo, decenas de sus dependientes se disputaban el derecho de velar a su lado o prestar ayuda de cualquier otra forma. Y cuando se restableció, su vuelta al negocio fue saludada con extraordinarias manifestaciones de cariño. Todo esto es el resultado de haber introducido en el trato con la gente que emplea los principios de amor que él cree que Jesús emplearía si tuviese una casa de comercio como la suya. Este amor no se manifiesta únicamente con palabras, sino que todo el negocio se gobierna por medio de un sistema cooperativo, teniendo cada uno una participación en él. Hay gente que considera a Rait como un tipo excéntrico. Pero nadie puede negar que aunque ha sacrificado una gran parte de sus ingresos, sus negocios han aumentado considerablemente, a la vez que él se ha convertido en uno de los comerciantes más honorables y prósperos de la ciudad.

Y ahí está la señorita Larsen, que resolvió consagrar su magnífica voz al servicio de la gente mísera de la ciudad. Sus planes abarcan la institución de un Conservatorio, y la joven trabaja con tesón, entusiasmo y fe, considerando este trabajo como la obra de su vida. Junto con su amiga millonaria, la señorita Page, proyectan un curso musical que, si se realiza, seguramente será un medio eficaz de mejorar las vidas de esa gente desgraciada. Se han desarrollado, aquí, asuntos trágicos, y también los hay románticos; por ejemplo, corre la voz de que la señorita Larsen piensa casarse, en la próxima primavera, con un hermano de la señorita Page que en otros tiempos figuraba a la cabeza de los círculos de la alta sociedad y, luego, se convirtió en la carpa de un evangelista en cuyos servicios tomaba parte activa la señorita Larsen. No conozco todos los detalles de este asunto, pero creo que hay mucho en él que sería interesante leer si se publicara.

Estos no son más que unos pocos ejemplos de los resultados alcanzados en la vida individual de algunos de los que asumieron el compromiso. No quiero dejar de mencionar al profesor Marsh, director del Liceo Lincoln. Fuimos condiscípulos en la Universidad, y aquí encuentro que ha tomado parte muy activa en las elecciones municipales y que se considera que su influencia es un factor muy ponderable para las próximas elecciones. Lo mismo que los demás del grupo, me dio la impresión de ser un hombre que ha sostenido rudas batallas y que ha echado sobre sí grandes cargas que le han ocasionado y continúan ocasionando esos sufrimientos de que habla Ford, sufrimientos que no excluyen un gozo positivo y práctico, sino que más bien parecen intensificarlo.

No quisiera cansarte con tan larguísima carta; no puedo librarme de la fascinación que he experimentado aquí. Quiero contarte algo acerca de la reunión de hoy en la Primera Iglesia.

Como te dije, oí predicar a Ford. Para satisfacer su ardiente ruego, había yo ocupado su púlpito el domingo anterior, siendo esa la primera vez que le veía después de que le oí predicar hace cuatro años. Su sermón de esta mañana fue tan distinto del de aquel entonces como si hubiese sido ideado, preparado y predicado por un habitante de otro planeta. Me sentí profundamente afectado por él. Creo que hasta se me escaparon algunas lágrimas. Noté que otros de los presentes estaban igualmente afectados. Su texto era «¿Qué se te da a ti? ¡Sígueme!». Aquel sermón fue una apelación extraordinariamente impresionante, dirigida al auditorio a obedecer las enseñanzas de Jesús y a seguir en sus pasos, sin cuidarse de lo que los demás piensen, digan o hagan. No puedo darte ni siquiera la división del sermón; sería demasiado extenso. Terminado el servicio de predicación, hubo el «servicio complementario», servicio que se ha convertido en asunto corriente en la Primera Iglesia. A ese servicio concurren todos los que han asumido el compromiso de seguir a Jesús; el tiempo se emplea en fraternizar, en confesar errores públicamente y en consultas acerca de lo que haría Jesús en casos especiales, así como en oraciones suplicando la dirección del Guía Supremo de los discípulos de Cristo, el Espíritu Santo.

Ford me invitó a este servicio. ¡Te aseguro, Carlos, que nada, en toda mi vida ministerial, me ha afectado tanto!

¡Nunca he sentido tan poderosamente la presencia del Espíritu Santo! Fue una reunión de reminiscencias y de la más dulce fraternidad. Irresistiblemente mi pensamiento se volvía a la iglesia de los primeros años del cristianismo. Había algo en aquello que era netamente apostólico en su sencillez e imitación de Cristo.

Hice varias preguntas. Una que pareció despertar más interés que ninguna otra fue acerca de la extensión que hubiese alcanzado el sacrificio personal de los discípulos en asuntos financieros. Ford me dijo que hasta ahora ninguno ha interpretado el espíritu de Jesús en el sentido de abandonar todas sus posesiones, desprendiéndose de cuanto posee, ni de imitar a cristianos tales, por ejemplo, como San Francisco de Asís. Sin embargo, existe entre ellos la absoluta convicción de que si alguno llegara a convencerse de que, en su caso particular, Jesús haría tal cosa, entonces para tal persona no quedaría más recurso que hacerlo también. El mismo Ford admitió francamente que, hasta cierto punto, él mismo aún se halla en dudas acerca de la probable acción de Jesús en ciertos detalles de la vida doméstica, la posesión de dinero y de ciertas cosas no enteramente necesarias. Pero es muy evidente que muchos de estos discípulos, vez tras vez, han llevado su obediencia a Jesús hasta los límites más extremos, sin preocuparse de pérdidas financieras. En cuanto a este punto nadie ha sido inconsecuente ni cobarde. También es un hecho que algunos de los hombres de negocios que asumieron el compromiso han perdido cuantiosas sumas de dinero y algunos, como Alejandro Poer, por ejemplo, o han perdido puestos de importancia, dada la incompatibilidad entre lo que estaban acostumbrados a hacer y lo que se convencieron de que Jesús haría estando en su lugar. En relación con este asunto, es un placer hacer notar el hecho

*de que los que en esta forma han sufrido han sido inmediata
y espontáneamente ayudados por los que pueden hacerlo.
En este particular, creo que es cierto que estos discípulos tienen todas las «cosas en común». Verdaderamente, escenas
como las que presencié en esa iglesia esta mañana jamás
las presencié en mi iglesia ni en ninguna otra parte. Nunca
me imaginé que en nuestra época pudiese existir semejante
fraternidad cristiana. Casi no puedo creer en mis propios
sentidos y me estoy preguntando si, realmente, estoy en América y a fines del siglo XIX.*

*Y ahora, mi buen Carlos, llego al motivo verdadero de esta
carta, el corazón y esencia de todo el asunto, tal cual la Primera Iglesia de Raymond me lo ha presentado. Antes de ter-
minarse el servicio, se tomaron algunas determinaciones para
conseguir la cooperación de todos los creyentes de este país.
Me parece que Enrique Ford tomó esta resolución después de
meditarlo muchísimo. Así me lo dio a entender en una visita
que le hice días pasados y estuvimos discutiendo los probables efectos de este movimiento sobre toda la iglesia.*

*Supongamos, me dijo Ford, que los miembros de toda la
iglesia en todo el país asumieran el compromiso de hacer
todo como Jesús lo haría y cumplieran su compromiso. ¡Qué
revolución se operaría en la cristiandad entera! ¿Y por qué
no hacerlo? ¿Acaso es algo más que lo que un discípulo de
Cristo debiera hacer? ¿Puede alguien decir que es cristiano
no estando dispuesto a tomarle por guía y modelo en todas
las cosas? ¿Acaso Cristo exige menos de sus discípulos hoy
que antiguamente?*

*No sé todo lo que precedió o lo que siguió a estos pensa-
mientos de Ford, pero el hecho es que la idea se cristalizó
hoy en un plan para conseguir la cooperación de todos los*

creyentes en los Estados Unidos. Se va a solicitar a todos los pastores que procuren formar grupos en sus iglesias como el que existe aquí, en la Primera Iglesia. Se buscarán en todo el cuerpo de la Iglesia en los Estados Unidos voluntarios que se comprometan a hacerlo todo como crean que Jesús lo haría en circunstancias análogas a las en que ellos se encuentren. Ford habló especialmente acerca de los resultados que semejante actitud obtendría en el asunto del tráfico licorero. Está tremendamente interesado en este asunto y me dijo que no duda de que en Raymond el partido sostenedor de la taberna será derrotado en las próximas elecciones. Si esto aconteciera, cobraría ánimo para continuar la obra de rescate comenzada por un evangelista y hoy a cargo del grupo de discípulos de la Primera Iglesia. Si, nuevamente, triunfa la taberna, eso les acarreará lo que él juzga ser un terrible e innecesario derroche de sacrificio cristiano. Pero aun cuando no opináramos como él acerca de ese punto, ha convencido a su iglesia de que ha llegado el momento de buscar la fraternidad de los demás creyentes. Es muy natural que si la Primera Iglesia puede realizar tales cambios en la sociedad, la iglesia en general, entrando en el mismo movimiento y estableciendo la solicitada fraternización, no de credo sino de conducta, debiera de conmover a la nación entera, impulsándola a una vida más elevada y a un nuevo concepto del discipulado cristiano.

¡Es una gran idea, Carlos! Pero, a pesar de ello, tengo mis vacilaciones. No niego que el discípulo cristiano deba andar en las huellas de Jesús, y esto en forma tan estricta como este grupo de Raymond ha procurado hacerlo. Pero no puedo dejar de preguntarme cuál sería el resultado de presentar semejante plan a mi congregación en Chicago. Escribo estas líneas después de haber sentido el solemne y profundo

contacto de la presencia del Espíritu Santo, y te confieso, viejo amigo, que no me atrevo a pensar en doce miembros importantes de mi congregación, profesionales, industriales o comerciantes, que asumirían semejante compromiso, a riesgo de perder lo que más aprecian. ¿Esperarías tú mejores cosas en tu congregación? ¿Qué diremos? ¿Que las congregaciones no responderían al llamamiento de «venid y sufrid»? Los resultados actuales del compromiso, obedecido como en Raymond, son suficientes para hacer temblar a cualquier pastor, al mismo tiempo que hacerle devorar por el deseo de que igual cosa ocurriera en su congregación. Con toda verdad, declaro que nunca he visto una congregación tan notablemente bendecida por el Espíritu como esta. Pero ¿estoy yo mismo listo para asumir tal compromiso? Me hago la pregunta con toda sinceridad y temo afrontar una respuesta igualmente sincera. Sé muy bien que tendría que introducir muchos cambios en mi vida si me propusiese andar tan estrictamente en los pasos de Jesús. Durante muchos años he profesado ser creyente cristiano. En los diez años últimos he gozado de una vida que, relativamente, ha tenido muy poco de sufrimiento o abnegación. Con toda honestidad, me veo obligado a decir que estoy viviendo en completa despreocupación de todo lo que concierne a asuntos municipales, al bienestar general de la comuna y a la vida de los desheredados de la fortuna y de los degradados. ¿Qué exigiría de mí el cumplimiento del compromiso? ¡No me atrevo a contestar! Mi congregación es rica, está llena de gente bien, de gente satisfecha. El tipo de su discipulado —yo lo sé— no es de la naturaleza del que respondería al llamamiento a sufrir o a experimentar pérdidas por motivos religiosos. He dicho: «Lo sé». Y, sin embargo, puede ser que esté equivocado. Quizá haya fallado yo al no haber tratado de despertar los sentimientos más profundos en sus vidas. Querido Car-

los, te he comunicado mis pensamientos más íntimos. ¿Me presentaré el domingo próximo ante mi gran congregación y les diré: «Debemos seguir a Jesús más de cerca. Propongámonos marchar en sus huellas, con sacrificios que hasta ahora no hemos conocido. Comprometámonos a no hacer cosa alguna sin antes preguntarnos: ¿Qué haría Jesús en mi lugar?, y resueltos a imitarle a toda costa». Si yo hiciera tal cosa, si me presentara con tal mensaje, les ocasionaría la mayor extrañeza y sorpresa. ¿Y por qué? ¿No debemos seguir a Jesús constantemente? ¿Qué, pues, es ser un discípulo o seguidor de Jesús? ¿Qué significa imitarle? ¿Qué significa andar en sus huellas, seguir sus pisadas?

El Rev. Calvino Bruce dejó caer la pluma sobre el papel. Había llegado al punto donde los dos caminos se dividen y donde hay que optar por uno de ello. Sus preguntas, de esto estaba seguro que eran las que se hacían, también, muchos, muchísimos hombres, tanto ministros como laicos. Se acercó a la ventana y la abrió de par en par. El peso de sus convicciones le ahogaba y sentía la necesidad de respirar aire fresco. Quería ver las estrellas y gozar del frío de la noche.

La noche estaba muy silenciosa. El reloj de la Primera Iglesia acababa de dar la medianoche. Al resonar la última campanada, llegó de la dirección del Rectángulo el sonido de una voz clara y potente, que cantaba una estrofa de un himno, que decía así:

> *¿Sólo el Cristo con su cruz ha de cargar*
> *Y el mundo entero estará libre de ella?*
> *¡No! ¡Hay una cruz para cada uno!*
> *¡Hay una para mí!*

Era la voz de uno de los conversos de Payne, ocupado como sereno en un negocio, que ahuyentaba el sueño entonando alguna estrofa de himnos que habían tocado su corazón.

El Rev. Bruce se retiró de la ventana y, después de un instante de perplejidad, se arrodilló. «¿Qué haría Jesús en mi lugar?». Nunca aquel hombre se había entregado tan enteramente a la influencia escrutadora del Espíritu que revela a Jesús. Durante muy largo tiempo permaneció sobre sus rodillas. Luego se fue a la cama, donde su sueño fue muy intranquilo. Se levantó antes del alba y, nuevamente, abrió la ventana. A medida que los rayos del sol fueron apareciendo, se preguntaba sumido en sus pensamientos: «¿Qué haría Jesús en mi lugar? ¿Seguiré sus pisadas?».

De pronto, el sol apareció en todo su esplendor e inundó la ciudad con sus rayos. ¿Cuándo amanecerá la aurora de un nuevo discipulado, introduciendo el triunfo avasallador de un andar más cercano, una imitación más real de Jesús? ¿Cuándo andará la cristiandad más estrictamente por la senda que Jesús trazó?

Por las huellas que el Maestro trazó,
¿No querrá el discípulo andar?

Con esta pregunta palpitando en todo su ser, el Rev. Bruce volvió a Chicago, y la gran crisis de su vida cristiana en el ministerio repentinamente estalló en su alma.

IX

———◇◇◇———

La *matinée*, en el Auditorium de Chicago acababa de terminar, y cada uno de los que componían la inmensa muchedumbre que salía del edificio se esforzaba por ser el primero en conseguir su carruaje. Un portero del Auditorium llamaba por sus números a los respectivos carruajes entre el ruido de los portazos de los que, ya ocupados, partían, con gran contento de los cocheros y caballos que durante horas habían soportado el crudo vendaval sudeste. Pronto desaparecían por la Avenida próxima.

—¡Venga el 624! —gritó el portero— ¡El 624! —repitió, y un instante después se detenía frente a la puerta un cupé que ostentaba en sus magníficos paneles un lujoso monograma que abrazaba las letras C. R. S., carruaje que era arrastrado por una hermosa yunta de caballos negros como el ébano.

Dos señoritas salieron de entre la multitud. La mayor había entrado y tomado asiento, mientras el lacayo mantenía abierta la puerta en espera de la otra, que aún se hallaba en la última grada del edificio y parecía vacilar.

—¡Ven, Felisa! ¿Qué esperas? ¡Me estoy helando! —clamó la joven desde el interior del coche.

Rápidamente, la otra desprendió de su vestido un ramo de violetas y se lo dio a un muchacho que estaba temblando de frío en la orilla de la vereda, casi entre las patas de los caballos. El chico lo tomó con una mirada de asombro, diciendo: «¡Gracias, señorita!», e inmediatamente sepultó su helada nariz en el perfumado ramo. La señorita subió al carruaje y un instante después este marchaba rápidamente por los bulevares.

—Siempre estás ocupada en algo raro, Felisa —dijo la hermana mayor mientras el carruaje, al trote largo de la yunta, pasaba ante multitud de lujosas mansiones alegremente iluminadas.

—¿De veras? ¿Qué he hecho de raro ahora, Rosa? —preguntó la otra, sorprendida, volviéndose hacia su hermana.

—¡Pues darle las violetas a ese muchacho! Parecía tener más necesidad de un plato de sopa caliente que de un ramo de violetas. ¡No me extrañaría que se te hubiese ocurrido invitarle a venir a casa a comer! ¡Tienes cada ocurrencia!

—¿Qué tendría de raro invitar a un muchacho como ese a casa y darle una cena caliente, con semejante noche? —Felisa hizo la pregunta en voz muy baja y casi como si hablara consigo misma.

—«Raro» no es precisamente la palabra —replicó Rosa—. Habría que emplear la palabra «chocante», como dice Madame Blanche. ¡Verdaderamente! Así que no se te vaya a ocurrir invitarle a comer ni a otros como él. ¡Uf, qué cansada estoy!

Rosa bostezó, mientras Felisa miraba silenciosamente por la ventanilla.

—¡El concierto fue lo más insulso! —Volvió a intervenir Rosa— ¡El violinista era un mero rascatripas! No sé cómo pudiste estar tan tranquila todo el tiempo. —Hablaba con impaciencia.

—A mí me agradó la música —dijo Felisa, tranquilamente.

—¡A ti te agrada cualquier cosa! ¡Nunca he visto una muchacha de tan poco gusto!

Las mejillas de Felisa se colorearon un poco, pero no contestó. Rosa bostezó de nuevo y luego tarareó un trocito de un canto popular. De repente exclamó:

—¡Estoy cansada de todo! Espero que *Las sombras de Londres* tengan algo de excitante, esta noche.

—Las Sombras de Chicago —murmuró Felisa.

—¡Las «sombras de Chicago»! ¡*Las Sombras de Londres*, he dicho, el gran drama con su maravilloso escenario que causó la admiración de Nueva York, durante dos meses! ¡Ya sabes que tenemos un palco para esta noche, en el Delanos!

Felisa volvió el rostro hacia su hermana. Sus grandes ojos pardos eran muy expresivos y centellearon un poco, al decir:

—Y, sin embargo, nunca lloramos al ver las cosas reales, en el gran teatro de la vida. ¿Qué es ese drama, comparado con las sombras de Chicago, tales como son en su realidad? ¿Por qué no nos excitamos con los hechos tales como son?

—Supongo que será porque, en las cosas reales, la gente es sucia y desagradable y causa mucha molestia —replicó Rosa indiferente. Luego agregó— ¡Es inútil, Felisa, tú no puedes reformar el mundo! ¡Qué hemos de hacerle! Nosotras no tenemos la culpa de que haya pobreza y miseria. Siempre ha habido ricos y pobres y siempre los habrá. Demos gracias por ser ricas, nosotras.

—Imagínate que Cristo se hubiese guiado por tales principios —replicó Felisa, con extraordinaria persistencia—. ¿Te acuerdas del sermón del Rev. Bruce, hace varios domingos, sobre el texto: «Porque ya sabéis la gracia del Señor nuestro, Jesucristo, que por amor a vosotros se hizo pobre, siendo rico; para que vosotros por ese empobrecimiento fueseis enriquecidos»?

—Lo recuerdo muy bien —contestó Rosa con petulancia—. ¿Y no agregó el Rev. Bruce que no hay pecado en poseer riquezas si se usa con bondad para con los necesitados? Estoy segura de que él mismo está rodeado de comodidades. Él no se priva de cosas superfluas por el hecho de que haya gente hambrienta en la ciudad. ¡Y hace bien! ¿Qué se remediaría con eso? Te digo, Felisa, que siempre habrá pobres, a despecho de todo lo que podamos hacer. Desde que Raquel nos ha escrito de las extravagancias que están haciendo en Raymond, has sacado de quicio a toda la familia. La gente no puede vivir en semejante tensión constantemente. ¡Ya verás cuánto le dura a Raquel esa chifladura! Lástima que no venga a Chicago a cantar en el Auditorium. Me han dicho que le han enviado una oferta. Voy a escribirle, instándola a venir. ¡Me muero por oírla!

Felisa miró por la ventanilla sin contestar. Poco después el carruaje se detuvo en la lujosa y abrigada entrada de un palacete, situado en una espléndida avenida, y las muchachas entraron en su casa. Era una mansión elegante, con paredes de granito y amueblada con todo el lujo y refinamiento que el arte y el dinero pueden proporcionar.

Su propietario, el señor Carlos R. Sterling, se hallaba sentado ante una estufa, fumando un habano. Se había enriquecido mediante especulaciones de cereales y de acciones ferroviarias, y se le tenía por poseedor de un par de millones de dólares. Su esposa era hermana de la señora Larsen, de Raymond, y hacía años que la enfermedad la tenía recluida en sus habitaciones. Rosa y Felisa eran sus únicas hijas. Rosa había cumplido veintitrés años y era hermosa y vivaz; había sido educada en un colegio a la moda y acababa de ser presentada a la sociedad, en la que se conducía con cierta indiferencia y mucha petulancia. Su padre solía decir de ella —a veces en broma, pero a veces seriamente— que era «una señorita difícil de complacer». Felisa tenía diecinueve años. Su belleza era tropical, muy semejante a la de su prima Raquel. Sus sentimientos eran ardientes y generosos y capaces de toda clase de expresión, lo que constituía una perplejidad para el padre y un fastidio para la madre, quienes la veían abrigando en su persona un extenso campo de libertad de pensamiento y de acción. Su carácter le permitía soportar cualquier condición de vida, con tal de que se le concediera plena libertad para obrar enteramente de acuerdo a sus escrupulosas convicciones.

—Aquí hay una carta para ti, Felisa —dijo su padre, sacándola del bolsillo y entregándosela.

Felisa la recibió y la abrió, mientras decía:

—Es de Raquel.

—¿Qué noticias te da de Raymond? —preguntó el señor Sterling, sacando el habano de la boca y mirando a Felisa, como frecuentemente lo hacía, con los ojos entornados, como tratando de estudiarla.

—Dice Raquel que el Rev. Bruce ha estado estudiando los asuntos de la Primera Iglesia, en Raymond, y que ha parecido muy interesado en el asunto del compromiso de aquel grupo.

—¿Qué dice de sí misma? —preguntó Rosa, que se había tendido en un sofá, casi sepultándose entre media docena de elegantes almohadones.

—Sigue cantando en el Rectángulo. Desde que terminaron los servicios de la carpa, canta en un viejo salón, mientras se construye el edificio proyectado por su amiga Virginia Page.

—Tengo que escribir a Raquel —dijo Rosa— y pedirle que nos visite. No debiera malgastar su voz entre esa plebe incapaz de apreciar su arte.

El señor Sterling encendió otro cigarro, mientras Rosa exclamaba:

—¡Raquel me parece muy extravagante! Podría revolucionar todo Chicago con su voz si cantara en el Auditorium. Y en vez de hacer eso, se queda allá, prodigando su voz a gente que no conoce el valor de lo que escucha.

—Raquel no vendrá aquí, a menos que pueda hacerlo y, al mismo tiempo, cumplir su promesa —dijo Felisa después de una pausa.

—¿Qué promesa? —preguntó el señor Sterling, y luego añadió rápidamente— ¡Ah, sí, ya sé! ¡Asunto muy raro es ese! ¡Poer fue amigo mío! Los dos aprendimos telegrafía en la misma oficina. Provocó una gran sensación con su renuncia y la entrega de aquellos documentos a la comisión de la Cámara de Comercio. ¡Y ha vuelto a trabajar de telegrafista! Han pasado cosas muy raras en Raymond, el año pasado. Quién sabe lo que piensa el Rev. Bruce de todo eso… Tengo que conversar con él al respecto.

—Mañana predica —dijo Felisa—, quizá nos diga algo al respecto.

CHARLES M. SHELDON

Transcurrieron un par de minutos de silencio. Luego, Felisa, como si presentase sus ideas a algún ser invisible, dijo:

—Y supongamos que propusiese el mismo voto o compromiso a nuestra congregación...

—¿Quién? ¿De qué estás hablando? —exclamó el padre, algo rudo.

—Hablo del Rev. Bruce... Digo que supongamos que propusiese a nuestra congregación lo que el Rev. Ford propuso a la suya y solicitara voluntarios que se comprometieran a no hacer nada sino lo que crean que Jesús haría si estuviera en sus circunstancias.

—¡No hay peligro de eso! —exclamó Rosa levantándose repentinamente al oír el timbre que llamaba a la mesa.

—Es un asunto muy poco práctico, en mi opinión —dijo el señor Sterling con aspereza.

—En su carta, Raquel da a entender que la congregación de Raymond va a tratar de propagar su plan a las demás congregaciones, en todo el país. Si lo consiguen, seguramente habrá grandes cambios en las iglesias y en las vidas de la gente —dijo Felisa.

—¡Oh, bueno! Vamos a tomar el té. —dijo Rosa, dirigiéndose al comedor. Su padre y Felisa la siguieron y comenzaron a merendar en silencio. A la señora Sterling se le servía el té en su habitación. El señor Sterling estaba preocupado. Comió poco y pronto se excusó, retirándose; aunque era noche de sábado, al salir dijo que volvería muy tarde por causa de algunos negocios.

—¿No te parece que papá anda muy molesto en estos últimos tiempos? —preguntó Felisa a su hermana.

—No sé. No he notado nada extraño en él. —contestó Rosa. Después de un instante de silencio, preguntó— ¿Vas a ir al teatro esta noche, Felisa? La señora Deland estará aquí a las ocho. Yo creo que deberías ir. Se ofenderá si rehúsas su invitación.

—Bueno. Iré, aunque no me interesa. Ya veo bastantes sombras sin necesidad de ir al teatro.

—Esa es una observación demasiado pesimista para una niña de diecinueve años —replicó Rosa—. Pero ¡cómo tienes esas ideas tan raras! Mira, si subes a despedirte de mamá, dile que yo la saludaré cuando volvamos del teatro, si aún está despierta.

Felisa subió a ver a su madre y permaneció a su lado hasta que llegó el carruaje de la señora Deland. La señora Sterling estaba disgustada a causa de su marido. No quiso que Felisa le leyera ni siquiera una parte de la carta de Raquel, y cuando le ofreció quedarse con ella en vez de ir al teatro, rechazó su oferta con verdadera rudeza.

De modo que Felisa salió para el teatro, sintiéndose poco feliz, por más que ya estaba acostumbrada a tales cosas; solo que unas veces le impresionaban más que otras. Sentada en el palco del teatro detrás de todos, y mientras iba levantándose el telón, Felisa se quedó sola con sus pensamientos. La señora Deland, como «dama de compañía» de media docena de señoritas, sabía muy bien que Felisa era «rara», como Rosa decía con frecuencia; así que no trató de sacarla de su aislamiento voluntario. Realmente ensimismada, Felisa experimentó aquella noche en ese palco una de las sensaciones que con el tiempo se sumarían a las que muy pronto le inundarían y que le provocarían una crisis vital.

La presentación era un melodrama inglés, lleno de escenas sorprendentes, con una *mise en scene* muy realista. Hubo una parte del tercer acto que hasta a Rosa Sterling impresionó. Se trataba de una escena en el Puente llamado Blackfriar. Era de noche. El Támesis corría, oscuro y desagradable. El gran templo de San Pablo se elevaba majestuoso en la penumbra y la sombra de su cúpula flotaba por encima de los edificios que la rodeaban. Una niña apareció sobre el puente y permaneció allí unos instantes mirando como si buscara a alguien. Varias personas estaban cruzando el puente. Como a la mitad del puente, en uno de sus recodos, inclinándose afuera del parapeto, se hallaba una mujer cuyo rostro reflejaba tal agonía, que era un vivo reflejo de las intenciones que abrigaba. En el instante en que disimuladamente iba trepando hacia el parapeto para arrojarse al río, la niña la divisó y corrió hacia ella lanzando un grito que, más bien, parecía el alarido de un animal que un sonido humano, al mismo tiempo que, prendiéndose de sus vestidos, comenzó a tironearla con todas sus fuerzas. En ese instante aparecían en escena otros dos personajes, que ya habían figurado en la pieza, un caballero alto, elegante y robusto, vestido con la mayor corrección, acompañado por un adolescente, de traje y aspecto tan lujoso como míseros y repugnantes eran los andrajos que cubrían el cuerpo de la niña que se hallaba prendida a la ropa de su madre. Estos dos evitaron el suicidio y, después de un final sobre el puente, en el cual el auditorio se dio cuenta de que aquel caballero y la mujer harapienta eran hermanos, la escena se transfirió a uno de los barrios de conventillos y tugurios del distrito este de Londres. El decorado era una copia exacta de un patio y callejón conocidos de Londres. Los harapos, el envilecimiento, los muebles rotos, la horripilante existencia animal impuesta a criaturas formadas a la imagen de Dios, todo había sido tan hábilmente representado en esta escena que más de una mujer elegante en el teatro, sentada, como Rosa Sterling, en un lujoso palco, cubierto con colgaduras de seda y terciopelo, instintivamente se encogió, como temiendo ser manchada por lo que la tela pintada representaba. Era casi demasiado realista y, sin embargo, ejercía una horrible fascinación sobre Felisa, sentada allá atrás, sola, hundida en un asiento con cojines y absorta en pensamientos que iban mucho más allá del diálogo que tenía lugar en la escena.

Del conventillo, la escena se mudó al interior de un aristocrático palacio y algo así como un suspiro de alivio corrió por todo el teatro a la vista del lujo habitual de sus componentes. El contraste era sorprendente y se producía por un rápido movimiento de telones auxiliares, lo que hacía que solo pasara un breve instante entre la escena de los tugurios y la del palacio. El diálogo continuaba, los actores se movían, representando sus correspondientes papeles, pero sobre Felisa el drama no ejercía más que una sola y única impresión. En realidad, las escenas del puente y de los tugurios no eran más que meros incidentes de la pieza;

pero Felisa se encontró reviviendo esas escenas en su mente, una y otra vez. Ella nunca había filosofado acerca de las causas de la miseria humana; aún no tenía edad para ello. Pero tenía sensaciones intensas y no era esta la primera vez que la había impresionado profundamente el contraste existente entre las condiciones elevadas y las bajas en la vida humana. Tales sentimientos se habían ido desarrollando más y más en ella, hasta convertirla en lo que Rosa llamaba «rara» y las demás personas de la alta sociedad que la rodeaban calificaban de « insólita». Era, sencillamente, el problema humano en sus extremos de riqueza y de pobreza, sus refinamientos y su envilecimiento, lo que, a pesar de sus inconscientes esfuerzos en contra de los hechos, grababan en su vida la impresión que, finalmente, habría de transformarla en una mujer llena de un amor y abnegación extraordinarios por los afligidos del mundo, aunque en aquel momento era un enigma para sí misma y para cuantos la conocían.

—¡Vamos, Felisa! ¡Qué! ¿No vienes a casa? —exclamó Rosa. El drama había terminado y el público salía ruidosamente, riéndose y cuchicheando, como si *Las sombras de Londres* fuese un simple pasatiempo presentado con maravilloso efectismo.

Felisa se levantó y salió tranquilamente con los demás, pero embargada con las sensaciones que la habían absorbido hasta el punto de permanecer en su asiento, olvidada de que la función había terminado. No es que fuese distraída pero, frecuentemente, se concentraba en sus pensamientos hasta el punto de quedarse sola en medio de una muchedumbre.

—¿Qué te pareció la obra? —preguntó Rosa, una vez que ambas estuvieron sentadas en la biblioteca de su casa. Rosa respetaba, realmente, el criterio de su hermana cuando se trataba de juzgar una pieza teatral.

—Me pareció una representación bastante buena de la vida real.

—Me refiero a la interpretación de los actores —dijo Rosa fastidiada.

—La escena del puente estuvo bien representada, especialmente la parte de la mujer. En cuanto al hombre, me parece que se excedió en sentimentalismo.

—¿De veras? A mí me gustó mucho eso. ¡Y qué rara la escena entre los dos primos, cuando descubrieron que eran parientes! Pero la escena de los tugurios era horrible. Me parece que no deberían representarse tales cosas en el teatro. Son demasiado penosas.

—Deben de serlo, también, en la vida real. —repuso Felisa.

—Sí, pero no estamos obligadas a ir a verlas en su realidad. Y no hay motivo para que nos las presenten en el teatro donde se nos hace pagar para verlas.

Rosa entró al comedor y comenzó a comer unas piezas de fruta que había depositadas en una fuente.

—¿Vas a subir a ver a mamá? —preguntó Felisa, después de unos instantes.

—No —contestó Rosa, desde el comedor—. No quiero molestarla esta noche. Si tú vas a verla, dile que estoy demasiado cansada para poderle ser agradable.

Felisa se dirigió a la habitación de su madre. Al subir la lujosa escalera y entrar en el vestíbulo, estando la lámpara encendida, vio que la criada que siempre acompañaba a la señora Sterling le hacía señas para que entrara en la habitación.

—Dile a Clara que salga —exclamó la señora Sterling, al ver a Felisa arrodillada al lado de su lecho.

Felisa se sorprendió, pero obedeció, y luego preguntó a su madre cómo se sentía.

—Felisa —le dijo su madre—, ¿sabes orar?

Aquella pregunta era algo tan inesperado en labios de su madre que la niña se asustó. Pero contestó:

—¡Claro que sí, mamá! Pero… ¿por qué me lo preguntas?

—Hija, estoy asustada. Tu padre…, he tenido tan extraños temores acerca de él todo el día… Algo le pasa, Felisa. Quisiera que orases…

—¿Ahora, mamá? ¿Aquí?

—Sí, Felisa, ora aquí, ahora.

Felisa cogió una mano de su madre y notó que temblaba. La señora Sterling nunca había mostrado mucho cariño por su hija menor y la extraña petición que acababa de hacerle era su primera demostración de confianza hacia ella. La joven, de rodillas y asiendo la mano de la enferma, oró en voz alta, como no había hecho nunca con su madre. Probablemente hubo en su oración palabras que satisficieron a la señora Sterling, porque cuando reinó el silencio, ya terminada la oración, ésta lloró silenciosamente y su tensión nerviosa desapareció.

Felisa permaneció largo rato a su lado, y cuando su madre le aseguró que ya no la necesitaba, se levantó para irse, diciéndole:

—Buenas noches, mamá. Dile a Clara que me avise si te sientes mal durante la noche.

—Me siento mejor ahora —respondió la señora. Y como la joven se diera vuelta para retirarse, le dijo— ¿No me das un beso, Felisa?

Felisa se volvió y se inclinó sobre su madre. Lo del beso fue para ella tan raro como la petición de que orara. Al salir de la pieza, Felisa llevaba las mejillas humedecidas por el llanto. Era la primera vez que lloraba desde que era niña.

La mañana del domingo solía ser muy tranquila en la mansión de los Sterling. Las muchachas, casi siempre, iban a la iglesia al servicio de las once. El señor Sterling no era miembro de la iglesia, pero sí uno de sus más fuertes contribuyentes y, por lo regular, asistía al servicio de la mañana. Ese domingo no bajó para el desayuno y, más tarde, mandó decir con un criado que no se sentía bastante bien para salir. De modo que Rosa y Felisa descendieron, solas, de su coche, ante la puerta de la Iglesia Nazarena, en la Avenida, y se acomodaron en el banco de su familia.

Cuando el Rev. Bruce subió al púlpito y abrió su Biblia como de costumbre, los que mejor le conocían no descubrieron nada de extraño en sus maneras o expresión. Estaba tranquilo y su voz era clara y firme. La primera insinuación que su auditorio tuvo de que algo novedoso o extraño había en él fue cuando hizo la oración. Nadie en aquella iglesia tenía la más mínima idea de que el Rev. Calvino Bruce, el puntilloso, educado, el finísimo Doctor en divinidad, en los días que acababan de transcurrir, hubiese pasado horas enteras sobre sus rodillas, llorando como un niño, pidiendo a Dios fuerza y valor y una gran medida del espíritu de Cristo para presentar a su congregación su mensaje dominical. Sin embargo, su oración en el púlpito fue una revelación inconsciente e involuntaria de la experiencia de su alma, algo que aquella congregación rara vez había escuchado y nunca, por cierto, desde aquel púlpito.

En el silencio que siguió a la oración, una onda notable de poder espiritual pasó sobre la congregación. Aun los más indiferentes lo notaron. Felisa, cuyo natural religioso tan sensitivo respondía rápidamente a cualquier toque o emoción, se estremeció bajo la impresión de aquella influencia sobrehumana. Cuando levantó la cabeza y miró al ministro, la mirada de los ojos de la joven manifestaba su intensa y ardiente anticipación de la escena que iba a seguirse.

No era ella la única en tal actitud de espíritu. Hubo algo en aquella oración que conmovió a más de un discípulo en la Iglesia Nazarena. Por todas partes, en el auditorio, hombres y mujeres se inclinaron, y cuando el Rev. Bruce comenzó a referirse a su visita a Raymond, en las palabras preliminares con que aquella mañana precedió su sermón hubo una respuesta mental en la congregación, que él recibió, también espiritualmente, y que le llenó de esperanza ante la perspectiva de un bautismo espiritual tal cual jamás había experimentado durante todo su ministerio.

—Acabo de hacer una visita a Raymond —comenzó a decir el Rev. Bruce—, y quiero deciros algo acerca de mis impresiones sobre el movimiento de allí.

Hizo una pausa y su mirada vagó sobre el auditorio, llena de ansiedad e incertidumbre. ¿Cuántos de sus miembros ricos, de gustos refinados, amantes del lujo y de la moda, entenderían la naturaleza de la apelación que estaba a punto de hacerles?

Después de aquella brevísima pausa, relató lo que había pasado en Raymond. Dijo que su auditorio ya tenía algún conocimiento de la experiencia que se estaba viviendo en la Primera Iglesia, pues todo el país había observado el desarrollo del movimiento que había hecho época en la historia de tantas personas. Agregó que Ford, al fin, se había decidido a buscar la fraternización de otras iglesias para su movimiento; que el nuevo discipulado, en Raymond, había sido tan valioso en sus resultados, que Ford deseaba que la Iglesia en general participase de sus beneficios; que ya se había comenzado la formación de grupos de voluntarios en todo el país, movidos espontáneamente por sus propios deseos de seguir a Jesús más de cerca. Las sociedades juveniles en muchas iglesias habían asumido el compromiso de obrar de acuerdo con lo que Jesús haría y, como resultado de ello, ya se notaba algo así como un nuevo nacimiento en los miembros de la iglesia.

Todo esto y mucho más dijo el Calvino Bruce a su congregación, con toda sencillez y con un interés personal que, a todas luces, iba preparando el terreno para el anuncio que seguiría. Felisa había escuchado cada palabra con la mayor atención. Sentada al lado de Rosa, formaba con ella un contraste semejante al de una brasa al lado de un trozo de escarcha, aunque Rosa, también, estaba alerta y excitada en grado sumo.

—Queridos amigos —dijo el pastor y, por primera vez después de la oración, la emoción se reflejaba en su voz y en su gesto—, voy a pedir que la Iglesia Nazarena de la Avenida asuma el mismo compromiso que ha asumido la Primera Iglesia de Raymond. Sé lo que esto significará para vosotros y para mí. Significará el cambio completo de muchos hábitos. Es posible que signifique pérdidas ante la sociedad. En muchísimos casos, probablemente, significará pérdida de dinero. Significará sufrimiento. Significará lo que, en el siglo primero de nuestra era significó seguir a Jesús, y ya sabéis que en aquella época significó sufrimientos, pérdidas, tribulaciones, separación de todo lo que era contrario al cristianismo. Pero ¿qué significa seguir a Jesús? La prueba del discipulado es hoy la misma que en aquel entonces. Los que de vosotros, voluntariamente, se comprometan a hacer lo que Jesús haría, simplemente se comprometen a andar en sus huellas, como nos dio mandamiento de que hiciésemos.

Nuevamente, el Rev. Bruce hizo una pausa. Después añadió con voz tranquila que deseaba que todos los que voluntariamente desearan asumir el compromiso se quedaran después de terminado el servicio. Inmediatamente después de esto, prosiguió con el sermón. Su texto lo tomó del versículo 19 del capítulo 8 del Evangelio según Mateo: «Maestro, te seguiré donde quiera que fueres».

Fue un sermón que llegó hasta lo más íntimo de sus corazones y los arrebató al primer siglo del cristianismo. Aquel sermón revolucionó el pensamiento convencional que siempre habían tenido en cuanto al significado y propósito de su afiliación como miembros de iglesia. Fue uno de esos sermones que se predican una vez en la vida y con suficiente substancia en él para alimentar por toda la vida a los que lo escuchen. El servicio terminó en un silencio que nadie quiso romper. La gente se fue levantando muy lentamente. Había en sus movimientos cierta vacilación.

Rosa se levantó muy erguida, saliendo de su fila de asientos, y al llegar al pasillo volvió la cabeza haciendo señas a Felisa. En ese instante casi toda la congregación se levantaba.

Felisa contestó a la mirada de su hermana diciendo:

—Yo voy a quedarme.

Rosa había oído hablar a su hermana en el mismo tono otras veces y sabía que aquel tono de voz significaba una resolución inquebrantable. Sin embargo, volvió a entrar en la fila de bancos y se colocó frente a su hermana, diciéndole en voz baja, pero con las mejillas encendidas por la ira:

—¡Felisa, esto es una locura! ¿Qué puedes hacer tú? ¡Avergonzarás a toda la familia! ¿Qué dirá papá? ¡Ven, vamos!

Felisa la miró, pero no contestó en seguida. Sus labios se movían expresando en silencio una petición que procedía de sentimientos tan profundos que señalaban una nueva vida para ella. Meneó la cabeza, diciendo:

—No. Yo voy a quedarme. Voy a asumir el compromiso. Estoy lista para obedecerlo. Tú no sabes por qué motivo lo hago.

Rosa le dirigió una mirada de rabia y luego se dio la vuelta y salió. Ni aun se detuvo a charlar con sus conocidos, como de costumbre. La señora Deland salía del templo en el instante en que Rosa pisaba el vestíbulo.

—¿De modo que no se une usted al grupo de voluntarios del Rev. Bruce? —preguntó la señora en un tono que hizo ruborizar a Rosa.

—¡Yo no! ¿Y usted? ¡Eso es un absurdo! Siempre he considerado el movimiento de Raymond como un ataque de fanatismo. Mi prima Raquel nos tiene al tanto de lo que allá pasa.

—Sí, comprendo. En algunos casos está dando por resultado un montón de molestias. Por mi parte, creo que la actitud del Rev. Bruce va a causar una división en la Iglesia Nazarena. ¡Ya lo verá usted! Hay veintenas de personas en esta iglesia que ocupan una posición que les impide asumir ese compromiso y observarlo fielmente. Yo soy una de ellas.

Cuando Rosa llegó a su casa, su padre se hallaba en su actitud habitual, sentado cerca de la estufa, fumando un habano.

—¿Dónde está Felisa? —preguntó.

—Se quedó para un servicio suplementario —contestó Rosa con mucho laconismo. Arrojó su abrigo y comenzó a subir la escalera cuando su padre la llamó, preguntándole:

—¿Servicio suplementario? ¿Qué quieres decir?

—El Rev. Bruce invitó a la congregación a asumir el compromiso de Raymond.

El señor Sterling sacó el cigarro de la boca y lo hizo girar nerviosamente entre los dedos, mientras decía:

—No esperaba yo eso de Calvino Bruce. ¿Se quedaron muchos?

—No sé. Yo no me quedé —contestó Rosa, y se marchó escaleras arriba, dejando a su padre de pie en el vestíbulo.

Después de unos instantes, el señor Sterling se dirigió a la ventana y estuvo allí, mirando los coches que pasaban. Su cigarro se había apagado, pero aún continuaba haciéndolo girar entre sus dedos, nerviosamente. Luego se retiró de la ventana y comenzó a pasearse por la sala. Se presentó un criado a anunciar que la comida estaba lista y recibió orden de esperar a Felisa. Rosa bajó y se fue a la biblioteca. Su padre continuó sus paseos. Al fin pareció cansarse de andar y se arrojó en un sillón, absorto en sus pensamientos, hasta que Felisa apareció. Entonces se levantó y se puso frente a ella. Evidentemente, la joven estaba muy impresionada a causa de la reunión a la cual acababa de asistir. Al mismo tiempo, no deseaba hablar mucho acerca del asunto. En el instante que entró a la sala, Rosa penetró por otra puerta que comunicaba con la biblioteca.

—¿Cuántos se quedaron? —preguntó Rosa, curiosa como era y llena de escepticismo acerca de todo el movimiento de Raymond.

—Unos cien —contestó Felisa, muy seria.

El señor Sterling pareció muy sorprendido. Felisa iba a salir de la sala cuando su padre le preguntó:

—¿Piensas, realmente, observar el compromiso?

Las mejillas de la joven se colorearon, mientras contestaba:

—No me harías esa pregunta si hubieses estado en la reunión. —Se detuvo un instante más y, luego, pidió que se la excusara por no ir a la mesa y subió a ver a su madre.

Nadie supo jamás en qué consistió aquella entrevista entre madre e hija. Es indudable que debió decirle algo acerca del poder espiritual que había asombrado a los que estuvieron presentes en el servicio suplementario de aquella mañana. También es indudable que Felisa jamás había conocido una experiencia semejante, así como que nunca hubiese pensado en hacer partícipe de ella a su madre, a no haber sido por lo de la oración de la noche anterior. Cuando, finalmente, se unió a su padre y a Rosa, en la mesa, parecía no poder decirles mucho acerca de la reunión. Sentía algo así como repugnancia de hablar con ellos acerca de aquel asunto; algo semejante a lo que ocurriría al que vacilase en describir algo sublime a una persona cuya mente y corazón estuviesen siempre preocupados por otros asuntos de carácter público.

Cuando el reloj dio una de sus últimas horas de aquel domingo en la mansión de los Sterling, en un rincón de su dormitorio donde la luz era muy escasa, se hallaba arrodillada Felisa. Cuando al fin se levantó y volvió su rostro hacia la luz, este reflejaba la determinación de una mujer que ya había definido para sí misma los más graves asuntos de la vida terrenal.

Esa misma noche, después del servicio, el Rev. Bruce estaba conversando con su esposa acerca de los asuntos del día. Ambos pensaban exactamente lo mismo y afrontaban su porvenir con toda la fe y el valor de unos nuevos discípulos. Ni uno ni otro se hacían ilusiones acerca del resultado probable que para ellos y para la iglesia tendría el compromiso.

No hacía más que un rato que estaban conversando, cuando sonó el timbre y, al salir el Rev. Bruce a abrir la puerta, exclamó:

—¡¿Tú, Eduardo?! ¡Entra, entra!

Un hombre de presencia imponente apareció en el vestíbulo. Eduardo, el obispo, era un gigante, pero tan bien proporcionado que no había en él nada que le hiciera desagradable, ni siquiera que hiciera pensar que su corpulencia fuese extraordinaria. La impresión que producía sobre los que le veían por vez primera era, en primer lugar, la de un hombre lleno de salud, y la segunda, la de un hombre sumamente afectuoso.

Eduardo entró en la sala y saludó a la señora Bruce, quien poco después salió dejando solos a los dos hombres.

El obispo se sentó en una cómoda mecedora baja, frente a la estufa, pues la humedad de la primavera que comenzaba hacía agradable el fuego. Fijando sus oscuros y penetrantes ojos en su antiguo condiscípulo del seminario, le dijo:

—Calvino, hoy has dado un paso muy serio. Lo he sabido esta tarde y no he podido resistir al deseo de verte y hablarte de ello.

—¡Me alegro de que hayas venido! —dijo el Rev. Bruce, sentado al lado del obispo— Sí, me alegro. Tú entiendes lo que significa, Eduardo, ¿no es cierto?

—Me parece que sí... Sí, estoy seguro de ello.

El obispo hablaba muy pausadamente y con expresión muy pensativa. Sobre su rostro, en el que se notaban huellas de consagrado trabajo al servicio y amor de la humanidad, se deslizó una sombra, sombra que no era producida por el reflejo del fuego. Nuevamente levantó los ojos hacia su amigo y antiguo camarada, al mismo tiempo que decía:

—Calvino, nosotros siempre nos hemos entendido mutuamente. Aun cuando nuestras sendas nos condujeron por distintos caminos en la vida eclesiástica, siempre hemos marchado de la mano en fraternización cristiana.

—¡Es muy cierto! —replicó el Rev. Bruce con una emoción que no trató de ocultar ni de dominar— ¡Es muy cierto, y doy gracias a Dios por ello! Aprecio tu compañerismo más que el de ningún otro hombre. Siempre he conocido lo que ese compañerismo significa y lo he apreciado, tanto más cuanto que sé que es más de lo que yo merezco.

El obispo miró afectuosamente a su amigo. Pero la sombra persistía en su rostro. Después de una nueva pausa dijo:

—El nuevo discipulado significa para ti una crisis en tu trabajo. Si cumples el voto de hacer todas las cosas como entiendes que Jesús las haría, estando en tu lugar, y yo sé que lo cumplirás, no se requiere ser profeta para predecir grandes cambios en tu parroquia —El obispo miró con ojos escudriñadores a Bruce y, luego, continuó diciendo—. En realidad, no veo cómo puede evitarse una verdadera elevación de la cristiandad, tal cual la conocemos, si el ministerio y las congregaciones en general asumen el compromiso de Raymond y lo observan.

El obispo hizo una pausa; como si esperara que su amigo hiciera alguna pregunta. Pero Bruce no tenía idea del fuego que estaba ardiendo en el corazón del obispo, acerca del mismo asunto que él y Ford habían resuelto en sus corazones.

—En mi iglesia, por ejemplo —continuó el obispo—, temo que sería un asunto algo difícil hallar muchos que asumieran un compromiso como ese y lo cumplieran. El martirio es un arte perdido entre nosotros. Nuestra cristiandad es demasiado cómoda y amiga de la vida fácil para querer cargar con algo tan pesado como una cruz... Y sin embargo, ¿qué significa seguir a Jesús? ¿Qué cosa es andar en sus huellas?

Hablando así, el obispo estaba haciendo en realidad una especie de monólogo, olvidándose probablemente de la presencia de su amigo. Por primera vez surgió en la mente de Bruce una idea acerca de la situación. ¡Oh, si el obispo arrojara el peso de su gran influencia del lado del movimiento de Raymond! Gozaba de inmenso prestigio entre la gente más rica y aristocrática, no solo de Chicago, sino de una multitud de grandes ciudades. ¡Oh, si se uniese al nuevo discipulado!

Al pensamiento estaba por seguir a la palabra. El Rev. Bruce había extendido la mano y, con la familiaridad de la amistad que provenía de la adolescencia, la había colocado sobre el hombro del obispo, e iba a hacerle una pregunta importantísima cuando ambos fueron sorprendidos por el violento repiqueteo del timbre. La señora Bruce había salido a la puerta y se hallaba conversando con alguien en el vestíbulo. Hubo una gran exclamación y, luego, la señora penetró en la salita. Estaba extremadamente pálida y su voz temblaba al decir:

—¡Oh, Calvino! ¡Qué noticia más terrible! ¡El señor Sterling...! ¡Ay, no puedo decirlo! ¡Qué golpe terrible para esas dos niñas!

—¿Qué pasa?

Bruce y el obispo hicieron la pregunta al mismo tiempo, mientras salían hacia el vestíbulo y se dirigían a un criado de los Sterling que estaba allí y que, evidentemente, había venido corriendo y sin sombrero a traer la noticia. El criado aún estaba sin aliento cuando, contestando a la pregunta, exclamó:

—¡El señor Sterling acaba de suicidarse, señor! ¡Se ha pegado un tiro, señor! ¡La señora Sterling…!

—Voy en seguida —dijo el pastor. Luego, dirigiéndose al obispo le preguntó si quería acompañarle, añadiendo— Los Sterling son antiguos amigos tuyos, Eduardo.

El obispo estaba sumamente pálido, pero conservaba su calma habitual. Miró a su amigo y le dijo:

—Sí, Calvino, por cierto, iré contigo, no solo a la casa del dolor, sino, también, permitiéndolo el Señor, por todos los caminos donde la humanidad gime en pecado y tribulación.

Y aun en aquel instante de tremenda turbación, Calvino Bruce entendió claramente lo que la promesa del obispo significaba.

X

«Estos son los que siguen al Cordero donde quiera que va»

(Apocalipsis 14:4).

—————⟨∞∞∞⟩—————

Cuando el Rev. Bruce y el obispo penetraron en la mansión de los Sterling, todo era allí confusión y espanto. Los grandes salones del piso bajo estaban vacíos, pero en la planta alta se oían pasos apresurados y voces confusas. Una criada, con el rostro descompuesto, bajaba la escalera en el mismo instante en el que los dos ministros comenzaban a ascender por ella.

—La señorita Felisa está con la señora —tartamudeó la criada, en respuesta a lo que le preguntaron, prorrumpiendo, luego, en un grito histérico, mientras, corriendo, atravesaba la sala y salía a la calle.

En la parte alta, a la entrada del vestíbulo, los dos hombres se encontraron con Felisa, quien se dirigió en seguida a Calvino Bruce y tomó una mano entre las suyas. El obispo le colocó una mano sobre su cabeza y los tres permanecieron un instante en absoluto silencio.

El obispo conocía a Felisa desde su infancia. Él fue el primero en romper el silencio, diciéndole:

—Que el Dios de misericordia sea contigo, Felisa, en esta hora de oscuridad. Tu madre...

El obispo vaciló. En los breves instantes transcurridos desde que saliera de la casa de Bruce hasta la de los Sterling —con más rapidez que una cinta cinematográfica—, en su corazón habían pasado mil recuerdos de un pasado lejano, que se le presentaban

CHARLES M. SHELDON

tan irresistible como involuntariamente recordándole un idilio de su juventud, asunto que ni el mismo Bruce conocía. Había habido una época en la que el obispo, siendo entonces un simple predicador, ofreciera el incienso de un afecto puro y grande en el altar de su juventud a la hermosa Camila Rolfe. Pero ésta, solicitada, también, por el millonario Sterling, dio la preferencia al último. Eduardo no conservaba amargura al respecto, pero recordaba los hechos.

En respuesta a la pregunta que el obispo no terminó, Felisa regresó a la habitación de su madre. La joven aún no había pronunciado una palabra, por lo que los dos hombres se maravillaron de su sorprendente tranquilidad. Volvió a salir a la puerta de la habitación e hizo señas a los dos ministros para que pasaran. Estos entraron, teniendo en el ánimo la intuición de que iban a ver u oír algo extraordinario.

Rosa estaba allí, con los brazos extendidos sobre la cama. Clara, la criada, estaba sentada, cubierta su cabeza con una pañoleta, sollozando y dominada por espasmos de terror. La señora Sterling, iluminado su rostro con aquella luz que es extraña a este planeta, yacía tan apaciblemente que el mismo obispo se engañó, al principio. Al darse cuenta de la realidad, por unos segundos su corazón sintió una convulsión, abriéndose en él con intenso dolor la antigua herida ya cerrada por tantos años.

Instantes después, en la planta baja de la casa se produjo un tumulto. Casi al mismo tiempo que el médico llegaba, entraban agentes de policía, que habían sido avisados por la asustada servidumbre. Con ellos llegaron también cuatro o cinco reporteros y varios vecinos. El Rev. Bruce y el obispo salieron al encuentro de toda esa gente y consiguieron excluir a todos aquellos cuya presencia no era necesaria.

«La tragedia de los Sterling», así es como llamaron al desgraciado suceso los diarios de la edición del día siguiente. Del relato de la servidumbre se desprendía que el señor Sterling se había retirado a su dormitorio a las nueve de la noche; que nadie volvió a verle; que media hora más tarde se oyó un tiro y que un criado, que se hallaba en el vestíbulo, al oír el tiro, corrió y penetró en la habitación, encontrando a su patrón muerto en el suelo. En esos instantes Felisa estaba con su madre, mientras que Rosa se hallaba en la biblioteca, leyendo; al oír el tiro, corrió a la planta alta y vio a su padre en el instante en el que los criados lo colocaban sobre el sofá; entonces, se precipitó corriendo a la habitación de su madre, cayendo, desmayada, al pie del lecho de ésta. La señora Sterling, al principio, se desvaneció a causa del susto, pero reaccionando muy pronto, envió a buscar al Rev. Bruce. Luego insistió en ver a su marido y, a despecho de la voluntad y esfuerzos de Felisa, obligó a la aterrorizada Clara a sostenerla, ayudarla a cruzar el vestíbulo y entrar en el dormitorio de su esposo, donde se hallaba el cadáver. Lo había mirado sin derramar ni una lágrima y, luego, había regresado a su habitación. En el instante en el que el Rev. Bruce y el obispo llegaban a la casa, señora Sterling murmuraba una plegaria, pidiendo perdón para su esposo y para sí misma, y fallecía en su lecho.

¡Tal era la rapidez con que la Parca había actuado en el lujoso palacio, aquella noche! Pero la verdadera causa de aquel desastre no se conoció hasta que finalmente se hizo público el estado de los negocios del señor Sterling. Entonces se supo que, durante algún tiempo, había estado amenazado por la ruina, con motivo de ciertas especulaciones que, al fin, en brevísimo tiempo, le habían hundido por completo, dejándole enteramente en la calle. A pesar de la desesperación que debía experimentar como hombre que lucha por su propia vida, cuando vio que su dinero se le evaporaba del todo —y el dinero era lo único que valoraba—, mantuvo hasta el último día de su vida alguna esperanza. Pero aquel domingo, por la tarde, había recibido noticias que confirmaban que estaba completamente arruinado. Aun la casa en la que habitaba, la silla en la que estaba sentado, su carruaje, los platos en los que comía, todo, todo había sido comprado con dinero para cuya adquisición él, personalmente, nunca había hecho un esfuerzo honesto, algo que significara un trabajo ennoblecedor. Todo su negocio había estado basado en un tejido de engaños y de especulaciones ficticias, faltas de todo fundamento sólido. Nadie sabía esto mejor que él, pero creía que los mismos métodos que le habían favorecido para reunir el dinero que tenía le ayudarían a impedir su pérdida. Mas esta esperanza engañosa le falló, como ha fallado a tantos otros, y tan pronto como se dio cuenta de hallarse convertido casi en un mendigo, no vio otra escapatoria que el suicidio; era la consecuencia lógica de la clase de vida que había llevado. Había constituido el dinero en su dios. Y desde el instante en que ese dios había desaparecido de su pequeño mundo, no le quedaba nada que adorar. Cuando el objeto de la adoración de un hombre desaparece, ya no le queda motivo alguno para vivir. Así murió el millonario Carlos R. Sterling.

La muerte de la señora Sterling fue ocasionada por la conmoción sufrida en todo su sistema. Hacía años que su esposo no le explicaba sus secretos, pero ella sabía que la base de su aparente riqueza era muy precaria. Durante años, su vida había sido una lenta agonía. Los Rolfe siempre dieron la impresión de poder resistir más desastres que nadie sin conmoverse. La señora Sterling dio ejemplo de ello al hallarse aparentemente imperturbable frente al cuerpo de su marido. Pero a aquel débil tabernáculo, sacudido por tantos años de dolor y de luchas, enfermedad y desengaños, ya no le quedaban fuerzas y, bajo el peso del tremendo choque, expiró.

El efecto del triple golpe —la pérdida del padre, la madre y la fortuna— se notó inmediatamente en las dos hermanas. El horror de los acontecimientos sumió a Rosa en una especie de letargo de estupefacción. No respondía a la simpatía ni a ningún otro esfuerzo hecho para reanimarla. Aún no parecía darse cuenta de que el dinero —aquello que había constituido gran parte de su existencia— había desaparecido. Incluso después de habérsele dicho que ella y Felisa tenían que abandonar aquella casa y, en adelante, depender de parientes y amigos, no pareció darse cuenta de lo que se le decía.

Por su parte, Felisa lo comprendía bien todo. Sabía perfectamente lo que había acontecido y lo que lo había motivado. Días después del doble entierro, hallábase conversando con su prima Raquel, quien, junto con su madre, habían venido a Chicago tan pronto como recibieron las terribles noticias y, ahora, en unión de otros amigos de la familia trazaban planes para el porvenir de las dos jóvenes.

—Tú y Rosa os venís a Raymond con nosotras. Esto es un asunto arreglado. Mamá no quiere saber nada de otro plan, por ahora —había dicho Raquel, con su bello rostro irradiando amor por su prima, amor que se había acrecentado de día en día al saber que Felisa pertenecía, ahora, al nuevo discipulado.

—A menos que encontrase algo que hacer aquí... —había respondido Felisa, dirigiendo una mirada muy seria a su prima, quien le respondió suavemente:

—¿Qué podrías hacer, querida?

—¡Nada! Nunca se me enseñó a hacer nada, excepto tocar un poco de música, y no sé lo suficiente para enseñar y ganarme la vida con ello... He aprendido a cocinar un poco —añadió Felisa, con una débil sonrisa.

—Pues entonces puedes cocinar para nosotras —dijo Raquel, comprendiendo muy bien que a Felisa se le hacía penoso tener que depender de la bondad de sus amigos para vivir, y que preferiría ganarse su sustento con su trabajo.

Es cierto que el padre había podido salvar del desastre unos dólares para ellas y su madre. Pero la estupidez del inveterado especulador con los bienes ajenos finalmente había llevado a la ruina aquellos fondos también.

—¿De veras? ¿Es cierto? —exclamó Felisa, tomando en serio las palabras de Raquel. Y añadió— Estoy dispuesta a hacer cualquier trabajo honesto para ganar lo que yo y Rosa necesitamos... ¡Pobre Rosa! ¡Nunca se repondrá del golpe que hemos sufrido!

—Bueno… Arreglaremos los detalles cuando estemos en Raymond —dijo Raquel, sonriendo a través de sus lágrimas, al ver el empeño de Felisa por bastarse a sí misma.

En consecuencia, pocas semanas más tarde, Rosa y Felisa se hallaban formando parte de la familia Larsen, en Raymond. Fue una experiencia amarguísima para Rosa, pero no podía hacer otra cosa y tuvo que conformarse con lo inevitable, aunque no sin quejarse continuamente del cambio sufrido y de su «mala suerte», acrecentando con eso y otras cosas la carga de Felisa y de Raquel.

Felisa halló al lado de Raquel una atmósfera de piedad que le pareció como un cielo. Es cierto que la señora Larsen no simpatizaba con la actitud que Raquel estaba tomando, pero los notables acontecimientos ocurridos desde que aquella había asumido el compromiso de seguir a Jesús eran demasiado poderosos en sus resultados para no impresionar aun a una mujer como ella. En Raquel, Felisa halló un compañerismo perfecto, y no pasaron muchos días antes de hallarse tomando parte activa en la obra del Rectángulo. En el espíritu de su nueva vida, insistió en ayudar en los quehaceres domésticos en casa de su tía, y en poco tiempo demostró tal destreza en asuntos culinarios que Virginia sugirió la idea de que se hiciera cargo de la clase culinaria en el establecimiento fundado en el Rectángulo.

Felisa aceptó aquel puesto con el más intenso placer. Por primera vez en la vida, se vio haciendo algo de valor en beneficio de otros. Su resolución de no hacer nada antes de preguntarse: «¿Que haría Jesús en mi lugar?» la había impresionado profundamente y comenzó a desarrollarse y fortalecerse poderosamente, hasta el punto de que su propia tía tuvo que reconocer tanto la gran utilidad como la belleza de carácter de Felisa. La tía miraba con asombro a aquella niña, miembro hasta ayer de lo más granado del gran mundo de una aristocrática ciudad, criada en medio del mayor lujo en casa de un millonario, y ahora andando arremangada en su cocina, con las manos y los brazos cubiertos de harina

—y hasta alguna vez con un poquito de ella en la nariz, por la costumbre de rascarse distraídamente cuando estaba tratando de recordar alguna receta—, mezclando ingredientes y preparando platos difíciles, con óptimos resultados, lavando cacerolas y sartenes y haciendo todo el trabajo propio de una sirvienta, tanto en su casa como en el establecimiento del Rectángulo. Al principio, la señora Larsen se opuso, diciéndole:

—Felisa, este sitio y este trabajo no te corresponden. No puedo consentirlo.

—¿Por qué, tía? ¿No te gustaron los pastelitos que hice esta mañana?

—¡Eso no! ¡Estaban riquísimos, Felisa! Pero no me parece bien que estés haciendo semejante trabajo para nosotras.

—¿Y por qué no? ¿Qué otra cosa puedo hacer?

Su tía la miró, pensativa, admirando su notable belleza y su bondad. Luego agregó, en forma de pregunta:

—¿No pensarás hacer, siempre, esta clase de trabajo? ¿Verdad?

—Tal vez sí, tía... He estado soñando con abrir una Cocina Ideal en Chicago o en alguna otra gran ciudad, para enseñar a cocinar comidas sencillas, sanas y económicas en barrios miserables como el Rectángulo a madres de familia. Recuerdo haber oído decir al Rev. Bruce que él creía que una de las causas de los sufrimientos de la gente pobre venía de que comen mal por no saber preparar buenos alimentos con poco dinero. Estoy segura de que podría ganarme la vida para Rosa y para mí y, al mismo tiempo, ayudar a otros.

Felisa acarició esta idea hasta que se convirtió en realidad. En el ínterin iba ganándose el afecto de la sociedad de Raymond y de los desheredados del Rectángulo, quienes la llamaban «la cocinera angelical». En la base del hermoso carácter que estaba desarrollándose en ella estaba la promesa hecha en la Iglesia de Nazareth. «¿Qué haría Jesús en mi lugar?». Felisa oraba, esperaba y hacía planes para su vida, en respuesta a esa pregunta. Ese pensamiento era la inspiración de su conducta y la respuesta a toda su ambición.

Habían pasado tres meses desde aquel domingo en que el Rev. Bruce subiera al púlpito con el mensaje del nuevo discipulado. Nunca antes se había dado cuenta de la profundidad de los sentimientos espirituales de los miembros de su congregación. Confesó humildemente que el llamamiento que hiciera había hallado respuesta mucho más amplia que la que había esperado de parte de hombres y mujeres, que, como Felisa, sentían en sus vidas la falta de algo que la vida convencional de la iglesia no les había proporcionado.

Pero el Rev. Bruce aún no estaba satisfecho consigo mismo. Cuáles fuesen sus sentimientos o qué fue lo que le condujo al paso que finalmente dio, lo vemos en la conversación que mantuviera con su amigo el obispo.

—¿Sabes a qué he venido, esta noche? —dijo el obispo, después de que hubieron conversado un rato acerca de los resultados del compromiso de la congregación.

Bruce miró al obispo y meneó la cabeza, en sentido negativo.

—Pues he venido a confesar que aún no he cumplido la promesa de andar en los pasos de Jesús en la forma que creo que debería andar para satisfacer el ideal que tengo de lo que significa seguir sus huellas.

El Rev. Bruce se había levantado y se paseaba por su estudio, mientras el obispo permanecía hundido en la cómoda mecedora con las manos cruzadas. En sus ojos ardía la mirada que siempre se le manifestaba cuando estaba por tomar alguna gran resolución.

—¡Eduardo! —exclamó de repente el Rev. Bruce—, yo tampoco me siento satisfecho aún en cuanto al cumplimiento de mi promesa. Pero, al fin, creo saber lo que debo hacer: tendré que renunciar a mi cargo de la Iglesia de Nazareth.

—Sabía que eso acontecería —dijo el obispo—, y he venido esta noche a decirte que también yo estaré obligado a hacer lo mismo con mi obispado.

Calvino Bruce se volvió y se acercó a su amigo. Ambos estaban reprimiendo sus emociones.

—¿Es indispensable eso, en tu caso? —preguntó Bruce.

—Sí. Déjame exponerte mis motivos. Probablemente son análogos a los tuyos. Estoy cierto de que lo son —El obispo hizo una pausa y luego continuó con cierto enardecimiento—. Calvino, tú sabes cuántos años he estado desempeñando mi cargo y conoces algo de las responsabilidades y cuidados que conlleva. No quiero decir que mi vida haya estado exenta de cargas y de penas. Pero, ciertamente, he llevado una vida que los pobres y desheredados de esta ciudad llamarían muy confortable. Habito en una hermosa casa, en la mejor zona de la ciudad, como de lo mejor que hay, me visto bien y gozo de otros placeres. He tenido el privilegio de realizar varios viajes de placer y, durante años, he gozado de la compañía de las bellas letras, la música y de todo lo que hay de mejor. Nunca me ha faltado dinero. Pero en este último tiempo, no he podido acallar la voz que me pregunta: «¿Qué has sufrido tú por Cristo?». Al apóstol Pablo se le enseñó cuánto tendría que sufrir en el servicio del Señor. La posición que Ford asume, en Raymond, al sostener que andar en los pasos de Jesús implica sufrimiento es correcta. ¿Y qué he sufrido yo? Las pequeñas contrariedades y molestias de mi vida clerical no merecen considerarse como sufrimientos o tribulaciones. En comparación con el apóstol Pablo o cualquiera de los mártires o de los cristianos primitivos, yo he llevado una vida de lujo y de placer que resulta pecaminosa y no puedo soportarla más. Hay algo en mi interior que se levanta contra mí. No he estado andando en sus huellas. Bajo el actual sistema de vida eclesiástica y social, no veo cómo librarme de esta condenación, a menos que consagre el resto de mi vida al alivio de las necesidades físicas y espirituales de la gente más desgraciada.

Después de estas palabras, se levantó y se acercó a la ventana para observar la calle que, con toda su iluminación, resultaba casi tan clara como durante el día. Así estuvo mirando un rato a las multitudes que pasaban. Luego, volviéndose a su amigo, con palabras apasionadas, que demostraban cuán intenso era el fuego que ardía en su alma, exclamó:

—¡Calvino! ¡Es una ciudad horrible esta en la que vivimos! ¡Su miseria, su pecado, su egoísmo me causan consternación! Durante años he luchado con el repugnante temor del momento en que me viese obligado a abandonar el agradable confort de mi posición oficial a fin de tomar conciencia de las tribulaciones de la ciudad, la tremenda abominación del alcoholismo, el infierno del juego, el gemir de los que carecen de trabajo, el odio a la religión de parte de millares de hombres que no consideran la Iglesia más que como un lujoso edificio con muebles costosos y a los ministros como holgazanes bien comidos y servidos; todo el tremendo tumulto de este inmenso torrente de humanidad, con sus ideas ora falsas, ora verdaderas, sus exageraciones de los males de la Iglesia y sus amarguras y vergüenza, que son el resultado de muchas causas complejas, todo esto, como un hecho total, en su contraste con la vida cómoda, confortable, que yo he llevado, me llena más y más de una sensación que es una mezcla de terror y de culpabilidad. Muchas veces, en los últimos tiempos, he oído las palabras de Jesús: «Por cuanto no socorristeis a uno de estos, mis hermanos pequeñitos, no me socorristeis a Mí». ¿Y cuándo he visitado yo, personalmente, al preso, al pecador o al desesperado, en tal forma que haya significado alguna molestia para mí?

Hizo una breve pausa, y prosiguió:

—¿Sabes, Calvino, que, hace poco, he estado tentado a azotarme con un látigo? Si viviera en la época de Lutero me hubiese lacerado el cuerpo con una disciplina.

Bruce estaba sumamente pálido. Nunca había visto ni oído al obispo bajo el dominio de tanto apasionamiento. Durante un par de minutos reinó el silencio. El obispo se había sentado e inclinado la cabeza. Al fin, el Rev. Bruce rompió el silencio, diciendo:

—Eduardo, no hay para qué decirte que, a la vez que los tuyos, has expresado también mis pensamientos. Durante años me he contemplado en la misma situación. Mi vida ha sido relativamente cómoda. Por cierto, no quiero decir que no haya tenido pruebas, cargas y desazones en mi ministerio. Pero no puedo decir que he sufrido algo por Cristo. A mí me persiguen las palabras de Pedro: «Cristo sufrió por vosotros, dejándoos un ejemplo para que sigáis en sus huellas». He vivido rodeado de confort. Yo también he gozado de viajes de placer y agradable compañía. He estado rodeado de cuanta comodidad puede comprar el dinero. El pecado y la miseria de esta gran ciudad, como enormes olas, se han estrellado contra los muros de granito de mi templo en que habito y apenas las he oído, tan gruesos son los muros. Pero he llegado a un punto en el que ya no es posible tal vida. No estoy condenando a la Iglesia. La amo. No estoy desertando de ella. Creo en su misión y lejos sea de mí el pensamiento de destruirla. Lo que menos desearía, en el paso que estoy por dar, sería que se me acusara de abandonar la comunión cristiana. Pero considero mi deber renunciar a mi cargo como pastor de la Iglesia de Nazareth a fin de caminar en las huellas de Jesús. Mi resolución no implica una crítica para otros ministros ni para otras formas de discipulado. Pero siento algo análogo a lo que tú sientes. Debo colocarme en más íntimo contacto con el pecado y la degradación de esta gran ciudad, para servir mejor a la humanidad. Y yo sé que, para realizar esto, debo cortar mi conexión inmediata con la Iglesia de Nazareth. No veo otra manera de sufrir por Cristo.

Nuevamente permanecieron silenciosos los dos hombres. No era una resolución cualquiera la que estaban tomando. Ambos habían llegado a una idéntica conclusión por medio de análogos razonamientos y eran hombres demasiado reflexivos, demasiado acostumbrados a medir los alcances de sus actos como para no darse cuenta de la gravedad de su situación.

—¿Qué plan tienes tú? —preguntó el obispo mirando fijamente a Bruce.

—Mi plan —respondió el Rev. Bruce— es, dicho en pocas palabras, colocarme en el centro más necesitado de auxilio humano que pueda hallar en esta ciudad y vivir allí. Mi esposa me acompaña en todo. Ya hemos resuelto buscar casa en la parte de la ciudad en la que más útiles podamos ser.

—Permíteme sugerirte un sitio. —El obispo parecía respirar entusiasmo al pensar en el movimiento en el que él y su amigo se hallaban, inevitablemente, embarcados.

Prosiguió desarrollando un plan de tan extensos alcances y posibilidades, que el Rev. Bruce, a pesar de su capacidad y experiencia, se sintió asombrado ante la visión de servicio desplegada por un alma mayor que la suya. Permanecieron juntos hasta muy tarde, y estaban tan interesados y hasta tan contentos como si estuviesen arreglando los detalles de un largo viaje de placer.

El plan que discutieron consistía en tomar un enorme edificio, antiguamente ocupado como depósito de una cervecería, arreglarlo y acondicionarlo a fin de vivir allí, en el mismo centro de un barrio infestado por garitos, tabernas y otros antros de la más espantosa corrupción. No era una idea nueva. Aquella fue la idea de Jesús, que le llevó a dejar la casa de su Padre, abandonando sus riquezas, para acercarse a la humanidad y formar parte de ella —pero sin participar en sus pecados—, y así ayudarla a apartarse del pecado.

De este modo razonaron los dos amigos, pero cuidándose de no juzgar a otros. Se limitaban sencillamente a observar su compromiso de hacer lo que juzgaban que Jesús haría, hallándose en el lugar de ellos, según lo entendían. Eso es lo que habían prometido. ¿Cómo no regocijarse ante la posibilidad de llevarlo a cabo?

El obispo poseía una pequeña fortuna, y el Rev. Bruce, además de ahorrar de lo que su congregación le daba, había acumulado algún dinero mediante sus trabajos literarios, conferencias y otras cosas. Ambos convinieron en colocar gran parte de ese dinero en la obra, empleando la mayor parte de él en arreglar y amueblar el «Hogar».

Por su parte, la congregación de la Iglesia de Nazareth estaba experimentando algo nunca oído en su historia. El sencillo llamamiento del pastor a sus miembros había generado en ellos un sentimiento que aún perduraba. El resultado fue muy semejante al de la iglesia de Raymond, solo que la congregación de Nazareth era mucho más rica, aristocrática y convencional. Sin embargo, cuando el Rev. Bruce anunció desde el púlpito su renuncia del pastorado, produjo una enorme conmoción en toda la ciudad. Y cuando se supo que también el obispo había renunciado a su elevada posición para ir a vivir al barrio más ruin de la ciudad y trabajar en beneficio de sus habitantes, el asombro del público no tuvo límites. La gente hablaba y lamentaba el hecho de que dos ministros de tan gran valía y prestigio abandonasen sus hogares confortables y renunciaran, voluntariamente, a su agradable posición social para consagrarse a una vida de penurias.

La Iglesia de Nazareth se despidió de su pastor con gran pena, aunque su marcha fue también motivo de alivio para aquellos que estaban en contra del voto de seguir a Jesús. Muchos hombres de negocios, para quienes asumir el voto hubiese significado la ruina, quisieron manifestarle, sin embargo, la tristeza que su ausencia les causaba, sintiendo en sus almas profundo respeto y sincera admiración por su consecuente decisión y su valor. Le habían conocido durante años como hombre bondadoso y digno, pero nunca habían pensado en él a la luz de semejante sacrificio; de modo que tan pronto como lo comprendieron, le dieron el debido crédito por su fidelidad a sus convicciones respecto al significado de seguir a Jesús. Aquella iglesia nunca perdió el impulso del movimiento iniciado por Calvino Bruce.

Llegó el otoño a la ciudad de Chicago, y tras él, un nuevo invierno. Cierta tarde, el obispo salía del «Hogar» con intención de ir a visitar a uno de sus nuevos amigos del barrio. Al poco de caminar, le llamó la atención un negocio muy distinto a todos los demás. El barrio era nuevo para él y diariamente descubría algún sitio que antes no había visto. El sitio que llamó su atención era una casita pegada a un lavadero chino. Tenía dos pequeños escaparates, con los vidrios muy limpios, y esto último ya era cosa notable.

Dentro de los escaparates, había un tentador despliegue de alimentos. Mientras observaba los escaparates, se abrió la puerta del negocio y Felisa apareció en ella.

—¡Felisa! —exclamó el obispo— ¿Cómo es que te has mudado a mi parroquia sin mi conocimiento?

—¿Cómo me descubrió tan pronto? —preguntó Felisa.

—¡Vaya! Como que tus vidrieras son las únicas limpias en todo este barrio.

—¡Sí, así me parece! —contestó Felisa con una carcajada que hizo feliz al obispo.

—Pero ¿cómo te has atrevido a venirte a Chicago y penetrar en mi diócesis sin mi conocimiento? —Felisa era una muestra tal de aquel mundo hermoso, aseado, refinado, que en un pasado aún cercano trató el obispo, que al verla, algo del antiguo paraíso revivió en su recuerdo, aun cuando no tenía el más mínimo deseo de volver a él.

—Pues, querido obispo —así le había llamado siempre Felisa—, me imaginaba cuán abrumado de trabajo estaría usted con su nueva obra y no quise molestarle con mis planes. Pero quiero ofrecerle mis servicios y, realmente, salía en este instante para ir a verle y pedirle consejo. Estoy aquí, por el momento, con la señora Bascom, una vendedora que me alquila tres habitaciones y con una ex discípula de Raquel, a quien Virginia Page ayuda a tomar lecciones de violín. Es «de los nuestros» —continuó Felisa, pronunciando estas palabras con tanta gravedad y sencillez que el obispo se sonrió. La joven continuó diciendo que, al mismo tiempo que cuidaba a sus pensionistas, estaba comenzando a hacer un experimento en la preparación de comidas sanas para los pobres—. Tengo pericia en esto —agregó—, y quiero presentarle un plan que deseo desarrollar. ¿Me lo permitirá usted, querido obispo?

—¡Con muchísimo gusto! —contestó el obispo, a quien tenían turbado la notable viveza, entusiasmo y santo propósito de la joven.

—Marta puede ayudar en el «Hogar» con su violín y yo ayudaré con mi cocina. Quise, primeramente, establecerme y hacer algo y, luego, presentarme con algo que ofrecer. Ahora puedo ganarme la vida.

—¿De veras? —preguntó el obispo, demostrando incredulidad—. ¿Cómo? ¿Preparando esas cosas?

—«¡Estas cosas!» —exclamó Felisa con tono entre indignado y risueño—. Quiero, señor, que usted sepa que «estas cosas» son alimentos de lo más puro, saludable y mejor preparado que hay en esta ciudad.

—¡No lo dudo! —se apresuró a decir el obispo, haciendo bailar sus ojos—. Pero tú sabes que la mejor manera de probar que un plato es bueno es...

—¡Probándolo! ¡Ya lo sé! ¡Entre, entre y pruebe mi comida! ¡Pobre obispo, me parece que hace mucho que no prueba un plato bien preparado!

Ante su insistencia, el obispo entró, hallándose allí con Marta, una niña vivaracha, con cabello corto y enrulado, con aire de música en ella y afanada por practicar con su violín.

—Sigue, no más, Marta —dijo Felisa—, este señor es el obispo, de quien tanto me has oído hablar... Siéntese, señor obispo, y déjeme presentarle algo de «los manjares de Egipto», pues me parece que usted está, realmente, en ayunas. Y diciendo así, en dos minutos le sirvió un buen *lunch*, con mucha gratitud por parte del obispo, que, en los últimos quince días, no había tenido tiempo de fijarse en lo que comía y que se alegraba del descubrimiento hecho, y expresó su admiración por la buena calidad de los alimentos y de su condimentación.

—Yo creía que usted diría, al menos, que son tan buenos como los que usted acostumbraba a comer en los banquetes del Gran Hotel —dijo Felisa, maliciosamente.

—¿Tan buenos? ¡Si aquello era todo insulso, al lado de esto! Tienes que venir al «Hogar». Quiero que veas lo que estamos haciendo. Y no se me pasa el asombro de encontrarte aquí, ganándote la vida de esta manera. Comienzo a comprender tu plan y veo que puedes prestarnos una gran ayuda. ¿No piensas, realmente, vivir aquí y enseñar a estas gentes el valor de una comida bien preparada?

—¡Sí que lo pienso! —exclamó la joven con gravedad— Eso es mi Evangelio. ¿No he de seguirlo?

—¡Por supuesto, criatura! ¡Tienes razón! ¡Bendito sea Dios por un criterio como el tuyo! Cuando salí del mundo —el obispo dijo esta frase sonriéndose—, se hablaba mucho de «la mujer moderna». Si tú eres un ejemplar de ella, me convierto ahora mismo en lo que llaman «partidarios del sistema feminista».

—¡Siempre la lisonja! ¡Ni aun en los tugurios de Chicago nos libraremos de ella! —Felisa volvió a reírse. Y el corazón del obispo, agobiado como se hallaba a la vista del infortunio y el pecado que por todos lados le rodeaban, desde que habitaba en aquel barrio, se regocijó con aquella risa franca y sana. Era una risa buena, bienhechora y santa.

Felisa se fue con el obispo a visitar el «Hogar», admirándose de lo que el dinero y los cerebros consagrados a Dios habían podido realizar; la joven no cesaba en sus exclamaciones de asombro y gratitud al observarlo todo. Bajaron a un sótano, y en seguida se oyó el ruido de una máquina cepilladora. Era un pequeño taller de carpintería. Un joven, con blusa y cubierta la cabeza con un gorro de papel, manejaba la cepilladora, mientras silbaba la tonadilla de un himno. Al ver a los visitantes, se quitó el gorro y, al hacerlo, una virutita enrollada en uno de sus dedos se prendió de su cabello y quedó allí pendiente sin que él lo notase.

—La señorita Sterling… El señor Esteban Price —dijo el obispo, presentándolos, y añadió—. Price es uno de nuestros ayudantes y viene dos tardes por semana.

En ese instante llamaron de arriba al obispo, y los dos jóvenes se quedaron solos.

—Nos hemos visto antes —dijo Felisa, mirando a Price con toda franqueza.

—Sí, «allá en el mundo», como dice el obispo —contestó el joven, y sus dedos temblaron un poco sobre la tabla que había estado cepillando.

—Sí —dijo Felisa algo vacilante—. Me alegro mucho de volver a verle.

—¿De veras? —preguntó el carpintero, algo ruborizado—. Usted ha pasado por grandes pruebas desde entonces —agregó y, en seguida calló, temiendo haberla molestado o despertado en ella recuerdos dolorosos. Pero Felisa se había sobrepuesto a todo eso y contestó:

—Sí... Y usted también. ¿Cómo es que está trabajando aquí?

—Es una larga historia, señorita. Mi padre lo perdió todo y yo tuve que ponerme a trabajar... ¡Cosa muy buena para mí!... El obispo dice que debo dar gracias a Dios por ello. Y se las doy. Soy feliz ahora. En el establecimiento de mi padre, siendo niño, aprendí el oficio, pensando que algún día podría serme útil... ¡Y ya ve! De noche llevo los libros de cuentas de un hotel... Aquel domingo, cuando usted asumió el compromiso en la Iglesia de Nazareth, yo también lo hice, junto con otros.

—¿De veras? —dijo Felisa en voz baja—. Pues me alegro mucho.

En ese instante volvió el obispo; él y la joven se retiraron, dejando solo al carpintero. Parece que alguien notó que, al seguir su trabajo, silbaba con más ganas que nunca.

—¿Conocías a Price de antes? —le preguntó el obispo.

—Sí, «allá en el mundo», querido obispo. Era uno de mis conocidos en la Iglesia de Nazareth.

—¡Ah, sí!

—Éramos amigos —agregó Felisa.

—¿Nada más que eso? —se aventuró a preguntarle.

El rostro de Felisa se iluminó un instante. Luego miró al obispo y le contestó con toda franqueza:

—¡De veras, nada más!

«Sería muy humano que estos dos llegaran a quererse», pensó el obispo, y se diría que tal pensamiento le hizo ponerse muy serio. Fue algo así como el antiguo dolor por Camila. Pero aquella sensación desapareció y, cuando Felisa se hubo retirado, el obispo dejando correr dos lágrimas sintió algo así como una esperanza de que los dos jóvenes llegasen a quererse. «Después de todo», pensó el buen obispo, «¿acaso el sentimentalismo no es parte integrante de la humanidad? ¡El amor es más viejo, sí, y más sabio que yo!».

Durante la semana siguiente, el obispo tuvo una singular experiencia relacionada con el «Hogar». Volvía muy tarde de una reunión de marineros huelguistas y caminaba con las manos cruzadas a la espalda, cuando dos hombres saltaron de detrás del cerco de una fábrica y se le colocaron enfrente. Uno de ellos le colocó, casi encima de la cara, la boca del cañón de una pistola, en tanto que el otro le amenazaba con una estaca.

—¡Arriba las manos y pronto! —exclamaron.

El sitio era solitario y el obispo ni pensó en resistirse. Hizo lo que le ordenaron y el de la estaca comenzó a registrarle los bolsillos. Ni siquiera se estremeció el obispo, y un espectador, ignorante de lo que pasaba, al verle así, con las manos levantadas, hubiese creído que sencillamente estaba orando por las almas de aquellos hombres. Y así era, efectivamente. Su oración fue maravillosamente contestada aquella misma noche.

XI

«La justicia irá delante de Él, y nos encaminará por
sus huellas»

(Salmo 85:13).

El obispo no acostumbraba a llevar mucho dinero consigo, y el
hombre de la estaca que le estaba registrando lanzó un jura-
mento al notar lo poco que encontraba. El de la pistola le dijo:

—¡Sácale el reloj, para que no nos resulte todo el trabajo perdido!

El otro iba a obedecer, cuando se oyeron pasos que se acercaban.

—¡Metámonos con él detrás del cerco, aún no lo hemos regis-
trado bien! —dijo el de la pistola, y agregó, dirigiéndose al obispo,
siempre con la pistola contra su rostro— ¡Y usted, cuidado con
hablar! —Y diciendo esto, lo empujó tras el cerco por una abertura
del mismo. Allí permanecieron los tres, hasta que el ruido de pasos
se perdió en la distancia.

—¡Bueno! ¿Sacaste el reloj? —preguntó el de la pistola.

—¡No! —contestó el otro, maldiciendo—, la cadena se ha aga-
rrado en algo…

—¡Rómpela, entonces!

—¡No! ¡No la rompa! —dijo el obispo, hablando por primera
vez—. Es un regalo de un amigo muy querido y sentiría mucho que
la rompieran.

Al oír la voz del obispo, el hombre de la pistola se asustó tanto
como si hubiese sido herido por su propia arma. Con un rápido

movimiento de su otra mano volvió la cabeza del obispo hacia la escasa luz que venía de la callejuela, al mismo tiempo que se acercaba a su rostro. Después, con gran sorpresa de su compañero, dijo bruscamente:

—¡Deja, deja el reloj! ¡Con el dinero nos basta!

—¿¡Qué!? ¿Con cincuenta céntimos? ¿No te das cuenta…?

Antes de que el otro pudiera proseguir, vio frente a su cara el cañón de la pistola que antes amenazaba al obispo, al tiempo que su compañero le decía:

—¡Te digo que dejes ese reloj! ¿Oyes? ¡Y el dinero también! ¡Es al obispo al que hemos retenido! ¡El obispo! ¿Entiendes?

—¿Y qué? Al presidente de la república detendría yo si supiese que llevaba…

—Te digo que vuelvas el dinero al bolsillo o te hago un agujero en la cabeza, a ver si por él te entran razones.

Durante un par de segundos, el hombre vaciló ante el extraño cambio de su colega, midiendo las intenciones de aquel. Luego arrojó con presteza el dinero y el reloj a un bolsillo del obispo.

—Baje usted las manos, señor —dijo al obispo el hombre de la pistola, con tosca expresión de respeto, medio bajando la pistola, pero sin quitarle ojo a su compañero. El obispo bajó, lentamente, los brazos, mirando vehementemente a los dos hombres. En aquella semioscuridad era imposible distinguir facciones. Evidentemente, se hallaba en libertad de marcharse, pero no trató de hacerlo.

—Puede irse, señor. No necesita quedarse por nosotros —dijo el de la pistola, sentándose en una piedra, mientras su compañero, de muy mal humor, se entretenía en clavar y desclavar en el suelo la punta de su estaca.

—Es justamente por ustedes que me quedo —contestó el obispo, arrimándose a un poste del cerco.

—Debe agradarle nuestra compañía. A veces les cuesta caro a algunos querer apartarse de nosotros —dijo el de la estaca, riéndose con grosería.

—¡Cállate! —dijo el otro— Realmente estamos en el camino del infierno. Necesitaríamos mejor compañía que la de nosotros mismos y la de Satanás.

—Si me permitierais que os ayudase en algo… —dijo el obispo con suavidad y hasta con cariño.

El de la pistola miró fijamente al obispo a través de la oscuridad. Después de un momento de silencio, dijo algo en voz baja, como quien finalmente hubiese aceptado una línea de conducta que al principio rechazara.

—¿Recuerda haberme visto antes? —preguntó al obispo.

—No —contestó éste—. La luz no es buena y aún no he podido verle el rostro.

—¿Me conoce, ahora? —dijo el hombre, levantándose repentinamente y plantándose al lado del obispo, sacándose el sombrero y descubriendo una cabeza de cabello renegrido, excepto un gran mechón que era enteramente blanco.

Tan pronto como el obispo notó aquello, manifestó sorpresa e hizo esfuerzos por recordar. El hombre le ayudó, preguntándole:

—¿No recuerda, allá por el 80 u 81, a un hombre que llegó a su casa contándole que su mujer y un hijo habían perecido en el incendio de un conventillo en Nueva York?

—Sí… Me parece recordar algo —murmuró el obispo. El otro hombre pareció interesarse. Cesó en su operación de clavar y desclavar la estaca y se quedó escuchando.

—¿Recuerda usted que me albergó en su propia casa aquella noche y que me acompañó todo el día siguiente, buscándome trabajo…, y que, cuando me lo hubo conseguido, como guardián de un depósito, a pedido de usted yo prometí abandonar la bebida?

—Ahora sí, recuerdo —dijo el obispo—. Espero que haya cumplido usted su palabra.

El hombre lanzó una carcajada salvaje, al mismo tiempo que, con rabia dio tal puñetazo en un poste del cerco, que se ensangrentó los nudillos.

—¡Cumplirla! ¡Una semana después me emborraché y desde entonces siempre he seguido bebiendo! Pero nunca me he olvidado de usted ni de la oración que aquel día hizo por mí. ¿Se acuerda que después de pasar la noche en su casa, me llamó usted a almorzar en su mesa, junto con los demás, como si yo hubiese sido persona de su misma clase, y que después del almuerzo leyó algo de la Biblia e hizo una oración? ¡Oh! ¡Cómo me cautivó! También mi madre oraba. Me parece verla al lado de mi cama, siendo yo muchacho... Mi padre llegó, borracho, una noche, y le dio un puntapié mientras estaba allí, arrodillada, orando... Pero yo nunca he olvidado la oración de usted. Oró usted por mí como acostumbraba a hacerlo mi madre y, cuando llamé a su puerta, no se puso usted a considerar que yo era un harapiento y que estaba medio borracho... ¡Dios mío! ¡Qué vida he vivido! La taberna ha sido mi habitación y mi hogar..., sí..., la bebida ha hecho de la tierra un infierno para mí. ¡Pero aquella oración se me quedó pegada al alma! Mi promesa se la llevó el viento a los pocos días y pronto perdí la colocación que usted me consiguió; dos días después fui a parar a una comisaría..., pero no me olvidé de su oración. No sé qué bien me haya hecho, pero nunca la olvidé. Y no seré yo quien le haga daño a usted ni permitiré que otros se lo hagan. De modo que puede retirarse, señor...

El obispo no se movió. El reloj de una iglesia muy lejana dio la una. El hombre había vuelto a sentarse en la piedra. El obispo meditaba inmóvil.

—¿Cuánto tiempo hace que está sin trabajo? —preguntó al fin al hombre, y fue el de la estaca quien contestó:

—Hace más de seis meses que no hallamos trabajo..., a menos que llamemos trabajar a lo que andamos haciendo... Yo lo hallo bien pesado, especialmente cuando, como esta noche, no sacamos nada.

—Si yo les consiguiera trabajo para los dos, ¿dejarían esta vida y comenzarían otra mejor?

—¿Para qué? —exclamó con tristeza el de la piedra—. ¡Cien veces me he reformado para, luego, hundirme más que antes! El Diablo ya me tiene demasiado asido. ¡Es demasiado tarde!

—¡No, señor! —exclamó el obispo con voz de trueno y sintiendo un deseo imponderable por la salvación de aquellas almas. Desde que la escena había comenzado, haciéndole levantar las manos para saquearle, su corazón había ardido constantemente con una única plegaria: «¡Jesús, dame estas almas para ti!».

—¡No, señor! —repitió el obispo—. ¿Qué quiere Dios, de vosotros, los hombres? Poco importaría lo que yo quisiera. Pero, en este caso, Él y yo deseamos la misma cosa. Ustedes tienen un valor infinito a sus ojos.

Y en ese instante, la providencia divina le concedió desenterrar de entre los miles de nombres y circunstancias sepultados en su memoria durante años el nombre del hombre de la pistola, habilitándole, así, para apelar con mucha mayor potencia al corazón de aquellos desgraciados. Dirigiéndose, pues, a éste, cuyo nombre acababa de recordar, le dijo con un tono de cariño capaz de conmover a las piedras:

—Burner, si tú y tu amigo quieren venirse conmigo esta noche, yo les hallaré ocupación honrada. Creeré en la palabra de ustedes y confiaré en lo que me prometan. Aún son, relativamente, jóvenes los dos. ¿Por qué habría Dios de quedarse sin ustedes? Es una maravilla el hecho de que Dios nos ame. El que yo les ame a ustedes es cosa insignificante. Pero si quieren sentir, otra vez, que hay amor en el mundo, me creerán si les digo, queridos hermanos míos, que les amo en el nombre de Aquel que fue crucificado por nuestros pecados y que no puedo soportar la idea de verles perder la gloria de la vida humana. ¡Vengan! ¡Vengan, sean hombres! ¡Hagan, otra vez, la prueba con la ayuda de Dios! Fuera de Dios, solo vosotros y yo tenemos por qué saber lo que ha pasado esta noche. Él los ha perdonado. En el instante que busquéis su perdón, veréis que esto es cierto. ¡Vengan! Lucharemos juntos, ustedes dos y yo. ¡Vale la pena luchar! ¡Se trata de una felicidad eterna! ¡Es a los perdidos que Cristo vino a salvar! ¡Yo haré cuanto pueda por ustedes!... ¡Oh, Dios! —murmuró llorando, el obispo—¡Dame las almas de estos dos hombres!

Y, en seguida, prorrumpió en una oración más larga y comprensible, que era una prolongación del llamamiento que acababa de hacer a los dos hombres. No hallaba otro medio de dar rienda suelta a la tremenda emoción que sentía. No había ido muy lejos en su plegaria cuando, ya, Burner había hundido la cara entre las manos, sollozando. ¿Dónde estaban, ahora, las oraciones de su madre? ¿Se estarían uniendo a las del obispo? El otro hombre, más endurecido, sin conocer al obispo, apoyado contra el cerco, permaneció al principio inconmovible. Pero, a medida que la oración continuaba, también fue conmovido. Solo en los registros eternos que guarda el ángel de Dios está registrada la fuerza que el Espíritu Santo hizo sobre aquella alma insensibilizada, embrutecida por la vida crapulosa. Pero aquella misma Presencia sobrenatural que hirió a Saulo de Tarso en su viaje a Damasco, y que se derramó sobre la congregación de Enrique Ford y, luego, sobre la de Bruce, se manifestó, también, en aquel rincón oscuro de la gran ciudad sobre los corazones de aquellos dos pecadores empedernidos que parecían ajenos a toda apelación de la conciencia, a todo recuerdo de Dios. La oración del obispo pareció romper la corteza que, por años, había rodeado a estos hombres, privándoles de toda comunicación con Dios. Ellos mismos se quedaron pasmados de lo que experimentaban.

Terminó el obispo su oración y, al principio, él mismo no se dio cuenta de lo que pasaba ni tampoco los dos hombres. Burner aún estaba con la cabeza inclinada sobre las manos. El otro, apoyado en el cerco, miraba al obispo y su rostro era un estudio de encontradas emociones, lleno como estaba de la expresión de sorpresa, arrepentimiento, asombro indecible y algo así como un rayo de gozo que luchaba por manifestarse.

El obispo se levantó.

—¡Vengan, hermanos! —dijo—. Dios es bueno. Dormirán en el «Hogar» esta noche. Y yo cumpliré mi promesa de hallarles trabajo.

Los dos hombres siguieron al obispo en silencio. Tocaban ya las dos de la mañana cuando entraban en el «Hogar». El obispo les introdujo a una habitación con camas. Se detuvo un instante en la puerta. Era notable ver su imponente figura y observar cómo su rostro, aunque sellado por las recientes experiencias, estaba iluminado por algo semejante a un resplandor de gloria. «¡Dios les bendiga, hermanos!», dijo a los dos hombres, y se retiró.

Por la mañana casi temía encontrarse con ellos. Pero la impresión de la noche pasada no había desaparecido. Fiel a su promesa, les consiguió trabajo. El portero del «Hogar» necesitaba un ayudante y a Burner se le asignó este puesto, mientras que a su compañero se le colocó de carretero en un negocio cercano. El Espíritu, luchando en aquellas dos almas entenebrecidas, comenzó su obra maravillosa de regeneración.

La tarde del día en que Burner ocupó su puesto, hallándose en la vereda del edificio, lavando los umbrales, levantó los ojos, y su vista tropezó con el letrero de una cervecería. Desde donde se hallaba, si extendía el brazo, casi podía tocar la puerta con la escoba. En frente, en la misma cuadra, había dos grandes tabernas y un poco más lejos había tres más. De pronto, de una de las más cercanas, salió un hombre, al mismo tiempo que entraron otros dos. Un fuerte olor de bebidas saturó el aire, llegando hasta Burner. Este apretó con todas sus fuerzas el mango de la escoba y comenzó a barrer. Tenía un pie en el zaguán y otro en un peldaño de este. Bajó otro peldaño, siempre barriendo. Aunque el día era crudo y frío, Burner sintió el sudor correrle por la frente. Volvió a abrirse la taberna y salieron tres hombres más. Entró un chico y, al rato, salió, llevando una jarra con un litro de cerveza y pasó por la vereda, justamente debajo de Burner, que aspiró el olor de la bebida. Bajó aún otro peldaño, siempre barriendo desesperadamente. Estrujaba tanto el mango de la escoba que sus dedos estaban amoratados.

De pronto se sobrepuso, subió un peldaño y volvió a barrer lo que ya había limpiado. Haciendo un tremendo esfuerzo penetró en el zaguán y continuó barriendo allí, ya más lejos de la taberna, mientras decía:

—¡Ojalá Dios trajera al obispo!

El obispo había salido con el Rev. Bruce y no había nadie en el «Hogar» a quien Burner conociera.

Continuó barriendo un rincón durante dos o tres minutos, con una verdadera agonía de espíritu reflejada en su semblante. Gradualmente se enderezó de nuevo hacia los peldaños y comenzó a bajar por ellos. Miró la vereda y vio que había dejado un peldaño sin barrer. Aquello le dio motivo para bajar hasta allí a terminar su trabajo. Hallábase, ya, en la vereda, barriendo el último peldaño dando la espalda a la taberna de enfrente. Barrió aquel peldaño no menos de una docena de veces. El sudor de su frente llegó a gotear sobre sus manos. Gradualmente sintió que se iba aproximando hacia el final de la grada que más cercana se hallaba de la taberna. Ya llegaban hasta él los olores del ron y la ginebra… Aquello era algo como el azufre endemoniado del más profundo infierno, le arrastraba, le aprisionaba como la mano férrea de un gigante y tiraba de él hacia el sitio maldito.

Hallábase en el centro de la vereda, barriendo aún. Limpió todo el frente del «Hogar» y hasta bajó y limpió la acequia. Se quitó el sombrero y se pasó la manga de la camisa por la cara. Sus labios estaban exangües y los dientes le castañeaban. Un espasmo le estremecía todo el cuerpo, se tambaleaba como un ebrio. Su propia alma se estremecía.

Había llegado hasta el trocito de empedrado que unía una vereda con la otra y se hallaba, ya, frente a frente con la puerta de la taberna, mirando sus anuncios y las pilas de botellas apiladas en forma de pirámide. Se humedeció los labios con la lengua y avanzó un paso más, mirando, cautelosamente, a su alrededor. La puerta se abrió repentinamente y alguien salió. Nuevamente el aire caliente, saturado de olor de bebidas, le envolvió. El hombre dio un paso más hacia la puerta que se había cerrado al salir el cliente. Burner extendió la mano para abrir la puerta y, en ese mismo instante, dando vuelta a la esquina, apareció el obispo, quien tomó a Burner por un brazo y, literalmente, lo arrastró a la acera del «Hogar». Burner, frenético, enloquecido por su ansia de alcohol, lanzó una maldición y dio un golpe feroz al obispo. Es dudoso que, en un primer momento, se diese cuenta de que era el obispo quien le había arrancado de la puerta de aquel infierno. El golpe dio sobre una mejilla de aquel, haciéndole sangrar. El obispo no dijo ni una palabra, pero había en sus ojos una profunda mirada de tristeza. Levantó a Burner en sus brazos como si fuera un niño y lo introdujo en el zaguán del «Hogar». Luego lo dejó en el vestíbulo y cerró la puerta, colocándose contra ella.

Burner cayó de rodillas, sollozando y rogando. El obispo estaba lleno de la más profunda compasión hacia el desgraciado, a quien dijo:

—¡Ora, Burner! ¡Ora como nunca has orado! ¡Solo en la oración hallarás la fuerza que necesitas!

—¡Oh, Dios, sálvame! —clamó Burner, añadiendo— ¡Ore usted por mí, señor obispo! ¡Oh, que sea salvo de este infierno! —Y el obispo, enjugándose la sangre con el pañuelo, se arrodilló a su lado y oró como él sabía hacerlo.

Después, Burner se fue a su habitación. Por la noche salió de ella manso como un niño. El obispo continuó su obra, gozando de una experiencia más y llevando en su cuerpo «las marcas del Señor». Estaba aprendiendo algo de lo que significa «andar en sus huellas».

Pero la taberna estaba allí... Toda una fila de tugurios y antros como trampas para Burner. ¿Cuánto tiempo podría aquel hombre resistir aquellos diabólicos olores? El obispo salió a la puerta del «Hogar». Todo el aire parecía impregnado con olor de bebidas.

—¿Hasta cuándo, Señor? ¿Hasta cuándo? —murmuró.

Llegó el Rev. Bruce, y los dos amigos se pusieron a conversar acerca de lo sucedido con Burner.

—¿No has averiguado nunca quiénes son los dueños de estas propiedades vecinas? —preguntó el obispo.

—No me he tomado el tiempo para hacerlo, pero lo haré, si te parece que merece la pena —contestó Bruce— ¿Qué podemos hacer contra la taberna, Eduardo, si está tan firmemente establecida como la Iglesia? ¿Quién tiene poder para destruirla?

—Dios lo hará a su tiempo, como destruyó la esclavitud —replicó el obispo gravemente—. En el ínterin tenemos derecho de saber de quién depende esta taberna de enfrente.

—Lo averiguaré —dijo Bruce.

Días después, penetraba en la oficina de uno de los miembros de la Iglesia de Nazareth. Fue cordialmente recibido por su antiguo feligrés, que se puso enteramente a sus órdenes.

—El tiempo nos es precioso a los dos —dijo Bruce—, así que economizaré palabras. Vengo a hablarle de esa taberna que está junto al «Hogar» que el obispo y yo hemos establecido, ¿sabe? ¿Le parece, Clayton, que es justo alquilar su casa para ese objeto?

La pregunta fue tan directa como Calvino Bruce se había propuesto que lo fuese, y el efecto sobre Clayton fue instantáneo. La sangre afluyó al rostro de aquel representante de la actividad comercial de la ciudad. Luego palideció, colocó la cabeza entre sus manos, y cuando la levantó nuevamente, el Rev. Bruce se asombró al ver una lágrima corriendo por una de sus mejillas.

—Pastor —dijo Clayton—, ¿sabía usted que yo asumí el compromiso de seguir a Jesús, aquella mañana, junto con otros?

—Sí, lo recuerdo.

—No sabe cuánto me ha atormentado el hecho de haber dejado de cumplir aquella promesa. Esa taberna ha sido la tentación que el Diablo ha escogido para mí. Actualmente es el capital mejor invertido que tengo. Sin embargo, sé que Jesús jamás alquilaría una casa suya a un vendedor de bebidas alcohólicas. No es necesario, querido Reverendo, que agregue usted una sola palabra.

Y diciendo esto, le extendió la mano, que Bruce estrechó muy cordialmente, despidiéndose al poco rato. Solo mucho tiempo después supo toda la verdad acerca de la lucha que Clayton había pasado. Esto no era más que parte de la historia de la Iglesia Nazarena. Ni aun el obispo y ni Bruce, andando como lo hacían en presencia misma de divinos impulsos, tenían conocimiento de que sobre toda aquella ciudad llena de pecado el Espíritu se movía poderosamente buscando discípulos que respondieran a la llamada de sacrificio y abnegación, tocando corazones por largo tiempo endurecidos y fríos, intranquilizando la conciencia de mercaderes que solo habían pensado en ganar y acumular dinero y conmoviendo la Iglesia como nunca antes.

El obispo y Calvino Bruce ya habían visto algunas cosas maravillosas durante el corto tiempo que llevaban en el «Hogar». Pronto habrían de ver otras mayores, revelaciones más portentosas de la potencia divina de lo que hubieran podido imaginar.

Un mes más tarde, la taberna de Clayton estaba cerrada. El contrato del tabernero había terminado y Clayton no solo se resistió a renovárselo, sino que ofreció el uso de la casa al Rev. Bruce y al obispo, porque la obra del «Hogar» había crecido tanto que su local era insuficiente para desarrollar los planes proyectados. Uno de los más importantes era el departamento de comidas sanas sugerido por Felisa. Poco después de mudarse el tabernero, en el mismo salón donde tantas almas se habían arruinado, Felisa instalaba no solo su escuela culinaria, sino un departamento de enseñanza para muchachas que quisieran colocarse como criadas idóneas. Ella residía, ahora, en el «Hogar», habiendo hallado un hogar para sí al lado de la señora Bruce y de otras jóvenes de la ciudad que ayudaban en la obra. Marta iba ciertas noches al «Hogar» a dar lecciones de violín.

—Dinos, ahora, todo tu plan —dijo el obispo a Felisa, una noche, en uno de los raros momentos de descanso que el abrumador trabajo le dejaba.

—Pues he pensado mucho en el problema de las muchachas —dijo Felisa, con tal aire de seriedad, que hizo sonreír a la señora Bruce—. Y he llegado a ciertas conclusiones al respecto, que vosotros, los hombres, aún no estáis en condiciones de medir; pero la señora me comprenderá.

—Reconocemos nuestra infantilidad, continúa —dijo el obispo humildemente.

—Esto es lo que me propongo: el edificio de la antigua taberna es suficientemente grande para transformarlo en una serie de habitaciones, como una casa común. Mi plan es arreglarlo para enseñar a cocinar y a hacer trabajos domésticos a muchachas que después podrán colocarse. El curso durará seis meses. En ese tiempo les enseñaré a preparar comidas sencillas, les enseñaré aseo y presteza y les inspiraré amor por el trabajo.

—¡Alto, Felisa! —interrumpió el obispo—. Estos no son tiempos milagrosos.

—Pues yo trataré de que lo sean. Yo sé que esto parece un imposible, pero quiero ensayarlo. Ya conozco una docena de muchachas que seguirán mi curso, y sé que la comida saludable está operando una revolución en muchas familias.

—Felisa —dijo la señora Bruce—, si puedes realizar aunque solo sea la mitad de lo que te propones, será una bendición para la población. No veo cómo puedas realizarlo, pero espero que Dios bendiga tu proyecto.

—¡Lo mismo decimos todos! —exclamaron Bruce y el obispo.

Y con tal espíritu, la joven se lanzó a desarrollar su plan.

Gracias a su encantador poder de persuasión, con una rapidez increíble, enseñó a las muchachas a hacer toda clase de trabajos domésticos. Con el tiempo, sus discípulas eran solicitadas y bien remuneradas por las señoras de la ciudad.

Los rigores del invierno acentuaron el notable contraste que se produce en grandes ciudades como Chicago entre las grandes riquezas y la extrema pobreza; entre la cultura, el refinamiento, el lujo y las comodidades, la ignorancia, la depravación, la miseria, la tremenda lucha por un bocado de pan. Fue un invierno crudo pero alegre para los adinerados. Nunca había habido tal sucesión de tertulias, recepciones, bailes, banquetes y festejos de toda índole. Nunca los teatros habían estado tan llenos de auditorios tan aristocráticos ni se había visto tan gran despliegue de joyas y lujosos vestidos. Por otra parte, nunca los pobres habían sufrido tanta necesidad. Jamás los vientos parecieron soplar tan fríamente sobre el lago y sobre las delgadas paredes de los tugurios que rodeaban al «Hogar». Nunca hubo clamor tan intenso e insistente en demanda de alimentos y combustible por parte de los que perecían en la miseria. De día y de noche, el obispo y Calvino Bruce, con sus ayudantes, se multiplicaban para atender a tantos necesitados, esforzándose por salvar al mayor número posible del hambre y del frío. Grandes cantidades de dinero, ropa y de más menesteres fueron donados por las iglesias, las sociedades de beneficencia, las autoridades y otros.

Pero lo que más escaseaba era el elemento personal, cristianos dispuestos a llevar simpatía y aliento a los desamparados. ¿Dónde estaban los discípulos obedientes al mandato del Maestro de darse a sí mismos, junto con sus dádivas? Al obispo se le partía el alma al observar este hecho. Había muchos que le daban dinero, pero no querían ni oír hablar de darse ellos mismos al Señor. Y si daban dinero, era porque podían darlo sin sacrificio. Daban lo que era más fácil de dar, lo que menos les dolía. ¿Dónde estaba el espíritu de sacrificio? ¿Era eso andar en las huellas de Jesús? ¿Era eso, como se canta en los himnos de las iglesias, «renunciar a todo por seguir al Salvador»? Había visitado a muchos miembros de su antigua rica y aristocrática congregación y se asombró, como nunca, al ver cuán pocos de aquellos hombres y mujeres se hallaban dispuestos a sufrir la más mínima incomodidad en beneficio de la humanidad sufriente. ¿Acaso la caridad consiste en regalar un traje viejo? ¿Es hacer caridad entregar mensualmente un billete de diez dólares al cobrador de una sociedad de beneficencia? ¿No podría ese hombre o esa mujer ir personalmente alguna vez y socorrer a un desgraciado?

En todo esto pensaba el obispo mientras se debatía en la lucha contra el pecado y la miseria en aquel invierno cruel. Llevaba su cruz con gozo, pero su corazón ardía dentro de él al ver las multitudes arrojando sobre un puñadito de hombres y mujeres toda su responsabilidad. Y sin embargo, silenciosa, poderosa e irresistiblemente, el Espíritu estaba moviéndose en las iglesias, aun sobre sus miembros aristocráticos, codiciosos e indolentes, que huían del contacto del problema social como de la peste. Pronto el obispo y el Rev. Bruce lo verían con sus propios ojos.

La hora del desayuno era la única en la que toda la «familia» residente en el «Hogar» hallaba un instante libre para conversar juntos. Era una hora de recreo, en el que se hacía gala del más sano buen humor. El Dr. Bruce y el obispo contaban cuentos y anécdotas siempre agradables, cuando no instructivas. A pesar de la atmósfera de tristezas y penalidades de que vivían rodeados constantemente, la reunión de aquellos discípulos alrededor de la mesa era siempre expansiva, llena de dichos ingeniosos y de buen humor. El obispo solía decir que el buen humor es una facultad que procede de Dios, tanto como cualquier otra cosa buena; y en su propio caso en eso hallaba la única válvula de escape —hablando humanamente— para la tremenda presión bajo la cual vivía.

Aquella mañana el obispo se hallaba leyendo en voz alta para todos algunos párrafos de un diario. De repente se detuvo y sus facciones se llenaron de la mayor gravedad y tristeza. Los demás, al verle así, permanecieron en absoluto silencio.

«Se suicidó mientras conducía un carro de carbón. Su familia se estaba helando y él no había tenido trabajo durante seis meses. Su mujer y seis hijos, todos apiñados en una casilla. Uno de los niños envuelto en harapos».

Tal era el encabezamiento que el obispo leyó lentamente. Luego leyó la crónica en la que se daba cuenta de la muerte y de la visita del reportero al conventillo donde habitaba la familia. Terminó la lectura y todos guardaron silencio. La amarga tragedia hizo desaparecer el acostumbrado buen humor. La gran ciudad rugía alrededor del «Hogar».

La tremenda corriente de vida humana fluía como un torrente frente a la casa, y los que tenían trabajo marchaban apresuradamente en dirección a él en compacta muchedumbre. Pero en medio de ellos marchaban centenares y centenares de desocupados, asiéndose de alguna última esperanza, literalmente muriéndose de hambre por falta de trabajo.

Se hicieron varios comentarios en la mesa. Uno de los presentes, un joven recién ingresado en el «Hogar» y que estaba preparándose para el ministerio, dijo:

—¿Por qué ese hombre no acudiría a alguna sociedad de beneficencia o a la municipalidad? Por muy malas que sean las cosas, no puede creerse que esta ciudad donde abunda la gente cristiana permitiera a sabiendas que alguien muera de hambre o de frío.

—No. No creo que lo permitiera —dijo el Dr. Bruce—, pero no conocemos la historia de esta familia en particular. Quizá hubiese pedido ayuda antes con tanta frecuencia que, finalmente, en un momento de desesperación, determinó aliviarse a sí mismo. He conocido otros casos análogos este invierno.

—Eso no es lo terrible de este caso —dijo el obispo—. Lo más terrible es el hecho de que el hombre no había hallado trabajo en seis meses.

—¿Por qué esas gentes no van al campo en busca de trabajo? —preguntó el estudiante.

Alguien contestó que las oportunidades para trabajar en el campo son muy pocas; que en casi todos los casos se busca a hombres sin familia. Y agregó:

—Supongamos que la mujer o las criaturas del hombre estuviesen enfermas, ¿cómo podrían ir al campo con él? Y, aunque así no fuese, ¿cómo mudarse al campo? ¿Con qué pagar el viaje para seis personas, sus cachivaches? Por muchísimos motivos muy comprensibles, hay infinidad de gente que no va al campo en busca de trabajo.

—¡Y queda la pobre mujer con tantos hijos! ¡Qué horror! —dijo la señora Bruce— ¿Dónde viven?

El obispo miró el diario y exclamó:

—¡Pues de aquí a seis cuadras! En el Barrio Penrose... Sí, me parece que el mismo Penrose es dueño de la mitad de las casas de esa manzana... Son de las peores construcciones de estos barrios... Y Penrose es miembro de una iglesia...

—Sí. Pertenece a mi antigua congregación —dijo Bruce en voz baja.

El obispo se levantó de la mesa con un gesto de suprema indignación. En el instante en el que desplegaba los labios para pronunciar —contra su costumbre— una palabra de durísima censura, sonó el timbre de la calle y alguien salió a atender al que llamaba. Se oyó la voz, un tanto imperiosa o nerviosa, de un hombre, que decía:

—Dígales al Rev. Bruce y al obispo que deseo verles. Mi nombre es Penrose. Mauricio Penrose... El Rev. Bruce me conoce.

Los que estaban en la mesa oyeron cada una de estas palabras. El obispo y Bruce cambiaron una mirada significativa e inmediatamente salieron a recibir al visitante.

—Entre, Penrose —dijo el Calvino Bruce, y él y el obispo le introdujeron a la sala destinada a recibir visitas, cerrando la puerta tras de sí.

Mauricio Penrose era uno de los hombres más apuestos y elegantes de Chicago. Descendía de una aristocrática y acaudalada familia y era propietario de una multitud de casas en diversas partes de la ciudad. Siempre había sido miembro de la iglesia de Nazareth.

Este hombre dirigió al obispo y a su antiguo pastor una mirada llena de agitación, que demostraba que se hallaba bajo el influjo de una situación extraordinaria. Estaba sumamente pálido y sus labios temblaban. Jamás se había visto a Mauricio Penrose en semejante estado.

—Este asunto del suicidio... ustedes comprenderán... La familia habitaba en una de mis casas... ¡Es un caso terrible!... Pero esa no es la causa principal de mi visita. —Esto lo dijo casi tartamudeando y mirando ansiosamente a los dos hombres. El obispo aún continuaba reflejando en su semblante la mayor severidad. No podía desechar el pensamiento de que este hombre rico y elegante podría haber hecho mucho para aliviar los sufrimientos de los inquilinos de sus conventillos, y quizá haber evitado aquella tragedia si hubiese querido sacrificar algo de su lujo y comodidades en beneficio de los desgraciados.

Penrose se volvió al Rev. Bruce; en su voz había algo de terror infantil:

—¡Pastor! He venido a decirle que he tenido una experiencia tan extraordinaria que nada fuera de lo sobrenatural puede explicarla. Usted recordará que yo fui uno de los que prometieron seguir en las huellas de Jesús. En aquel tiempo, yo, ¡infeliz de mí!, creía que siempre había estado practicando la vida cristiana, por el hecho de que siempre había contribuido literalmente al sostén de la Iglesia y de las instituciones de caridad. Pero el hecho es que nunca hice nada que significara el más mínimo sacrificio. He estado viviendo en un completo infierno de contradicciones desde que asumí el compromiso. Mi hijita, Diana, usted recordará que también asumió el compromiso. En los últimos meses, ella me ha estado haciendo infinidad de preguntas acerca de los pobres y de su manera de vivir y yo estaba obligado a contestarle. Anoche, las preguntas que me hizo me tocaron en lo más íntimo del alma. Entre otras cosas, preguntó si yo tengo casas habitadas por gente pobre; si esas casas eran buenas y calientes como la nuestra y cosas por el estilo, ya saben ustedes cuántas cosas suelen preguntar las criaturas. Me fui a la cama atormentado con lo que ahora comprendo que era el aguijón divino de la conciencia. No podía dormirme. Me parecía hallarme en el Día del Juicio. Estaba ante el gran Juez. Se me pedía cuentas de lo que he hecho en este mundo: ¿Cuántas almas perdidas

había visitado en las cárceles? ¿Qué había hecho con mi mayordo-
mía?¿Qué tenía que decir de los conventillos que poseo, en los que
los inquilinos se asfixian en verano y se hielan en invierno? ¿Si me
preocupaba de ellos para algo más que para cobrarles o aumentarles
los alquileres? ¿Qué sacrificios hacía? ¿Si habría vivido Jesús como
yo? ¿Si había violado mi voto? ¿De qué manera había empleado el
dinero, la cultura y la influencia que poseo? ¿Si los había empleado
en beneficio de la humanidad, aliviando a los necesitados, consolan-
do a los afligidos, alentando a los desesperados? Se me decía que he
recibido mucho y se me preguntaba cuánto es lo que he dado.

»Todo esto me aconteció como en una visión, como si soñara
despierto; pero tan claro y real como la percepción que tengo de
la presencia de ustedes… No pude comprender del todo el final de
la visión. Se presentó a mi mente una confusa representación del
Cristo sufriente, que me señalaba con un dedo acusador. Más no
percibí bien, todo quedó envuelto en niebla y oscuridad… En las
últimas veinticuatro horas no he dormido ni un minuto… Esta mañana, la primera cosa que vi en el diario fue lo del suicidio de uno
de mis inquilinos… Aún no he podido librarme de la impresión de
horror que me ha causado esta noticia… ¡Soy un mísero culpable,
delante de Dios!

Repentinamente, cesó de hablar.

Los dos hombres lo miraban, poseídos por muy solemnes pensamientos. ¿Qué poder del Espíritu Santo estaba moviendo el espíritu de este hombre que, hasta entonces, había sido uno de los
elegantes hombres ricos de la ciudad, un miembro de «la mejor
sociedad», engreído y satisfecho consigo mismo, habituado a su
vida plácida, enteramente despreocupado de las lágrimas y amargura de los pobres y prácticamente ignorante de lo que significa un
sacrificio por amor de Jesús?

En aquel instante, en aquella sala hubo una manifestación semejante a la que se notó en la Iglesia de Nazareth y en la congregación
del Rev. Ford. Nada menos que una efusión del Espíritu pasó por

sobre aquellos tres hombres. El obispo colocó una mano sobre un hombro de Penrose, al mismo tiempo que le decía:

—Mi hermano, Dios ha estado muy cerca de usted. Démosle gracias.

—Sí, sí —sollozó Penrose, mientras se dejaba caer en una silla, escondiendo el rostro entre sus manos. El obispo oró. Luego, Penrose, hablando ya tranquilamente, les preguntó—: ¿Quieren acompañarme a aquella casa?

Por toda respuesta, los dos ministros se pusieron sus respectivos abrigos y salieron con él, dirigiéndose a casa del difunto jornalero.

Este fue el comienzo de una vida nueva para Mauricio Penrose. Desde el instante en que puso los pies en el mísero tugurio y, por vez primera en su vida, vio con sus propios ojos una miseria y desesperación que únicamente conocía por lecturas de escenas imaginarias, comenzó una nueva era en su vida. Aquello cambiaría radicalmente su forma de tratar a sus inquilinos, empezándolos a tratar tal y como Jesús lo haría si estuviera en su lugar.

Muchas más cosas ocurrieron en aquella ciudad durante el invierno. Entre ellas, ocurrió que cierta tarde, en el mismo instante en que Felisa salía del «Hogar», llevando una canasta con alimentos que quería dejar como muestra en una panadería del barrio Penrose, Esteban Clyde abría la puerta de su taller de carpintero y salía del sótano. Los dos jóvenes se encontraron en el camino.

—Permítame llevarle la canasta, por favor —dijo Esteban a Felisa.

—¿Por qué dice usted «por favor»? —preguntó la joven, al mismo tiempo que le entregaba la canasta.

—Preferiría decir otra cosa —contestó Clyde mirándola tímidamente y, sin embargo, sintiendo una osadía que a él mismo le asustó, pues el caso era que el joven se había enamorado de Felisa y que cada día la amaba más, especialmente desde aquel día en el que, junto con el obispo, entró en su taller. Y desde entonces, con mucha frecuencia se habían encontrado, yendo cada uno en pos de sus trabajos, en el «Hogar».

CHARLES M. SHELDON

—¡Decir otra cosa! ¿Qué cosa? —preguntó Felisa ingenuamente.

—Pues... —dijo Clyde, volviendo por entero su noble y hermoso rostro hacia ella y mirándola de frente—, pues yo preferiría decir: «Permítame llevarle la canasta, mi amada Felisa».

Nunca en su vida Felisa había estado tan bella como en aquel instante. Caminó unos cuantos pasos sin, siquiera, volver el rostro hacia él. Para ella misma no era un secreto el hecho de que ya hacía un tiempo que, en lo íntimo de su alma, había dado su corazón a Clyde. Finalmente, miró al joven tímidamente, con un destello de ternura en los ojos y las mejillas sonrosadas, y se atrevió a preguntarle:

—¿Y por qué no me lo dice?

—¿Me lo permite? —exclamó Clyde, y por un instante la canasta asumió tal posición que la joven tuvo necesidad de echar mano de ella.

—¡Sí! ¡Sí!... ¡Por cierto! Pero..., por favor..., ¡no me eche al suelo mis comestibles!... ¡Casi ha volcado la canasta!

—¿Volcar estas viandas, yo? ¡Ni por un mundo estropearía cosas tan preciosas, «mi amada Felisa»!

Y desde aquel momento caminaron y caminaron, pasaron y volvieron a pasar por la panadería, pero la canasta no llegó a su destino aquella tarde.

Acercándose el obispo, en una de sus muchas andanzas, hacia un recodo formado por un cerco de enredaderas, sin ver aún a nadie, oyó una voz muy conocida, que decía:

—Pero dígame, Felisa, ¿cuándo comenzó usted a amarme?

—Desde aquel día en que, entrando a su taller con el obispo, al sacarse usted la gorra para saludarme, una virutita se le enroscó en la oreja —respondió otra voz, también muy conocida para el obispo, en medio de una risa tan pura y tan dulce que era un placer escucharla.

Todo esto fue asunto de cinco o seis segundos, y un segundo después, el obispo se hallaba frente a los dos jóvenes y les dirigía la palabra, esforzándose por mirarlos con mucha seriedad, mientras que por dentro se aguantaba una carcajada:

—¿Adónde llevan ustedes esa canasta?

Fue el joven el que contestó, lleno de la mayor confusión:

—¡La llevamos…, la llevamos… ¿Dónde era que la llevábamos, Felisa?

—Querido obispo —dijo Felisa—, la llevamos a casa para comenzar a…, a…

—A comenzar con ella a amueblar un hogar —dijo Clyde, saliendo en ayuda de la joven.

—¿Sí? ¡Ajá! ¡Espero que me inviten! ¡Ya sé lo que vale la comida preparada por Felisa! —dijo el obispo, siempre fingiendo seriedad.

—Querido obispo —exclamó Felisa, sin pretender ocultar la alegría que la dominaba—, querido obispo,   ¡usted   siempre será el huésped preferido en nuestro hogar! —Y recalcando sus palabras, añadió— ¿Le place a usted?

—¡Ya lo creo que me place! —dijo el obispo, interpretando las palabras de Felisa en la forma que ella lo deseaba. Y añadió sonriendo por fin— ¡Dios los bendiga abundantemente, queridos hijos!

Dejándolos solos con su gozo, se alejó en tanto que dos lágrimas se desprendían de sus párpados y sus labios se movían en una plegaria, buscando salida a los tristes recuerdos que se agolpaban en su memoria y hacían latir dolorosamente su corazón.

Ocurrió que poco después de esta romántica historia, Enrique Ford llegó a Chicago con Raquel Larsen, Virginia, Rollin Page, Alejandro Poer y el presidente Marsh, lo que dio margen a una reunión memorable en el salón del «Hogar», arreglado por el obispo y el Rev. Bruce, quienes, habían estado persuadiendo al señor Ford y a sus compañeros de Raymond a visitarlos.

El obispo invitó esa noche a la reunión del «Hogar» a una multitud de hombres desocupados, míseras criaturas que habían perdido su fe en Dios y en los hombres, anarquistas ultra incrédulos de toda clase, los del librepensamiento y los que no piensan. Al comenzar la reunión, el Rev. Ford y demás discípulos tenían ante sí representantes de las personas más desesperadas, depravadas y peligrosas de la ciudad. Pero el Espíritu Santo continuaba moviéndose sobre la gran ciudad egoísta, agitada, frívola y pecaminosa, que no sabía todo lo que le esperaba. Cada hombre y mujer que se hallaba en la reunión aquella noche tenía frente a sí un letrero transparente, iluminado con lámparas eléctricas, en el que resplandecía el lema del «Hogar»: «¿Qué haría Jesús en mi lugar?».

Al penetrar en el salón por primera vez y ver dicho letrero luminoso, Enrique Ford sintió una impresión más profunda que la que había experimentado la primera vez que escuchó la pregunta de la boca de aquel joven de vestidos raídos que se había introducido en la Primera Iglesia de Raymond aquella memorable mañana de domingo.

Había venido a Chicago con sus amigos para encontrar la respuesta a la pregunta que durante todo ese tiempo le había asaltado: ¿Se extendería por todo el país el movimiento empezado en Raymond? Dentro de pocos minutos se hallaría delante de un multitudinario auditorio de Chicago. Se había hecho muy fuerte y sereno desde aquel día en que habló a los obreros en el taller del ferrocarril; pero ahora, como entonces, murmuró una ardiente plegaria en procura de auxilio de lo Alto. Luego, penetró al salón y, junto con el obispo y los demás discípulos, tuvo una de las más grandes e importantes experiencias de su vida. Por una razón u otra, tenía la impresión de que en el servicio que iba a celebrarse acaso recibiría alguna indicación que sirviera de respuesta a su constante interrogante.

Al contemplar los rostros de hombres y mujeres que, durante años, habían sido extraños a toda influencia religiosa y enemigos de la Iglesia, su corazón clamaba: «¡Oh, Señor mío y Maestro mío, enseña a tu Iglesia a seguir en tus huellas!». ¿Había de tener respuesta su oración? ¿Respondería la Iglesia de Chicago a la exhortación de seguir a Jesús?

XII

«Díjole Jesús: Una cosa te falta; ve, vende lo que tienes y distribúyelo entre los pobres y tendrás tesoro en el cielo; y ven, sígueme»

(Lucas 18:22).

Es dudoso que Enrique Ford se hubiese hallado jamás en su vida frente a un auditorio como el que, apiñado en el salón del «Hogar», le escuchaba aquella noche. Es muy cierto que la ciudad de Raymond no contenía semejante variedad de personas. Ni el Rectángulo, bajo su peor aspecto, podía reunir tantos hombres y mujeres alejados de toda influencia cristiana.

Con un lenguaje sencillo, el Rev. Ford relató a sus oyentes algunos de los resultados que había tenido la obediencia al compromiso adquirido por algunos feligreses de Raymond de conducirse según la premisa «¿Qué haría Jesús en mi lugar?». Por muy amargados que estuviesen sus espíritus y por muy escépticos que fueran sobre la iglesia o el sistema social, aquellas personas debían de tener alguna noción acerca de la rectitud y la verdad, y lo poquito que de ello aún conservaban provenía de la persona del Carpintero de Nazareth. De esa Persona, Jesús, se decidió a hablarles.

La gente se interesó en lo que Ford les decía. «¿Qué haría Jesús si viviera con ellos?». Ford comenzó a aplicar esta pregunta al problema social, después de haber relatado la historia de Raymond. El auditorio escuchaba respetuosamente. Aún más, estaba realmente interesado. Mientras el Rev. Ford continuaba, por todas partes se veían cabezas inclinadas de una manera que rara vez se ve en las iglesias u otros auditorios. «¿Qué haría Jesús?». Supóngase que este fuese el lema, no solo de las iglesias, sino también de los hombres de negocios, de los políticos, los periodistas, los obreros, de la gente de sociedad, ¿cuánto tiempo se necesitaría, con semejante tipo de conducta, para revolucionar el mundo? El mundo está sufriendo el mal del egoísmo. Jamás hubo nadie que lograse vencer el egoísmo como Jesús. Si los hombres le siguiesen, le imitasen, sin cuidarse de los resultados, el mundo comenzaría, inmediatamente, a gozar de una nueva vida.

Enrique Ford jamás supo lo importante que fue haber mantenido la atención respetuosa de aquel auditorio compuesto por lo más bajo, lo más degradado de la pecaminosa humanidad. El obispo y Calvino Bruce, sentados frente al público, pudieron observarlo todo; vieron allí personas que representaban la oposición a todo credo religioso, el odio al orden social, la más desesperante estrechez de miras y el más aplastante egoísmo, y se maravillaban de que, en tan poco tiempo, bajo la influencia ejercida por el «Hogar», el proceso suavizante ya hubiese comenzado a disminuir la amargura de sus corazones, muchos de los cuales debían su endurecimiento a la negligencia con la que habían sido tratados.

Sin embargo, a pesar de la manifestación externa de respeto hacia el orador, nadie, ni aún el mismo obispo conocía la magnitud de las sensaciones que aquella noche se encerraban en los corazones de aquella gente. Entre los presentes había unos veinte o treinta desocupados, quienes, pasando por el «Hogar» aquella tarde, leyeron el anuncio de la reunión y, tanto por curiosidad como por librarse del viento frío y penetrante de Chicago, habían acudido al servicio que se celebraba. Era una noche crudísima y las tabernas estaban llenas. En aquel suburbio, con su población de más de treinta mil almas, fuera de los bares y tabernas no había una sola puerta abierta, excepto el limpio y atrayente vestíbulo de la casa cristiana, el «Hogar». ¿Adónde había de ir un hombre sin hogar, sin trabajo, sin amigos, sino a una taberna?

Era costumbre en el «Hogar», después de un servicio de tal naturaleza, conceder la palabra, en discusión libre, a quien gustase tomarla. Así fue que, una vez que el señor Ford terminó de hablar y se sentó, el obispo, que presidía la reunión, se puso de pie y anunció que el que deseara hacer alguna pregunta o manifestar sus sentimientos o dar testimonio de su experiencia, estaba en libertad de hacerlo, entendiéndose que todo el que hiciese uso de tal privilegio se sometería gustoso a la regla del establecimiento de no hablar durante más de tres minutos, regla que, forzosamente, se impondría a todos y se esperaba que todos respetarían. Al momento, muchos, que ya habían asistido a reuniones de esta clase, exclamaron: «¡Conformes! ¡Conformes!».

El obispo volvió a sentarse e, inmediatamente, un hombre que se hallaba en el centro del salón se puso de pie y comenzó a hablar, diciendo:

—Quiero decir que lo que el Rev. Ford ha dicho esta noche me toca muy de cerca. Conocí a Santiago Man, el hombre de quien ha hablado y que falleció en su casa. Durante dos años trabajé a su lado en una imprenta, en Filadelfia. Santiago era un buen compañero. Una vez, hallándome yo en estrecheces, me prestó cinco dólares, que nunca tuve ocasión de devolverle. Se mudó a Nueva York, porque, con motivo de un cambio en la gerencia del negocio, fue despedido. Nunca volví a verle. Cuando aparecieron las linotipos, yo fui despedido como él. Desde entonces, casi continuamente he estado sin trabajo. Dicen que los inventos son buenos. Yo no lo veo así. Pero es posible que sean preocupaciones mías. Uno siempre tiene preocupaciones cuando pierde un buen puesto y se le reemplaza por una máquina. Según el cristianismo, eso de los inventos es cosa buena. Pero no espero ver nunca a la gente de iglesia soportando los sacrificios que soportamos los obreros a causa de esos inventos. Hasta donde yo puedo verlo, esa gente es tan egoísta y avarienta como cualquier otra... Hago una excepción del obispo, aquí presente, del Rev. Bruce y unos cuantos otros; pero declaro que nunca he hallado gran diferencia entre "los mundanos", como se les llama, y los miembros de iglesias; cuando se trata de negocios y de hacer plata, son todos iguales...

Algunas exclamaciones de «¡Así es!», «¡Tiene razón!», «¡Es muy cierto!», interrumpieron al orador y, en el instante en que se sentó, dos hombres que se habían puesto de pie unos segundos antes que el otro cesara de hablar comenzaron a hablar a la vez.

El obispo les llamó al orden y dio la palabra a uno de ellos, el cual comenzó a decir con mucha vehemencia:

—Esta es la primera vez que me hallo en este sitio y puede ser la última. El hecho es que mi vela se apaga... He vagado y vagado por la ciudad hasta que ya no he podido más... Y tengo abundante compañía, por cierto... Este... Quisiera hacer una pregunta al señor pastor. ¿Se me permite?

—El Rev. Ford dirá —respondió el obispo.

—¡Con muchísimo gusto! —exclamó Enrique Ford, añadiendo— Naturalmente, no prometo poder contestar al señor de manera que le satisfaga.

—Mi pregunta es esta —el hombre se inclinó hacia adelante y con cierta fuerza dramática extendió un brazo muy largo, resultado de la condición de su espíritu—: quisiera saber qué haría Jesús en mi lugar. En dos meses no he podido hallar ni medio día de trabajo, siquiera. Tengo mujer y tres hijos, a quienes amo tanto como el mayor millonario puede amar a los suyos. He consumido lo que ahorré mientras trabajé para la Feria Mundial. Soy de oficio carpintero y he hecho todo lo humanamente posible por encontrar trabajo. Dice usted que debemos tomar por lema la pregunta: «¿Qué haría Jesús?». Muy bien, yo pregunto: ¿qué haría Él en una situación como la mía? Yo no puedo colocarme en el caso de otro. Yo quiero trabajar. Daría lo que no poseo por cansarme trabajando diez horas diarias, como acostumbraba a hacerlo. ¿Tengo yo la culpa de no poder fabricarme trabajo? Yo tengo que vivir, lo mismo que mi pobre mujer y mis pobres hijos. Pero ¿cómo?, ¿de qué manera? ¿Qué haría Jesús? Dice usted que eso es lo que todos debemos preguntarnos, obrando, después, en consecuencia.

Desde su asiento, Enrique Ford contemplaba aquel mar de rostros humanos y no veía, por el momento, la posibilidad de contestar a la pregunta de aquel hombre. Su corazón oraba, diciendo: «¡Oh, Dios! Esta pregunta encierra todo el problema social, con todos sus embarazosos enredos de injusticias humanas y sus condiciones actuales, contrarias a todo deseo que Dios haya manifestado acerca del ser humano. ¿Habrá condición más angustiante que la del hombre sano, apto para el trabajo y ansioso por hallarlo, sin otros medios lícitos que su oficio para obtener pan para sí y los suyos y enteramente imposibilitado de hallar ocupación, de modo que se ve impelido a una de tres cosas: a mendigar, a morirse de hambre o a suicidarse? ¿Qué haría Jesús? Es muy propio que este hombre se haga esta pregunta. Es lo que debería preguntarse, suponiendo que fuese un discípulo de Cristo. Pero ¡qué pregunta para tener que ser hecha por un ser humano colocado en semejante situación!».

Todo esto y mucho más pasaba por la mente de Enrique Ford. Y lo mismo acontecía con sus compañeros. Allí estaba el obispo, con un aspecto tan serio y triste que ponía muy de manifiesto el efecto que el problema producía en su alma. El Rev. Bruce había inclinado la cabeza, como en oración. El problema humano jamás le había parecido tan trágico como desde que se comprometió a seguir a Jesús y, en consecuencia, abandonó su púlpito para trabajar en el «Hogar». ¿Qué haría Jesús? ¡Era una pregunta tremenda! Y el hombre aún estaba allí, de pie; alto, macilento y casi terrible en su gesto, con su brazo extendido en una apelación que se hacía más imponente a cada segundo que transcurría. Al fin, el señor Ford habló, preguntando:

—¿Hay alguien en este auditorio que siendo discípulo de Cristo se haya encontrado en situación semejante y haya tratado de hacer lo que, en su opinión, Jesús haría? Si lo hay, él podrá contestar a la pregunta mejor que yo.

Hubo un instante de absoluto silencio. Por fin, un hombre, sentado muy cerca de la puerta, se levantó lentamente. Era un anciano, y su mano, apoyada en el respaldo del banco situado delante de él, temblaba bastante.

—Creo poder asegurar que me he hallado muchas veces en la situación mencionada —dijo aquel anciano—, y me he esforzado siempre, en toda ocasión, por portarme como cristiano. No sé si siempre que me he visto sin trabajo he sido capaz de preguntarme qué haría Jesús; pero sí sé que, en todo tiempo, me he esforzado por conducirme como discípulo suyo.

»Sí —continuó el hombre con una triste sonrisa que, para el obispo y el Dr. Bruce, era más patética que la ceñuda desesperación del otro hombre—, sí, yo he mendigado y he acudido a sociedades de beneficencia y he hecho de todo, cuando no hallaba trabajo de mi oficio, de todo, menos robar ni mentir, para procurarme lo necesario. No sé si Jesús hubiese hecho algunas de las cosas que yo me he visto obligado a hacer, para tener con qué alimentarme, pero sí sé que, a sabiendas, nunca he hecho cosas malas, por hallarme sin trabajo. A veces he creído que Jesús se hubiese dejado morir de hambre antes que mendigar… No lo sé.

La voz del anciano temblaba y se le vio dirigir la mirada, tímidamente, por sobre el auditorio. Siguió un instante de silencio, que fue interrumpido por la voz fiera de un hombre corpulento, de cabello negro y poblada barba, que se hallaba sentado tres asientos delante del que ocupaba el obispo. En el instante en el que aquel hombre habló, casi todos los que ocupaban el salón adelantaron el busto, tratando de oírle mejor. El hombre de la pregunta se sentó lentamente y preguntó a su compañero de asiento quién era el barbudo.

—Es Carbensen, el caudillo socialista; ahora va usted a oír algo bueno —contestó el interpelado.

—¡Yo opino que todo esto son paparruchas! —comenzó a decir Carbensen, estremecido de ira— Todo el sistema social es defectuoso. Lo que llamamos civilización está podrido hasta los tuétanos. No hay para qué tratar de esconderlo o encubrirlo. Vivimos en una época de monopolios y de avaricia capitalista que ocasionan la muerte de millares de hombres, mujeres y niños inocentes. Doy gracias a Dios, si es que hay Dios, cosa que yo dudo, que yo, entre otros, nunca me he atrevido a casarme y formar un hogar. ¡Hogar! ¡Hablen de infierno! ¿Hay mayor infierno que un hogar como el de ese hombre con su mujer y tres hijos, sin nada que comer, sin una astilla de leña para mitigar los horrores del frío? Y ese hombre no es más que uno entre millares. Y, sin embargo, esta ciudad y toda otra ciudad grande, de este país, tiene millares y millares de habitantes que profesan ser cristianos, que gozan de toda especie de comodidades y de lujos, que van a sus iglesias los domingos y cantan himnos en los que hablan de dar todo a Jesús y de llevar su cruz y de seguirle en todo y de estar salvados. No diré yo que no haya hombres y mujeres buenos entre ellos; pero que haga la prueba el ministro que nos ha hablado, aquí, esta noche, y que vaya a cualquiera de una docena de iglesias aristocráticas, que yo puedo mencionarle, y les proponga a sus miembros asumir un compromiso como el que se nos ha propuesto aquí, esta noche, y verá como todos se le ríen en la cara y le toman por loco o por chiflado… ¡No, no! El remedio no está ahí. Con eso no se hará nada. Lo que hace falta es una nueva base de gobierno. Hay que reconstruirlo todo. Yo no espero de las iglesias ninguna reforma que valga la pena. No están con el pueblo. Están con los aristócratas, con los adinerados. Entre la gente de iglesia hay muchos de los hombres que todo lo monopolizan. Los ministros, como clase, son esclavos de ellos. Lo que hace falta es un sistema que tenga su raíz en la base común del socialismo fundado en los derechos del pueblo bajo…

Evidentemente, Carbensen se había olvidado por completo de la regla de los tres minutos y se estaba embarcando en uno de sus habituales discursos de una hora o más, cuando, sin ceremonia alguna, el que estaba sentado detrás de él le dio un violento tirón de mangas, haciéndole sentar y se levantó a hablar. Carbensen se enojó al principio y hubo amenaza de desorden; pero el obispo le recordó la regla de los tres minutos y el hombre se sosegó, aunque barbotando algunas palabras, en tanto que el siguiente orador comenzó a hablar, haciendo un vigoroso elogio del impuesto único, como el remedio para todos los males sociales. Le siguió otro, en el uso de la palabra, atacando duramente a las iglesias y ministros y declarando que los dos grandes obstáculos a toda verdadera reforma los constituían los tribunales y las maquinarias eclesiásticas. Cuando este hombre se sentó, se levantó otro, un peón de calle, y lanzó un verdadero torrente de insultos contra las empresas, especialmente los ferrocarriles. En el instante en que éste terminó, un hombracho, medio mulato, que dijo ser metalúrgico, tomó la palabra para declarar que el remedio a los males sociales se hallaba en las Uniones Industriales, afirmando que eso, más que ninguna otra cosa, sería el advenimiento de una era de felicidad para el obrero. El otro, que habló después, trató de dar algunos de los motivos de que muchos se hallen sin trabajo y condenó los inventos como obras del Diablo. Este hombre fue muy aplaudido por el auditorio.

Finalmente, el obispo dio por terminado el tiempo de «libertad de palabra» y pidió a Raquel que cantara.

Durante el maravilloso año transcurrido, desde que se formara el grupo de discípulos en Raymond, la señorita Larsen se había convertido en una cristiana humilde, de fe vigorosa y sana doctrina y había consagrado enteramente al Señor todo su talento musical. Cuando comenzó a cantar, por petición del obispo, lo hizo después de haber estado orando profundamente en su corazón, mientras duraron los discursos de los obreros, pidiendo a Dios, quizá como nunca, que bendijera para aquella gente el uso de su voz, aquella voz que ella había consagrado a su servicio. Ciertamente su oración estaba recibiendo respuesta mientras cantaba. Había escogido el himno que comienza con las palabras:

> *¡Escuchad! Jesús nos dice:*
> *«¡Sígueme! ¡Sígueme!».*

Escuchándola, Enrique Ford recordó aquella primera noche en el Rectángulo, cuando Raquel, con su canto, aquietó a la multitud bulliciosa. Idéntico efecto se produjo aquí. ¡Qué poder maravilloso existe siempre en una buena voz consagrada al servicio del Señor! Las aptitudes naturales de Raquel hubiesen hecho de ella una de las más sobresalientes cantantes de ópera de su época. Y es natural que aquel auditorio jamás hubiera escuchado nada semejante. Aquella muchedumbre escuchaba extasiada aquel canto, canto que «allá, en el mundo» los pobres jamás podrían escuchar, porque en el teatro donde Raquel cantaría nadie tendría acceso sin pagar muchos dólares por una entrada al último rincón del paraíso… La voz de la joven se esparcía en el salón del «Hogar», tan libre y gozosamente como si fuese una anticipación de salvación.

Carbensen, con su gran cara barbuda, absorbía aquella música humana con ese *amore* propio de su nacionalidad, y alguien vio una lágrima deslizarse por su mejilla, perdiéndose en la espesura de su desgreñada barba, en tanto que su mirada se enternecía y su rostro parecía ennoblecerse. El hombre de la pregunta estaba sentado, apoyando su puño aún cerrado sobre el respaldo del banco próximo, con la boca entreabierta y, por el momento, enteramente olvidado de su tragedia; el cántico, mientras duró, fue para él como trabajo, alimento, calor y, una vez más, unión con su mujer e hijos. El hombre que se había desatado en groserías contra las iglesias y sus ministros permaneció con la cabeza erguida, dirigiendo a todos una mirada de estólida resistencia, como emperrado con la introducción de un ejercicio relacionado con las iglesias y sus formas de culto, pero poco a poco fue cediendo al poder que dominaba los ánimos de todos los presentes y, finalmente, su rostro reflejó la intensa emoción que el cántico producía en su alma.

El obispo decía para sí, mientras escuchaba a Raquel, que si al mundo pecaminoso y depravado, a la humanidad moralmente enferma, le fuese predicado el Evangelio por primas donnas, tenores, bajos y contraltos, profesionales enteramente consagrados a Dios y su servicio, el establecimiento del reinado de Dios se apresuraría mejor que de otra manera.

Una vez más, Enrique Ford recordó aquel otro auditorio del Rectángulo, mientras ansiaba con profunda vehemencia el progreso, la difusión del nuevo discipulado. Lo que había visto y oído en el «Hogar» grababa más indeleblemente en su alma la creencia de que los problemas de las ciudades quedarían resueltos si los cristianos que en ellas habitan se resolvieran a seguir a Jesús como Él lo ha ordenado. ¿Qué pensar de esa gran masa de humanidad representada allí, gente abandonada, justamente la clase a la cual más interés consagró Jesús al brindar salvación, esa gente desgraciada, con todos sus errores, sus miras estrechas, sus miserias, su esperanza perdida, su desolación y, sobre todo, su odio tenaz, infrangible, hacia la Iglesia? Esto último era lo que más apesadumbraba a Ford. ¿Estaba la Iglesia tan lejos del Maestro que el pueblo ya no le hallaba en ella? ¿Era cierto que la Iglesia había perdido su influencia sobre aquella clase de la humanidad que, en los primeros tiempos del cristianismo, supo atraer en mayor número? ¿Cuánto había de verdad en lo que el socialista había dicho acerca de la inutilidad de pensar que la Iglesia pudiera reformar o redimir a la sociedad, porque el egoísmo, el exclusivismo y los sentimientos aristocráticos de sus principales miembros lo impiden?

Su impresión se acrecentaba al considerar el hecho abrumador de que el puñado de hombres que en ese instante ocupaba el salón y al que Raquel tenía sosegado por un momento representaba a millares y millares de otros semejantes a ellos, para quienes un ministro o una iglesia —como elementos de consuelo y bienestar—

eran muy inferiores a un caudillo palabrero o a una taberna. ¿Era justo que esto fuese así? Si los miembros de las iglesias estaban, todos, haciendo lo que Jesús haría, ¿cómo era posible que multitudes de hombres vagasen por las calles, en busca de trabajo, que millares de ellos renegaran de la Iglesia y que otros tantos millares considerasen el bar como su mejor amigo? ¿Hasta qué punto los cristianos eran responsables del problema social manifestado en el «Hogar» aquella noche? ¿Era cierto que los congregantes de las iglesias de las grandes ciudades, por regla general, rehusarían andar en las huellas de Jesús tan estrictamente como para abnegarse y, realmente, sacrificarse y sufrir por amor a Él?

El Rev. Ford continuó pensando en este asunto, aun después de que Raquel dejó de cantar y de que el servicio hubo terminado. Tras el canto de la señorita Larsen, se sirvió una taza de té caliente y abundantes tostadas al auditorio, que participó de ello con placer y bastante bullicio. Pero Enrique Ford continuó musitando aquella pregunta que tanto lo obsesionaba. Y con ella continuó durante su posterior entrevista con el Calvino Bruce y el obispo, que duró hasta la una de la madrugada. Aún persistió en ella cuando, arrodillado al lado de su cama, derramaba su alma en una petición por un bautismo extraordinario del Espíritu sobre toda la Iglesia en América. La misma interrogación surgió en su mente al despertar por la mañana, y le acompañó mientras, con sus feligreses y amigos, visitaba el barrio del «Hogar» y observaba la vida de aquellas gentes tan apartadas de la «vida abundante que hay en Cristo Jesús». El tremendo interrogante no le daba sosiego. ¿Habrían de negarse a andar en las huellas de Jesús los miembros de las iglesias, no solo en Chicago, sino en todo el país, si, para hacerlo, se imponía la necesidad de cargar con una cruz?

El viernes por la mañana recibió en el «Hogar» la visita del pastor de una de las iglesias más grandes de Chicago, quien le invitó a ocupar su púlpito, tanto por la mañana como por la noche. Al principio vaciló, pero, finalmente, aceptó, creyendo que el Espíritu le inducía a ello. Pondría a prueba allí el asunto de la pregunta que le abrumaba. Se demostraría la verdad o la falsedad del cargo hecho contra la Iglesia por Carbensen y tantos otros. ¿Hasta dónde llegarían en su abnegación por amor a Jesús? ¿Hasta qué punto andarían en sus pasos? ¿Querría aquella iglesia sufrir por su Maestro y Señor?

Casi toda la noche del sábado la pasó en oración. Nunca había experimentado tan intensa lucha en su alma ni aun durante sus más duras pruebas en Raymond. En realidad, había entrado en un campo de nuevas experiencias. A la definición de su propio discipulado se estaba añadiendo una nueva probatura, en estos momentos, y estaba siendo guiado a una esfera mayor de la verdad de su Señor.

El gran templo rebosaba de gente. Enrique Ford, apareciendo en el púlpito después de aquella noche de vigilia, sintió la presión de la gran curiosidad que su persona despertaba en el auditorio. Ellos, como todo el mundo, sabían lo que había ocurrido en Raymond; y la reciente actitud del Rev. Bruce había añadido interés al asunto del compromiso. A esta curiosidad se añadía algo más profundo, más serio, y Enrique Ford se daba cuenta de ello. Sabiendo que en la presencia del Espíritu estaba su fortaleza, presentó a la congregación el mensaje que ese Espíritu le había dado. Desde el instante que había prometido imitar en todo a Jesús, había adquirido una elocuencia y poder de persuasión genuinos. Esa mañana en aquella iglesia, la gente percibió la absoluta sinceridad y humildad de un hombre que había penetrado profundamente en el corazón de una gran verdad.

Después de relatar brevemente ciertos resultados de su propia iglesia en Raymond, desde que se asumió el compromiso de proceder según lo haría Jesús, pasó a presentar la pregunta que se había estado haciendo desde la reunión en el «Hogar». Había escogido, como tema, la historia del joven que acudió a Jesús preguntando qué debía hacer para obtener la felicidad eterna. Jesús le había puesto a prueba, diciéndole: «Vende todo lo que tienes y dalo a los pobres y tendrás tesoro en el cielo y ven, sígueme». Pero el joven no estaba dispuesto a hacer semejante sacrificio. Si seguir a Cristo significaba semejante abnegación, no estaba dispuesto a hacerlo. Deseaba seguir a Jesús, pero no con semejante sacrificio.

—¿Es verdad? —preguntó Ford, y su semblante distinguido de hombre fino y pensador se iluminó con la pasión que ardía en su alma y que conmovió al auditorio de una manera inusitada—, ¿es verdad que la Iglesia de hoy, la iglesia que profesa ser de Cristo y que lleva su nombre, rehusaría seguir a Jesús a costa de abnegación, de sufrimientos o de pérdidas materiales? La afirmación de que esto es así fue hecha, noches pasadas, en el «Hogar», por un caudillo de las clases obreras, quien declaró que es inútil esperar de la Iglesia reforma ni redención alguna para la sociedad. ¿En qué se basaba su afirmación? Sencillamente en la creencia de que la mayoría de los componentes son hombres y mujeres que dan más importancia a sus comodidades y al lujo que a los sufrimientos, necesidades y pecados de la humanidad. ¿Hasta qué punto es cierto eso? ¿Están listos los cristianos de América a que se ponga a prueba su carácter? ¿Qué dicen los poseedores de grandes fortunas? ¿Están listos para emplearlas según la manera que les parezca que Jesús lo haría? ¿Qué de los hombres y mujeres de talento? ¿Están dispuestos a consagrar esos talentos para el bien de la humanidad, como es indudable que Jesús haría?

»¿No es cierto que en nuestra época se presenta una apelación a nueva manifestación del carácter cristiano? Vosotros, los que vivís en esta gran ciudad tan llena de pecado debéis saber eso mejor que yo. ¿Será posible que podáis continuar vuestra marcha, despreocupados, enteramente indiferentes ante la espantosa situación de hombres, mujeres y niños que perecen física y espiritualmente por falta de ayuda cristiana? ¿No os importa el hecho de que los bares y tabernas estén destruyendo más vidas que las guerras? ¿No os apesadumbra el hecho de que tantos millares de hombres, aptos para el trabajo, deseosos de trabajar honradamente, vaguen por las calles de esta ciudad y de tantas otras, clamando por un empleo, sin hallarlo, y viéndose arrojados al crimen y al suicidio porque todas las puertas se cierran ante ellos? ¿Podréis decir que estas cosas no son de vuestra incumbencia y que cada uno debe cuidarse a sí mismo? ¿No os parece cierto que si cada cristiano en América se condujese como Jesús lo haría, la sociedad, el mundo empresarial, sí, y hasta el mismo sistema político, cambiarían tanto que el sufrimiento humano se reduciría a una mínima expresión?

»¿Cuál sería el resultado si todos los miembros de iglesia de esta ciudad, unidos en un pensamiento, se propusieran hacer todo en la forma que juzgasen que Jesús lo haría? No es posible entrar en detalles acerca de los efectos que esto produciría. Pero es fácil creer, y es muy cierto, que los problemas sociales comenzarían inmediatamente a hallar respuesta adecuada.

»¿Cuál es la probatura del discipulado cristiano? ¿No es, hoy, la misma que en la época en la que Jesús estuvo en la tierra? ¿Acaso el medio ambiente ha cambiado o modificado esa probatura? Si Jesús estuviese aquí hoy, ¿no llamaría a algunos de los miembros ricos de esta congregación y les ordenaría, como en el caso del joven de nuestro tema, que abandonasen las riquezas que obstaculizan su vida espiritual y le siguiesen? Por mi parte, estoy convencido de que Él haría eso si viese que alguno de vosotros da más importancia a sus riquezas que a la voluntad divina. La prueba sería hoy la misma que en aquel entonces. Yo creo que Jesús exigiría, realmente, lo exige, un seguimiento tan estricto, tanta abnegación, tanto sacrificio, como cuando vivía entre los hombres y dijo que quien no esté dispuesto por amor a Él a renunciar a cuanto posee no puede ser su discípulo.

»¿Qué haría Jesús en lo tocante a las riquezas? ¿Cómo las emplearía? ¿Qué principios regularían su uso del dinero? ¿Habría probabilidad de que Él viviese con gran lujo, gastando en adornos, entretenimientos y otras superfluidades y vanidades, diez y veinte y cien veces más de lo que gastase en aliviar los padecimientos de la humanidad? ¿Qué reglas seguiría Jesús para ganar dinero? ¿Alquilaría sus propiedades para que en ellas se establecieran bares, tabernas y otras casas de perdición? ¿Edificaría, siquiera, conventillos o departamentos privados de toda comodidad, de toda independencia y hasta de luz, de aire y de aseo?

»¿Cómo trataría Jesús el asunto del gran ejército de hombres sin trabajo, desesperados, que pulula por las calles, maldiciendo a la Iglesia o despreocupándose enteramente de ella, sumidos en la durísima lucha por un pan que, cuando, finalmente, consiguen ganarlo, tiene tanto más amargo sabor cuanto más ha costado conseguirlo? ¿No se preocuparía de ellos, el Señor? Despreocupado de tal situación, ¿seguiría su camino, rodeado de toda clase de comodidades y de superfluidades? ¿Diría Él que esas cosas no son de su incumbencia? ¿Se excusaría, declarándose libre de toda responsabilidad en lo tocante a hacer desaparecer tal estado de cosas?

»¿Qué haría Jesús en medio de una civilización que se precipita en pos del dinero? ¿Os parece que Jesús, si estuviese hoy entre nosotros, formando parte de nuestra época empresarial, industrial y política, no sentiría nada, nada diría y nada haría, frente a estos hechos que todo hombre de negocios conoce?

»¿Qué haría Jesús? ¿Y acaso no es lo que Él haría, lo que también deben hacer sus discípulos? ¿No se ordena al discípulo que ande en las huellas del Maestro? ¿En qué medida la cristiandad está soportando sacrificios por amor de Jesús? ¿Vive de forma abnegada, privándose de alguna comodidad, siquiera de alguna superfluidad, en favor de los desamparados? ¿De qué cosa tiene mayor necesidad nuestra época que del sacrificio personal? ¿Está la Iglesia cumpliendo con su deber, cuando da unos céntimos o unos dólares para misiones o para aliviar necesidades muy extremas? ¿Supone realmente un sacrificio para un millonario dar, una que otra vez, mil dólares para alguna obra de beneficencia, o para el que gana mil dólares mensuales dar doce o quince dólares para el sostén de la obra del Evangelio? ¿No es cierto que eso

es dar sin sacrificio alguno, dar lo que no cuesta dar, dar, sencillamente, lo que a uno le sobra? ¿Qué haría Jesús?

»Es al elemento personal a lo que el discipulado cristiano debe
dar énfasis. La dádiva sin el dador es cosa hueca. Un cristianismo
que intenta sufrir por medio de representantes no es el cristianismo
de Cristo. Es menester que cada cristiano, individualmente, cada
hombre de negocios, cada ciudadano, siga en las huellas de Jesús
por el sendero del sacrificio personal, por amor a Él. No existe hoy
una senda distinta de la que había en tiempos de Jesús. La senda
es la misma. El clamor de la época es por un nuevo discipulado,
una nueva manera de seguir a Jesús, más semejante a la manera
primitiva, sencilla, apostólica, cuando los discípulos abandonaban
todo y literalmente seguían al Maestro. Nada menos que un discipulado de esta índole puede hacer frente al egoísmo destructor que
hoy lo domina todo, hacer frente, digo, con alguna esperanza de
vencerlo. ¡Necesitamos un reavivamiento de toda la cristiandad!
Inconsciente, perezosa y egoístamente nos hemos convertido en un
discipulado que el Señor Jesús mismo no reconocería como tal.
A muchos de nosotros que clamamos diciendo: "¡Señor! ¡Señor!
¡Somos tuyos!", Él nos diría: "¡Nunca os conocí!". ¿Estamos listos
para tomar su cruz? ¿Es posible a esta congregación cantar, de todo
corazón, con toda sinceridad, el himno que dice:

> *¡Jesús! Yo, mi cruz he tomado*
> *Y a todo renuncio por seguirte a ti?*

»Si con todo el corazón podemos cantar eso, entonces podemos
pretender ser discípulos de Jesús. Pero si creemos que ser cristianos
consiste meramente en gozar de los privilegios del culto divino, en
dar un poquito de dinero sin el más mínimo sacrificio y en vivir
cómodamente, rodeados de amables amigos y de mil comodidades,
al mismo tiempo que rehuimos toda responsabilidad para con el
mundo que se retuerce en su desesperación y pecado, porque nos

damos cuenta de que es penoso ocuparnos de ello, si tal es nuestra definición del cristianismo, seguramente estamos lejos, muy lejos, de andar en los pasos de Aquel que atravesó este mundo, gimiendo y llorando por la humanidad perdida. Aquel cuyo sudor, en la hora de agonía, fue como de gotas de sangre. Aquel que, clavado en una cruz, clamó a su Padre, diciendo: "¡Dios mío! ¡Dios mío! ¿Por qué me has abandonado?".

»¿Estamos listos para formar un nuevo discipulado y vivir de acuerdo con sus principios? ¿Estamos listos para reconsiderar nuestra definición de cristianismo? ¿Qué es ser cristiano? Es imitar a Jesús. Es andar como Él anduvo. Es hacer lo que Él haría. Es seguir sus pisadas.

Al terminar su sermón, el Rev. Ford hizo una pausa y dirigió al auditorio una mirada penetrante y profunda. Apiñados en aquel lujoso templo, había centenares de hombres y mujeres que siempre han llevado la vida holgada, fácil, satisfecha, común a la mayoría de los miembros de las iglesias ricas que no se han convertido a Dios de corazón.

Un gran silencio reinó después del sermón. Durante esos instantes, todas aquellas almas tuvieron conciencia de que un poder extraño, un poder divino, algo que les era enteramente desconocido, se manifestaba en medio de ellos, la Presencia sensible del Espíritu Santo.

Todos esperaban que el predicador hiciera un llamamiento, solicitando voluntarios para formar un grupo de los que quisieran seguir a Jesús. Pero el Espíritu de Dios, esta vez, había inducido a Enrique Ford a no hacerlo, sino a esperar los resultados de su sermón.

Terminó el servicio con una plegaria llena de ternura que pareció hacer permanecer la Divina Presencia muy cerca de cada oyente. Luego, el auditorio se levantó lentamente, para retirarse.

Entonces se produjo una escena que habría sido imposible como mero resultado de los esfuerzos de un ser humano. Hombres y mujeres, en multitud, rodearon el estrado para saludar al Rev. Ford y para hacerle la promesa de que asumían el compromiso de seguir a Jesús y de no hacer sino lo que creyesen que Él haría, estando en las circunstancias de ellos. Aquello fue un movimiento voluntario, enteramente espontáneo, que conmovió profundamente al Rev. Ford. ¿No había estado orando por eso mismo? Ahora recibía una respuesta a su oración que superaba a todo lo que se había atrevido a esperar.

A este movimiento espontáneo siguió un servicio de oración, en el que se repitieron las experiencias que ya vimos en Raymond. A la noche, con gran regocijo del Rev. Ford, la Sociedad Juvenil, casi en masa, se allegó al estrado, lo mismo que tantos otros miembros de la iglesia habían hecho por la mañana, y con toda solemnidad asumieron el compromiso de hacer lo que Jesús haría. Una ola de bautismo espiritual se meció sobre la congregación hacia el final de aquel servicio. Aquel fue un día memorable en la historia de aquella congregación, pero más aún en la de Enrique Ford.

Era muy tarde cuando salió de la iglesia. Después de pasar una hora gozosa con el obispo y el Rev. Bruce, comentando los maravillosos acontecimientos del día, se retiró a su habitación. Recapacitó una y otra vez acerca de los mismos hechos y de todas las experiencias de que estaba gozando como discípulo de Cristo. Se arrodilló, luego, a orar antes de acostarse, como siempre hacía y, allí, sobre sus rodillas, aunque despierto, tuvo algo así como una visión de lo que podría ser el mundo una vez que el nuevo discipulado se abriese paso en la conciencia de la cristiandad. Tenía plena certidumbre de hallarse despierto, pero no era menor su certeza de que veía ciertos resultados con gran claridad, en parte como realidades del futuro, en parte como grandes ansias de que se convirtieran en realidad.

Se vio a sí mismo regresando a la Primera Iglesia, en Raymond, viviendo allí de una forma aun más sencilla y abnegada de la que hasta entonces se había resuelto a adoptar, porque vio medios por los cuales podría ayudar a otros que realmente dependían de su auxilio. Vio también, aunque con menos claridad, que llegaría un tiempo cuando su posición como pastor de la Iglesia le acarrearía mayores sufrimientos, a causa de una oposición creciente a su interpretación de la conducta del Señor. Pero esto en la visión solo aparecía como un vago bosquejo, y mientras la observaba, oía la promesa: «¡Bástate mi gracia!».

Vio a Raquel y a Virginia, continuando su obra en el Rectángulo y extendiendo la mano de su simpatía mucho más allá de las fronteras de Raymond. A Raquel la veía unida en matrimonio con Rollin Page, ambos totalmente consagrados al servicio de Dios, sirviendo a la humanidad, ambos siguiendo en la huella de Jesús con una vehemencia intensificada por el amor que mutuamente se profesaban. La voz de Raquel resonaba en tugurios y otros sitios desolados por el pecado y la desesperación y se convertía en instrumento para guiar almas al arrepentimiento y a los pies del Salvador.

Vio a Marsh, presidente del Liceo, empleando su gran erudición e influencia en pro de la purificación de la vida de la ciudad, ennobleciendo el patriotismo de la misma, inspirando a sus jóvenes —de ambos sexos, sus amantes admiradores— el deseo de seguir a Jesús, consagrados al bien de los necesitados, infiltrando en ellos la idea de que la instrucción acarrea responsabilidad, implica deberes para con los ignorantes y débiles.

Vio a Poer soportando duras pruebas en el trato de su familia, apenado por el enfriamiento de su esposa y el alejamiento de sus amigos, pero firme en su lucha, gozando de la fortaleza del Maestro, a quien había obedecido aun a costa de su posición social y su bienestar material.

Vio a Milton Rait sufriendo muchos reveses, empobrecido en su afán de cumplir con sus deberes, pero resurgiendo de toda su ruina, incólume su nombre y su honor cristiano, trabajando de nuevo y nuevamente alcanzando una posición respetable, rodeado de centenares de jóvenes empleados a quienes daba ejemplo de lo que él entendía que sería la conducta de Jesús como comerciante.

Vio a Norman, director de *El Noticiero*, ayudado por el dinero de la señorita Page, creando en el periodismo una fuerza de moral y de regeneración que, con el tiempo, llegaría a ser reconocida como uno de los poderosos factores de la nación, para modelar sus principios y sanear su política, poderoso ejemplo diario de la eficacia y potencia de una prensa cristiana. Y observó que *El Noticiero* se convertía en el primero de una serie de diarios semejantes a él, editados en varias ciudades por discípulos que también habían asumido el compromiso de «andar en sus pasos».

Vio a Gaspar Chase, que había negado a su Señor, convirtiéndose, gradualmente, en un cínico frío y sensual, escribiendo novelas que obtenían éxito, pero en cada una de las cuales se notaba el aguijón recordatorio de su negación, un amargo remordimiento, del cual parecía no poder deshacerse.

Vio a Rosa Sterling dependiendo, por algunos años, de su hermana y de otros parientes y, finalmente, casándose con un hombre de mucha más edad que ella, aceptando la carga de un matrimonio al que ella no aportaba ni un átomo de amor, pero que satisfacía su deseo de riquezas y de lujo. Sobre esta vida, la visión arrojó ciertas sombras muy obscuras, pero Ford no pudo distinguir los detalles.

Vio a Felisa y a Clyde felices en su matrimonio, dueños de un hogar donde reinaba el bienestar llevando una vida hermosa, entusiasta, gozosos en sus sacrificios por el bien ajeno, trabajando y luchando por iluminar con su palabra, doctrina y consejos los peores sitios de la gran ciudad, redimiendo vidas para Cristo y derramando consuelo y alivio en las almas y cuerpos de los que gemían en la desolación, la dejadez y la degradación.

Vio al Rev. Bruce y al obispo continuando su benéfica obra del «Hogar». Le pareció ver el gran letrero, con su lema iluminado, haciendo resplandecer sobre la puerta del «Hogar» las palabras: «¿Qué haría Jesús?». Y la respuesta que a esa pregunta daban diariamente algunas almas iba redimiendo y regenerando todo aquel barrio.

Vio a Burner y a su compañero y a una inmensa multitud de hombres como ellos, salvados de sus vicios, conquistadas sus pasiones con la ayuda del Salvador, ocupados en conducir a otros hacia el bien y demostrando en su vida, por su conducta diaria, la realidad de la conversión o nuevo nacimiento del que habla el Evangelio, así como de la potencia divina que ejerce el Espíritu Santo sobre todo el que no se le opone, transformando en santos aun a los que habían descendido hasta las mayores profundidades de la degradación.

Llegando a este punto, la visión se desvaneció. Le parecía a Enrique Ford que la visión era más un deseo que una realidad futura. La Iglesia de Jesucristo, en la ciudad y en todo el país, ¿seguiría a Jesús? El movimiento comenzado en Raymond ¿había de circunscribirse a unas cuantas congregaciones, como la de Nazareth y aquella en la que había predicado hoy, para luego fenecer como un movimiento local, un oleaje superficial, pero que no se extiende hasta el fondo ni a lo lejos?

Con una especie de agonía, trató de asirse, nuevamente, de la visión. Entonces le pareció ver la Iglesia de Jesús, en América, abriendo su corazón a las inspiraciones del Espíritu y levantándose a sacrificar su comodidad y su espíritu de satisfacción consigo misma al nombre de Jesús. Le pareció ver el lema: «Qué haría Jesús en mi lugar» esculpido en el frente de cada iglesia y escrito en el corazón de cada uno de los miembros de las mismas.

En seguida, la visión se desvaneció. Pero luego volvió, más clara aún y más perceptible que antes; y Ford pudo ver las sociedades juveniles en todas las iglesias del mundo llevando en sus grandes manifestaciones o convenciones una bandera con la inscripción: «¿Qué haría Jesús en mi lugar?». Y en los rostros de toda esa juventud de ambos sexos, que ha de formar la iglesia de los años venideros, le pareció ver reflejarse el gozo del sacrificio, de la abnegación y hasta del martirio. Cuando esa parte de la visión se desvaneció lentamente, vio la figura del Hijo de Dios, haciéndole señas con la

mano, a él y a todos los demás personajes de esta historia. En alguna parte —que él no veía— un coro de ángeles entonaba un cántico, a la vez que se oía un sonido como de muchísimas voces y un
clamor intenso, como el de una gran victoria. Y la figura de Jesús se
hacía más visible y esplendorosa, de pie, al final de una larga serie
de gradas. Una voz distinta de todas las demás clamaba: «¡Sí! ¡Sí,
mi Señor y Maestro! ¿No es que ha llegado el tiempo del amanecer
de una época de bendición en la historia del cristianismo? ¡Oh, sí,
Señor, haz resplandecer sobre la cristiandad de esta época la luz y
la verdad! ¡Ayúdanos a seguirte en todo el viaje de la vida!».

Se levantó, al fin, reflejando en su rostro la gran emoción que
invadía su alma después de haber visto cosas celestiales y sintiendo
en su corazón, como nunca antes, un intenso dolor por la pecami-
nosidad humana. Mas lleno de la esperanza que siempre marcha
asida de las manos de la fe y del amor, Enrique Ford, discípulo de
Jesús, se acostó a dormir y soñó con la regeneración de la cristiandad. En sus sueños vio la Iglesia de Jesús, «sin mancha, ni arruga,
ni cosa semejante», siguiendo, obedientemente, sus pasos.